일터의 얼굴들

일터의 얼굴들

보통의 날들에서 길어올린 빛나는 순간들

이은아 정나무
묻고 쓰다

당신의 글자들

추천의 글

편견과 혐오, 조롱과 오해로 가득한 세상에서 반드시 필요한 책이다. 우리 모두는 노동을 하며 살아가고, 매일같이 노동하는 사람들을 만난다. 편의점에서, 택배를 건네받는 순간에서, 공사 중인 도로를 지나치면서, 우리가 만나는 것은 서로이자 노동이기도 하다. 그렇기에 타인에 대한 이해가 메말라가는 시대에, 타인의 노동을 이해하는 건 서로를 이해하는 첫걸음이 된다. 우리 사회가 인간에 대한 이해를 필요로 한다면, 그 필요의 맨 앞줄에 노동에 대한 이해가 있다. 이 글에 담긴 성실하고도 꼼꼼한 기록이 우리 사회를 한층 더 나은 곳으로 안내할 것을 믿어 의심치 않는다. 빛을 받고 주목받는 사람들의 이야기가 아닌, 우리 곁에서 묵묵히 살아가는 사람들의 노동을 밀착 카메라로 바라보면서, 독자는 이 사회에 대해서는 물론이고 삶과 인간에 대한 한층 깊은 이해로 다가가게 될 것이다.

▶정지우(작가 겸 변호사.『인스타그램에는 절망이 없다』 저자)

일러두기

* 인터뷰 내용 중 이름, 업체명 등 일부 개인정보는 가명으로 처리했습니다.
* 책제목은 『 』로, 영화제목, 노래제목은 < >로 표기했습니다.
* 입말의 느낌을 살리기 위해 일부 문법을 벗어난 표현이 있습니다.
* 책의 본문은 '을유1945'서체를 사용하였습니다

들어가며

웅상노동인권연대는 일터에서 어려움을 겪는 노동자들을 무료로 상담하고, 청소년노동인권교육과 노동인권 문화활동을 수행하는 시민단체입니다. 보통 노동운동에 뜻을 둔 사람들이 노동단체에서 일을 시작하기 마련인데 저는 노동계가 어떻게 돌아가는지 잘 모른 채 2019년 가을부터 이곳에서 일을 시작하게 되었습니다. 당시에 저는 무엇을 하며 살아갈지 고민하던 끝에 글을 쓰면서 살아가기로 마음을 굳혔습니다. 스스로를 소모시키지 않는 일을 하면서 생계도 유지할 수 있는 이곳은 제게 꽤 괜찮은 직장으로 보였습니다. 이곳에 다니면서 남는 시간에 글을 써보자고 다짐했습니다.

글쓰기를 막 시작해서 글쓰기에 대한 집념이 강하던 때였습니다. 한 시간 일찍 출근해서 글을 쓰고, 퇴근 후엔 두 시간씩 책상 앞에 붙어있었습니다. 휴일 이틀을 다 쉬는 게 아까워서 토요일 절반은 글을 썼습니다. 당시에는 원료를 투입해서 제품을 생산하는 공정과 비슷한 것이 글쓰기라고 생각했습니다. 원료인 시간을 많이 투입할수록 그만큼 질 높은 글이 나올 거라고 믿었습니다.

직장생활을 하면서 종종 무기력증에 시달렸습니다. 명치 부근이 꽉 막힌 듯한 느낌이 들 때면 아무 일도 손에 잡히지 않았습니다. 휴식 없이 스스로를 혹사해서 그런가 싶어 실컷 쉬어보기도 했지만 효과는 미미했습니다. 무기력하다 좀 나아졌다가 다시 무기력에 빠지는 나날이 되풀이됐습니다. 일 년 반 정도 지나고서야 알 수 있었습니다. 제가 노동상담소의 일을 제 일로 받아들이지 않고 있었단 걸요.

저는 사람이 직업을 가진다는 건 여러 직업 중 자신에게 가장 잘 맞는 한 가지를 선택하는 문제라고 믿었습니다. 그렇게 선택한 직업에 자신의 모든 역량을 쏟아부을 때 그 분야에서 최고가 될 수 있다고 생각했습니다. 제 경우는 글쓰기를 선택했으므로 그외의 일은 부수적인 일, 어쩔 수 없이 해야 하는 일이 되고 맙니다. 이런 심리상태에선 노동상담소에서 보내는 시간을 글 쓰는 시간보다 의미 없게 여기게 되고, 단체업무가 늘기라도 하면 글 쓰는 시간이 없어질까 전전긍긍하게 됩니다. 이런 믿음을 가지고 있으니 노동상담소 일을 하며 무기력을 느꼈던 것이지요. 어떤 일을 하든 그것에 나름의 의미를 부여하고 정성을 쏟는다면 자신의 일이 될 수 있다는 걸 몰랐습니다.

이걸 깨닫고 나니 노동상담소 일이 새롭게 다가왔습니다. 노동상담원으로서 성장하고픈 마음, 일을 더 잘하고픈 마음이 생겼습니다. 상담이 들어올 때 답변을 못할까 두려워하거나 일거리가 늘었다고 부담을 가지기보다, 새로운 지식과 경험을 쌓을 수 있는 기회로 받아들이게 됐습니다. 단순히 교과서적인 정보를 제공하는 것을 넘어 내담자에게 실제적인 도움을 주고 싶어졌습니다. 상담을 할 때마다 관련 노동법과 실무요령을 차곡차곡 정리하기 시작했습니다.

저는 이제껏 글쓰기와 노동상담소 일을 분리해서 생각했습니다. '내용이 어둡다, 한 번의 상담으론 깊은 얘기를 나눌 수 없다, 내담자 신상 문제가 걸려있다.' 등 여러 이유를 대가며 상담소 일은 글쓰기의 소재가 될 수 없다고 생각했습니다. 상담소 일을 내 일로 여기지 않으니 글로 쓰기도 어려웠던 거죠. 상담소 일이 내 삶으로 들어오고부터는 상담소 일과 글쓰기가 상충하는 것이 아니라, 섞이고 스며들어 화학반응을 일으킬 수 있다고 생각하게 됐습니다. 노동상담소에서 만난 사람과 사건을 글로 옮겨보고 싶어졌습니다. 노동자 인터뷰 및 상담사례집 제작은 이러한 개인적인 동기에서 출발했습니다.

인터뷰와 상담사례는 양산노동민원상담소의 이은아 국장님과 제가 함께 정리했습니다. 이은아 님은 공장생활, 노조활동, 지역에서의 노동상담 경험을 두루 갖춘 활동가입니다. 이은아 님의 노동 현장 경험과 지역 노동자들에 대한 이해가 책에 다채로움과 생동감을 더해주리라 생각했습니다.

1부는 이웃 노동자 다섯 분의 인터뷰입니다. 노동상담을 하면서 이따금씩 사람들이 살아온 이야기를 들을 때가 있었습니다. 회사일과 육아를 혼자 떠맡았던 이주민 여성, 직장이 멀어 매일 네 시간을 시외버스에서 보내는 사내, 한밤중에 혼자 울고 있을 때 옆에 와서 빤히 쳐다보던 강아지 얘기까지… 사람들은 어쩔 수 없고 애타는 사연을 제게 꺼내놓았습니다. 뭔가를 털어놓고픈 욕구도 있고, 이해받고픈 욕구도 있는 것 같았습니다. 이런 이야기를 들을 때면 당혹스러웠습니다. 내 눈앞의 사람이 그런 사연을 품고 있으리라곤 생각조차 못 했습니다. 삶과 노동에 대한 구체적인 얘기를 들으며 '결혼이주여성, 40대 생산직 남성, 50대 생산직 여성'에 대해 제가 가지고 있던 얄팍한 생각이 허물어져 갔습니다. 이들과의 만남은 사람은 편견과 고정관념이라는 빈약한 틀에 담을 수 없는 존재란 걸 일깨우고, 한 명 한 명의 고유한 개인을 볼 수 있게 해주었습니다.

어느 누구라도 자신의 삶은 사랑할 수밖에 없어서일까요? 사람들이 살아온 얘기에는 저마다의 고유한 힘이 있었습니다. 이웃들의 얘기를 들으며 느낀 감정과 생각을 보다 많은 이들과 공유하고 싶다는 마음이 생겼습니다. 당사자들의 육성을 생생하게 전하려면 인터뷰의 형태가 적절하다고 생각했습니다.

규모가 큰 노조의 위원장이나 노동계에 오랫동안 몸담아 온 활동가가 아닌 상담소와 관계 맺고 있는 이웃 노동자들을 인터뷰하기로 했습니다. 널리 알려진 훌륭한 분들의 인생 서사를 그대로 옮겨오기보다 알려지지 않고 잠잠히 묻혀 있는, 자신에 대해 말할 기회가 부족했던 이웃들의 얘기를 발굴하고 싶었습니다. 가치 있고 빛나는 이야기는 주변 이웃들이 살아온 삶에 풍부하게 묻혀 있고, 저는 주의를 기울여 그것을 캐내면 된다고 생각했습니다. 사실관계만을 취재하는 표면적인 인터뷰를 넘어 당사자들에게도 살아온 나날을 정리하고, 몰랐던 자신을 재발견하는 자기 변화의 시간이 되기를 바랐습니다.

인터뷰에는 이웃들의 '노동과 삶'을 담았습니다. 인터뷰의 목적은 세 가지입니다. 첫째는 노동자 한 명 한 명의 삶을 깊게 들여다보는 경험을 하는 것입니다. 방송과 신문에서 접하게 되는 '노동자'란 단어에는 정치사회적 이해관계가 반영돼 있는 경우가 많습니다. 하청 노동자, 최저임금협상, 노동자 집회 등의 단어에서 구체적인 한 명의 사람을 떠올리기는 어렵습니다. 노동에 대한 특정한 인상, 견해, 입장을 만날 뿐입니다. 우리는 타인의 노동에 의지해 살아가지만 서로의 노동을 제대로 이해하기는 어려운 사회에 삽니다. 택배노동자, 청소노동자, 경비노동자를 그저 스치듯 지나치는 일상에서 서로의 노동을 깊게 이해하기는 어렵습니다. 인터넷 댓글 창에 저임금노동자, 육체노동자, 이주노동자에 대한 경악스러운 조롱과 비방이 난무하는 건 어쩌면 악플러들이 한 명의 노동자도 제대로 만나본 적이 없기 때문에, 한 명의 노동자도 제대로 알지 못하기 때문인지도 모릅니다. 누군가를 제대로 안다면 그렇게 함부로 얘기하기 어려울 테니까요. 인터뷰를 통해 앎을 가로막는 편견을 걷어내고 그동안 만나본 적 없던, 저마다의 사연과 일상과 얼굴을 가진 한 명의 사람을 만나고 싶었습니다.

둘째는 일터의 부당한 현실을 드러내는 것입니다. 한국사회 노동자들이 겪는 부조리와 고통에는 유사한 면이 있습니다. 군대식 문화, 약자와 소수자에 대한 차별, 노동착취가 직장생활에 응축돼 있습니다. 많은 이들이 직장생활을 괴롭지만 어쩔 수 없이 해야 하는 것으로 인식하며, 비참

한 현실이 별반 달라지지 않을 거라는 체념의 정서를 공유하고 있습니다. 수많은 직장인이 개별적으로 감내하고 있는 경제적, 심적 고통은 보이지 않는 선으로 연결된 하나의 문제일지도 모릅니다. 어쩌면 체념과 자포자기가 훨씬 쉬울지도 모를 일터에서 삶의 조건을 바꿔보려 애쓴 사람들의 이야기가 인터뷰에 담겨 있습니다.

마지막으로 우리에게 노동이 무엇인지 질문을 던져보고 싶었습니다. 저는 직업이 단순히 생계를 유지하는 수단을 넘어 한 인간이 살아있음과 존재가치를 느끼고, 정체성을 만드는 수단이 될 수 있다고 생각합니다. 사람들이 삶의 경험을 통해 어떤 가치관과 욕망을 갖게 되는지, 그것이 직업 선택과 어떻게 연결되는지, 일하는 과정에서 마주치는 벽을 어떻게 돌파하는지, 일하며 만나는 사람들과 어떻게 상호작용하는지, 일터에서 자신을 키워가기 위해 어떤 마음을 먹고 어떤 노력을 하는지, 어떻게 하면 노동을 통해 삶을 충만하게 만들어 갈 수 있을지 궁금했습니다. 인터뷰를 통해 이러한 질문의 답에 가까이 다가가고 싶었습니다.

2부에는 양산지역 노동상담소들의 실제 상담사례를 실었습니다. 노동상담소에 있으면서 작은 사업장 노동자들이 임금체불과 직장 내 괴롭힘, 차별에 시달리는 걸 숱하게 보았습니다. 이 문제는 작은 사업장 노동자들에게 아주 오랜 고통이지만 언론에서 비중 있게 다뤄지지 않습니다. 주휴수당을 떼이고, 최저임금조차 못 받는 건 수십 년 전에나 일어났을 법한 일로 생각하는 사람들도 많습니다. 중요하지만 덜 알려진 이 문제를 독자들과 공유하고 싶었습니다.

직장에서 문제가 생겼을 때 대처를 적절하게 못 해서 손해 보는 경우가 종종 있습니다. 간단한 노동법률 상식과 대처요령을 알아두면 도움이 됩니다. 노동자들이 일터에서 흔히 겪는 문제와 이를 해결해 가는 과정을 수필의 형태로 정리했습니다. 일터에서 문제가 생겼을 때 참고하시기 바랍니다.

2024년 4월,

필자들의 마음을 모아

정나무 씀

|차례|

1부

잠잠히 묻혀있던 빛나는 삶과 노동

그 친구도 전혀 어떤 이야기의 주인공이 되어 본 적이 없는… 교도소의 모든 사람들이 그렇습니다. 아주 평범한, 묻혀있는 수많은 사람중의 한 사람으로 살아가는데… 만약 우리가 조금 더 어떤 개인을 주목한다면 굉장히 아름답습니다. 텔레비전에서 누가 아름답다 얘기하지만… 무심히 지나가는 어떤 사람도 잘 보세요. 자세히 보면 굉장히 아름다워요. 그 대상을 중심에 놓으면, 주인공의 자리에 놓으면 누구든 아주 빛나요.

신영복 교수의 『담론』 강연 중에서

그냥 보통의 일들

| 구술 박유현 + 글 정나무 |

유현 님은 웅상노동상담소에서 진행하는 <우문현답> 독서모임의 회원이다. 내가 모임에서 봐 온 유현 님은 '잘 알아주는' 사람이다. 누군가의 평범한 차림새에서도 근사한 구석을 찾아내고, 다른 사람이라면 모르고 지나칠 타인의 수고나 애씀도 잘 알아챈다. 요즘 세상에 이웃들의 심정과 입장에 섬세하게 관심을 기울일 수 있는 사람은 흔치 않다.

책모임에서 우연히 듣게 된 유현 님의 노조활동은 진지하고 치열했다. 단시간 근로자인 방문교육지도사들의 처우는 열악했고, 기본적인 권리를 회복해 가는 과정은 더디고 고됐다. 유현 님이 어떻게 '방문교육지도사'란 생소한 일을 시작했는지, 어쩌다 노조 지회장까지 하게 됐는지, 매일 경험하는 일상과 그것에서 키워내고 있는 생각은 어떤 것인지 궁금해졌다.

야학과 어린 시절

저는 대학 다닐 때 야학을 했거든요. 저 같은 경우는 노동 야학은 아니고, 일반 야학이었어요. 그때의 경험과 만났던 사람들이 제 삶에 빠질 수 없는 부분이고, 거기서 남편을 만나기도 했고요. 제가 보기엔 어떤 곳에서 어떤 일을 하느냐가 중요한 것 같아요. 좋은 사람을 만나고 싶으면 좋은 사람이 모이는 곳에 가야 하니까요. 지금까지 연락하는 친구들도 다 야학에서 만난 친구들이거든요. 결혼하고 지금까지 서로 안부를 묻고 한 번씩 만나니까. 지금까지 이어져 온다는 자체가 삶의 가치관이 비슷하기 때문인 것 같아요.

-야학이 학교 안의 동아리 활동이었나요?

교내 동아리는 아니고, 부산 북구 구포에 있는 야학. 지금도 그 야학이 있어요. 지금은 지자체의 지원을 조금 받고 있다고 들었는데 당시에는 어떤 후원도 받지 않는 야학이었어요. 그때는 야학하는 선배들이랑 저희들이 회비를 내가면서 했거든요. 장소가 없어 어떨 땐 어느 학원을 저녁 시간에만 빌려서 야학 공간으로 쓰기도 했고, 그것마저 여의치 않을 땐 천막 치고 수업을 할 정도였어요. 야학을 어떻게 하게 됐는지도 궁금하시죠?

-궁금하네요. 어떻게 야학을 시작하게 되셨나요? 야학에는 어떤 분들이 오셨어요?

제가 대학을 입학한 게 1990년이었구요. 예전부터 대학 들어가면 야학을 꼭 한번 해봐야겠다는 생각이 있었어요. 저는 김해 인제대학교에 다녔는데 친구하고 부경대학교에 놀러 갔다가 야학교사를 모집한다는 공고를 봤어요. 그때가 6월 말경이었는데 야학 교사를 6월 30일까지 모집한다는 거예요. 전화하고 갔더니 어떤 선배가 마중을 나왔어요. 알고 보니 대학교마다 공고를 많이 붙였는데 전화를 하고 온 사람은 제가 유일하다는 거예요. 제가 야학이 좋다고 소개해서 과 친구 두 명도 같이 하게 됐어요.

사상공단이 있던 지역이어서 대부분 그쪽에서 일하는 분들이 공부하러 오셨고, 연령대는 10대 중후반부터 30, 40대… 제 기억으로는 저보다 훨씬 나이 든 분들이 많으셨으니까. 저는 이제 스무 살 이런데 서른몇 살 아주머니도 계셨고, 시골에서 돈 벌러 와서 학업을 마치지 못한 저보다 어린 분들도 계셨어요. 힘들었지만 즐거웠어요. 매일 학교 마치면 바로 그쪽으로 가는 거죠. 같이 라면도 끓여 먹고 수업하고 집에 오면 밤 열 시가 넘는 그런 생활을 2년 정도 했어요. 제가 오십이 넘었으니 거의 30년 전 얘기네요. 나의 작은 힘이 누군가에게 큰 도움이 될 수 있다는 걸 그때 느꼈어요.

야학교사가 되게 부족했어요. 검정고시를 준비하는 중등반, 고등반이 따로 있었는데 제가 도덕도 하고, 국어도 하고… 검정고시 보는 과목들을 모두 가르쳤어요. 당시에 중, 고등 검정고시는 일 년에 두 번이 있는데 초등과정은 일 년에 한 번밖에 없었어요. 한 분이 초등과정 시험을 치는데 전국에서 치는 곳이 몇 군데 없는 거예요. 경북 안동대학교에서 시험을 친다 해서 남자 동기하고 같이 안동대학교에 가서 시험장 보내드리고 밖에서 기다렸다가 같이 왔던 기억이 있어요. 그분이 그렇게 하시고 중고등 과정까지 이어서 공부하는 걸 보면서 열정이 대단하단 생각이 들었어요. 나이는 어리지만 낮에는 정말 고되게 일하고 밤늦게까지 열심히 공부하는 모습을 보면서 저도 참 많은 걸 배웠어요.

저는 6남매 중에 다섯째예요. 맨 위에 오빠가 있고 밑에 다섯 자매… 아버지도 나름 가장으로서 애쓰셨겠지만 돈벌이가 잘 안 돼서 제가 어렸을 때부터 엄마가 고생하는 걸 많이 보고 자랐어요. 외가 쪽은 부유한 편이었다는데 엄마는 결혼을 하고 굉장히 힘든 삶을 사신 거죠. 어릴 때 범일동 쪽에 살았어요. 제가 다섯 살쯤에 그쪽이 철거되면서 집단적으로 이주해 온 데가 개금이라고 하더라구요. 국민주택이라고 2층짜리 집을 쭉 지어가지고.

제가 어렸을 때는 집집을 다니며 밥을 얻어먹고 다니는 사람들이 있었어요. 저희 집이 2층인데도 옷을 허름하게 입고 지나가던 분들이 가끔 구걸을 했어요. 육 남매에 부모님까지 사는 방 두 칸짜리 집이었는데도 엄마는 항상 들어오시라 해서 그분들을 있는 그대로 대하던 그런 모습들… 현관문 두드리며 배고픈데 밥 좀 달라고 하면, 들어오면 바로 조그만 마루가 있었어요. 거기서 음식이랄 게 별거 없었지만 상을 차려주셨어요. 저희 집도 아주 없이 살았거든요. 밥을 못 먹을 때도 있었으니까. 그런데도 엄마는 다른 사람이 배고픈 것을 그냥 지나치지 않으셨다는 거… 그런 걸 보고 자랐기 때문일까요? 제가 작은 힘이지만 누군가를 도와주고 싶은 마음이 생긴 게 엄마의 영향이 큰 거 같아요.

사실 어렸을 때 행복한 기억이 별로 없어요. 어떻게 하면 이 가난을 벗어날 수 있을까? 빨리 커서 이 환경을 벗어나고 싶단 생각을 많이 했던 것 같아요. 어떻게 보면 답답했죠. 아버지 목소리가 굉장히 크시고 한 번씩 화가 나면 밥상이 엎어지기도 하는 걸 보면서 왜 엄마는 저렇게 살지? 그런 생각을 했던 것 같아요. 엄마는 그때 당시에도 늘 '여섯 명이나 낳은 자식새끼들 두고 갈 수도 없고…' 그런 얘길 하셨는데 얘길 들으면서 엄마가 데리고 가면 되지, 가서 어떻게든 살면 되지, 왜 여기서 이렇게 사는지 그게 의문이었어요. 그때는 아버지 하고 같이 있는 게 굉장히 긴장되고 불안했어요. 무슨 일이 일어날지 모르니까.

우리 아버지 아직도 살아계시고, 올해가 만 90이 되셨네요. 아버지가 옛날 일을 어떻게 기억하는지는 모르겠지만 한때 아버지가 많이 미웠던 때가 있었어요. 엄마를 힘들게 했다는 것 하나만으로… 결혼해서 보니 같은 여자로서 엄마의 삶이 보이는 거죠. 아이 하나 키우기도 힘든데 육 남매를 두고 아이들 배 굶기지 않기 위해 굉장히 애쓰셨다는 거를 아니까… 지금은 삶을 마무리할 연세도 되시고, 굳이 이런 얘길 꺼낼 필요가 있을까 싶기도 하고….

제가 국어국문학과를 다녔어요, 원래 가고 싶었던 학과는 아니었어요. 특수교육학과를 가고 싶었는데 아버지가 절대 반대하신 거예요. 입시 원

서에 사인을 받아 가야 하는데 아버지가 그냥 교육학과도 아니고 왜 특수교육학과를 가려고 하느냐며 원서를 찢어버린 거예요. 그때는 대입시험이 전기와 후기가 있던 때였는데 결국 전기 시험을 못 치고, 전기시험 치는 날에는 집에 있었죠. 담임선생님도 말이 안 통하는 분이라 새로 원서를 써 주면 될 텐데도 찢어진 거라도 들고 오라 하시고… 근데 아버지는 찢어진 원서도 안 주시고… 그래서 시험을 못 친 거죠. 그때 엄마는 아버지가 학비 줄 것도 아니면서 왜 애를 못 가게 하느냐며 굉장히 우셨어요.

그냥 전문대를 갈까 생각도 했어요. 인제대학교를 가게 된 계기는 엄마가 지금의 개금 백병원에서 일을 하셨어요. 백병원이 1978년, 제가 초등학교 1학년 때 개원을 했는데 당시에 많은 인력이 필요했던 거죠. 엄마는 특별한 기술은 없었지만 뭐라도 해야 되겠다 싶어 지원해서 일을 하시게 됐죠. 백병원이 인제대학교의 학교 법인이라 직원들의 자녀가 인제대학교에 다니면 학비 혜택이 있었어요. 그래서 인제대를 가게 된 거예요.

고3 때까지 특수교육학과 말고는 따로 생각해 본 적이 없었어요. 중학교 1학년 때 담임 선생님이 전교조 활동을 하셨는데 잘 가르치셨고 제가 존경하는 선생님이기도 했어요. 내가 국어 과목을 꽤 좋아했어요. 그러면서 크게 고민 없이 국문학과를 갔거든요. 처음에 대학 들어가서 국문학과 수업 들으니까 재미가 없고, 학교를 계속 다녀야 되나, 내가 하고 싶은 건 특수교육 쪽인데… 1년 동안 고민을 많이 했는데 야학을 하면서 고민을 접어놓고 야학에 집중을 하게 된 거 같아요.

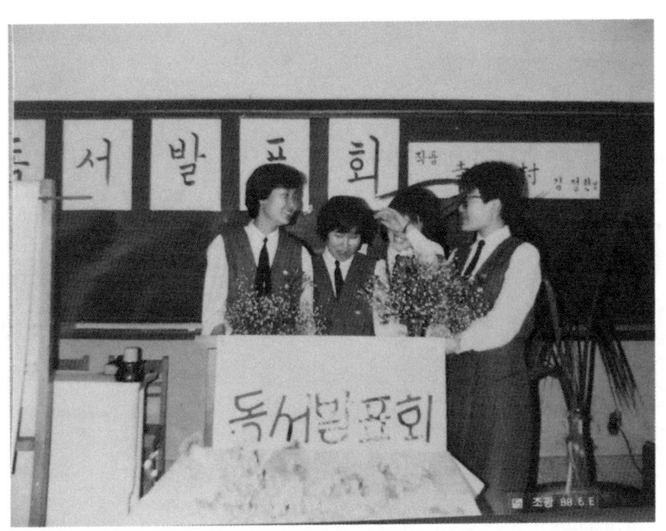
서 발 표 회
독서발표회

졸업할 때까지 학과 공부가 별로 재미없었어요. 지금 돌이켜 생각하면 그때 차라리 과감하게 학교를 그만두고, 하고 싶었던 특수교육에 도전해 볼 수 있지 않았나, 아니면 교육대학원에 진학해 교직을 준비했던 선배들처럼 꼭 특수교육이 아니더라도 생각을 조금만 더 넓혔으면 하고 싶은 일을 할 기회가 더 있지 않았을까… 그런 아쉬움이 있더라고요.

-막상 당사자 입장에선 20대 중반쯤엔 새로운 걸 하기엔 이미 늦었다는 생각이 들죠.

맞아요. 당시에는 늦었다고 느껴지지만 시간이 지나서 보면 그때 몇 년은 아무것도 아니라고 볼 수 있는 거 같아요. 나중에 결혼하고 아이 키우면서 생각해 보니까 20대는 절대 늦은 게 아니고 30대에 시작해도 할 수 있는데 왜 맨날 그렇게 고민만 하면서 살았지? 그냥 공부하고 싶은 그때 다른 거 복잡하게 생각하지 말고 시작하는 게 중요하다, 이런 생각이 들어요.

사람에 대한 호기심

야학에서의 경험이 제가 지금 하는 일과도 잘 연결되는 것 같아요. 저는 다문화 가정에 들어가서 결혼이주여성들과 아이들 교육하고, 외국인노동자지원센터에서 한국어 강사 일도 하지만 그분들에게 한국어 가르치는 것보다는 '저 사람들이 어떤 삶을 살아왔고 지금 왜 여기 와 있는가'

이런 것들이 더 궁금하더라고요. 제가 작게라도 할 수 있는 한국어를 통해서 그 사람들 삶이 바뀔 수 있고 원하는 뭔가를 할 수 있는 수단이 되는 거잖아요. 내가 할 수 있는 이 작은 걸로 그분들한테 희망이 되는 것들을 줄 수 있다는 게 저한테는 고맙거든요. 그분들 삶을 보면서 제가 느끼고 배우는 것도 많고… 저는 다른 사람을 만날 때마다 그 한 사람, 한 사람에 대해서 관심이 있는 것 같아요. 몇 년 전에 같이 공부했던 사람들에게 한 번씩 메시지가 올 때가 있어요. 그러면 굉장히 반갑기도 하고 지금은 어디서 어떻게 지내는지도 궁금하고… 끝없이 궁금해요. 그 사람들이 궁금해요.

-유현 님 시각이 좀 독특한 것 같아요. 나는 가르치고 학생들은 배운다는 식으로 단순하게 생각할 수도 있는데 그분들한테 내가 전하는 게 어떤 의미가 될지까지 생각을 하시고요.

국어국문학과를 나온 게 외국인들에게 한국어를 가르치는 데 크게 도움이 되는 건 아니거든요. 제가 가진 능력이 그렇게 탁월하지도 않아요. 그런데 이 일이 즐거운 것은 진심으로 사람을 대할 수 있고, 구체적인 삶의 모습을 볼 수도 있고… 이런 것들이 저한테는 굉장히 즐거운 일이거든요. 제가 하는 일이 급여로 따지면 보잘것없는 일이라고 볼 수도 있지만 저는 금전적인 것보다 몇 배의 만족감을 느끼거든요.

나는 가끔씩 직업이 무생물보다 생물에 가깝다는 생각을 해본다. 꿈쩍 않고 서있는 철제캐비닛이나 서랍장보단 사료도 먹고 전봇대마다 오줌도 싸고 같이 산책도 하는 강아지처럼 느껴진다. 직업은 사람과 영향을 주고받으며 살아있는 생물처럼 변하고 성장한다.

직업인이 된다는 건 주어지는 일을 수동적으로 하는 것 이상을 의미할 것이다. 주인이 강아지와 어떻게 관계 맺을지 선택할 수 있는 것처럼 직업인들은 직업과 어떤 관계를 맺을지 선택할 수 있다. 직업을 어떻게 규정하고, 어떤 모습으로 만들어갈지는 당사자에게 달렸다. 어떻게든 근무시간만 때워보잔 식으로 설렁설렁 일하는 이들이 있고, 일에 어떤 의미를 부여할지 고심하며 본인의 과업에 천착하는 사람들이 있다. 전자와 후자가 일에서 얻는 만족과 성취감에는 큰 차이가 난다. 유현 님은 자신이 속한 직업세계를 면밀히 관찰하고, 자신이 이 일을 하는 이유가 무엇인지, 어떻게 하면 더 잘할 수 있을지 자꾸 질문하는 사람 같았다.

-다문화 가정의 방문교육지도사에 대해서 소개를 해주시겠어요?

15년 전쯤에는 한국에서 배우자를 찾기 어려운 국내 남성들을 위해서, 어떻게 보면 나라에서 국제결혼을 장려한 경향이 있어요. 결혼 시기를 놓쳐버린 40대 이상 되신 남성분들, 농촌 총각들 장가보내기로 시작이 된 것 같은데… 나무님, 왜 자꾸 실없이 웃어요?

-남 얘기 같지가 않아서요.(웃음)

결혼해서 외국에서 들어오시는 분들의 한국생활 적응을 돕기 위해서

정부에서 정책을 만들었어요. 초창기에 결혼해서 오신 분들은 한국어를 전혀 배우지 않은 상태였거든요. 요즘에는 결혼 이주여성들도 이주노동자들처럼 기본적인 한국어를 공부하고 오는데 처음에는 그렇지 않았어요. 한국 생활 적응을 돕기 위해서 제일 중요한 게 아무래도 언어이다 보니까 처음에는 한국어 교육에 포커스가 맞춰져 있었어요.

그분들이 들어오시면 결혼과 동시에 임신을 하는 경우가 많았거든요. 현지인이 임신을 해도 힘든데 타국에서 언어도 제대로 안 되는 상황에서 임신하고 아이 낳아서 키우는 게 얼마나 힘들겠어요. 한국 사람들도 마찬가지지만 이분들 같은 경우에 어떤 배우자를 만나느냐에 따라서 삶의 모습이 천차만별이거든요. 요즘에는 연애해서 결혼하는 분들도 많지만 예전에는 거의 중개업체를 통해서 결혼을 했어요. 보통 일주일 여정으로 본국에 다녀오는 것 같더라구요. 업체에서 여러 사람을 소개해주면 본국에서 선을 보고, 마음에 들면 거기서 며칠 안에 결혼하고, 남자가 먼저 한국에 들어오고, 아내가 나중에 입국한 경우가 대부분이에요. 배우자에 대한 정보도 중개업체에서 직업이나 성격 정도만 전해 듣는 거잖아요. 와서 보니까 들었던 것과 다른 모습들도 많을 테고.

이런 과정 때문에 한국 사회에서는 돈 주고 아내를 사 왔다는 사람이 있을 정도로 결혼이주여성을 보는 시각이 부정적이었죠. 저는 수업하면서 한국생활에 적응하기 위해서 애쓰시는 분들을 많이 봤는데요. 이분들하고 인연이 되어서 직접 얘기를 안 해봤으면 저도 이주민분들에게 지금과 다른 인식을 가지고 있을지도 모르겠어요.

이주노동자들도 마찬가지예요. 이분들도 자신들이 사는 나라에서 엘리트였던 경우가 많더라고요. 제가 깜짝 놀란 게 학교 선생님 하다 왔다, 공무원이었는데 왔다, 대학 다니다 왔다, 이렇게 온 분들이 많으셔요. 우리는 왜 굳이 멀리까지 와 가지고 이 고생을 하냐 생각할 수도 있지만, 거기서는 학교 선생님 해도 한국 돈으로 35만 원 정도 버니까, 그렇게 벌어서는 가족들이 생활하기가 힘드니까, 한국 오셔가지고 일하는 분들을 제가 여럿 봤어요.

'돈 없는 나라에서 돈 벌려고 한국에 왔네, 안 됐다' 이런 시각도 있을 수 있고, 외모가 우리나라 사람들하고 조금 다르다고 느낄 때는 외국분들에게 굉장히 거리감을 느끼는 것 같아요. 그런데 직접 얘기를 해보면 순수하고, 착하고, 똑똑한 분들도 많고… 그 나라에서는 얼마나 똑똑하셨겠어요! 한국 와서 아무것도 모르다 보니 힘든 거 투성이고, 회사에 들어가면 처음부터 반말하면서 일 시키니 그런 것도 힘들 테고, 음식도 힘들 테고, 언어 안 되는 것도 힘들 테고… 이런 것들이 그분들하고 얘기를 하다 보면 이해가 돼요.

제 시누이가 지금 독일에 살고 있거든요. 시누이가 결혼해서 처음에 거기 갔을 때 언어가 어려우니 굉장히 우울하고 무기력했다더라고요. 한국에서는 많이 배우고 아주 똑똑한 사람이었는데 '여기 오니까 아무것도 할 수 없는 완전 바보가 된 것 같다' 그런 얘기를 한 적이 있거든요. 다른 나라에 갔을 때 언어가 제대로 안 되는 사람의 무력감이 느껴지더라고요. 그러니 결혼이주여성들은 얼마나 힘들까… 이런 생각이 들었어요.

방문지도사의 일

-방문지도사는 어떻게 시작하게 되었나요?

2013년쯤부터 일요일 이주노동자 한글수업 봉사를 시작했어요. 그때는 평일에 직장 일로 몸과 마음이 너무 지치다 보니까 하고 싶은 일을 해야겠다 싶어서 희망웅상에 무작정 찾아갔어요. 나명숙 팀장님과 상담하고 매주 일요일에 이주노동자 한국어 수업을 시작했거든요. 봉사한 지 1년 정도 지나서 직장 일을 그만두게 됐어요. 마침 평일에도 결혼이주여성들 한국어 수업이 있다고 해서 봉사를 하게 된 거죠. 봉사로 하는 것이긴 하지만 외국인에게 한국어를 가르치는 것은 글자를 모르는 한국인에게 한글을 가르치는 일과는 아주 다르기 때문에 공부를 제대로 해야겠다는 생각이 들었어요. 한국어교원 양성과정을 공부하고 한국어교원자격증도 땄어요. 어느 날 나명숙 팀장님이 다문화가족지원센터(지금의 양산시가족센터)에서 방문지도사를 뽑는다는 걸 알려줬는데 지원 마지막 날이었어요. 부랴부랴 서류 만들어가지고 넣고 면접까지 합격하고… 그렇게 다문화가족 방문지도사로 일을 하게 된 거예요.

2015년 2월부터 업무 시작하고 일단은 지침서나 책대로 해보려고 했는데 사실 양성 과정에서 배운 게 실제 교육에서 제대로 쓰이지는 않더라고요. 왜냐하면 각 가정의 상황과 환경이 다양하고 이주민들 수준도 다 다르기 때문에… 자녀 생활 같은 경우에도 연령대별로 1단계, 2단계 나눠져

있지만 그 연령구분이 어떨 때는 전혀 상관없기도 하거든요. 실제로는 어려운 점이 있으면 선배들한테 자문을 구하거나, 1~2년 정도 하다 보니까 나름대로 요령과 아이디어가 생기기도 했어요.

노동상담소에서 일을 시작하게 됐을 때 나는 상담을 전혀 할 줄 몰랐다. 노동법과 상담사례를 익히면 상담을 잘할 수 있으리라 생각한 나는 수험공부를 할 때처럼 기초노동법 책을 읽기 시작했다. 줄 긋고 포스트잇을 붙이고, 두문자도 만들어 외웠다. 하지만 책을 두세 번 읽고 노동법 강좌를 들어도 상담실력엔 별다른 진전이 없었다. 상담원에게 노동법에 대한 기본적인 소양이 필요하긴 했지만, 노동법을 달달 외운다고 해서 상담을 잘하게 되는 것은 아니었다.

노동상담은 내가 외운 노동법 지식을 컴퓨터처럼 답해주는 게 아니라 한 명의 사람과 소통하며 적절한 해결책을 찾아가는 과정이란 걸 한참 지나고서야 알게 되었다. 노동상담은 내담자 한 분 한 분의 구체적인 사연을 통해 익힐 수밖에 없었다. 각각의 상담사례에는 기존 상담과 유사한 부분도 있었지만 그 사례만의 고유한 지점이 있었다. 임금체불사건 하나만 해도 직종, 근무형태, 회사규모, 근태, 처지, 심지어 개인의 성격에 따라 풀어가는 방법이 달라졌다. 나는 인터넷을 검색해보기도 하고, 직장동료분께 여쭤보기도 하고, 때로는 민원인인 척하고 노동청에 전화 걸어 물어보기도 하면서 사건에 대응해 갔다.

일을 할 때 지침서나 책을 참고할 수는 있지만 그것이 일의 해답이 될 수는 없는 것 같다. 삶이 다양하고 복잡한 것처럼 삶과 얽혀있는 일 또한 다양하고 복잡하기 때문이다. 일을 익히려면 자신의 머리와 손발을 써서 그 일을 부여잡고 낑낑대보는 수밖에 없지 않을까?

한국어를 교육하는 방문지도사가 있고요. 이주 여성이 아이를 어떻게 돌보고 스스로를 어떻게 성장시킬 것인가를 고민하는 부모교육이 있어요. 한국에 와서 겪게 되는 고부 갈등, 부부 갈등은 이주여성에게 너무 생소한 문제잖아요. 그런 것들을 함께 공부하는 부분이 부모 교육이고, 다문화가정 아이들에게 정서 지원을 하는 건 자녀 교육이에요. 모르는 사람들은 글자 공부 시켜주나 보다 생각하는데 그건 주 업무가 아니고요.

예전에 계시던 다문화센터장님이 방문지도사의 역할이 무엇인지를 분명히 알게 해 준 말씀을 해주셨는데 지금도 기억하고 있어요. "방문지도사들은 우리 센터에 있는 많은 직원들 중에 다문화 가정에 직접 들어가서 그분들이 어떻게 살고 계시는지, 어떤 어려움이 있는지를 직접 보고 느낄 수 있는 유일한 사람이다."라고 하시더라고요. 그 말씀을 듣고 우리 역할이 참 중요하단 생각을 했어요. 결혼이주여성이나 다문화가정 아이들은 그들이 사는 환경이나 함께 사는 사람들을 직접 보지 않으면 온전히 이해하기 어려운데 긴 시간 동안 정기적으로 방문하면서 그분들의 변화를 느끼게 되니까요.

특별한 문제가 없는 집, 갈등의 소지가 없는 집들은 아이에 집중해요. 학교 들어갈 나이가 됐는데 글자를 잘 모르거나 학습하는 데 문제가 있다면 아이 상황에 맞게 교육을 하지만 그게 주된 업무는 아니에요. 방문지도사가 할 수 없는 일들은 센터에 연락해 적절한 지원을 받을 수 있도록 연계하기도 하고요. 다문화 가정의 어머니들이 직장을 다니기 시작하면 아이들 교육을 굉장히 힘들어하시거든요. 아빠가 아이 교육에 관심을 가지면 괜찮은데 그렇지 못한 경우도 있구요. 부모와 함께 놀이해 본 경험이 없는 아이들도 있고, 초등학교 입학할 때까지 아이에게 책을 한 번도 읽어 준 적이 없는 부모도 계셔서 깜짝 놀랐던 기억이 있어요. 그런 경우에는 저희들이 2시간 동안 그 아이한테 집중해서 같이 놀고 책도 읽는데 아이들 입장에선 한 선생님이 자기한테 오롯이 시간을 주는 그런 경험을 하는 거죠.

제가 보기에 방문지도사 일에서 중요한 건 아이들에게 정서적인 안정감을 주는 것이고요, 이건 결혼이주여성들도 마찬가지예요. 결혼이주여성들도 가족이나 시부모로부터 제대로 지지받는 경우가 많이 없더라고요. 그분들이 겪고 있는 일들을 듣다가 "너무 힘들겠어요. 제가 그런 상황이었어도 진짜 힘들었겠다."라고 얘기하면 가끔 가다가 울컥해서 눈물을 흘리는 분들도 계시거든요. 이런 얘기를 들어주는 사람이 없는 거예요.

내가 근무하는 웅상노동상담소는 희망웅상이라는 이주민 단체와 사무공간을 공유하고 있다. 이곳에 일하고부터 이주민들을 자주 보고, 건너건너 사는 얘기도 전해 듣는다. 결혼이주여성들은 한국에 와서 복합적인 어려움을 겪는다. 타국에서 새 삶을 시작하는데 말이 통하지 않아 어려움을 나눌 사람이 없다. 동남아출신 며느리라고 낮춰보는 시댁 사람들에게 무시당하기도 한다. 일터에는 이주민에 대한 차별적 시선이 있다. 결혼이주여성 중 상당수가 한국에 온 후 고립감과 우울감을 경험한다. 희망웅상, 양산외국인노동자의 집, 가족센터 같은 이주민단체는 이들이 겪는 어려움을 함께 고민하며 한국사회에 잘 적응할 수 있도록 돕는다.

내가 이곳에 와서 놀란 것은 희망웅상의 원지혜 센터장님이 베트남 출신의 결혼이주여성이라는 점이었다. 나는 이전까지 이주여성이 한국 시민단체에서 센터장을 맡을 수 있으리라곤 생각을 못했다. 공장점퍼차림으로 중소기업에 출퇴근하는 이주여성들만 보아온 나머지, 이주여성도 조직에서 중책을 맡을 수 있다는 당연한 생각을 못 해본 것이다.

희망웅상의 센터장은 지혜 님에게 딱 맞는 자리였다. 결혼이주여성 당사자인 지혜 님은 이주민들이 한국에서 겪는 어려움을 깊게 이해하고 있다. 이주여성들이 남편, 자식, 시댁, 직장, 주거, 돈 문제로 어려움을 겪을 때 누구보다 실제적인 얘기를 들려줄 수 있다. 때때로 저녁 늦게까지 이주민들을 상담하고, 경찰서와 노동부를 오가며 통역을 하기도 한다. 국내 체류 이주민은 2022년 말 기준으로 약 220만 명이다. 지혜 님 같은 이주민 활동가, 방문교육지도사들의 활동은 이주민 당사자들에게도, 선주민들에게도 소중하다.

언젠가 희망웅상을 방문한 이주여성 한 분이 사는 얘기를 하다 서러워서 울 때 지혜 님이 팔뚝을 쓰다듬어주며 말했다.

"울지 마요. 나도 한국에 처음 왔을 때 매일 울었어. 자기는 여기서 같이 울어줄 사람이라도 있지, 나 때는 혼자였어. 집에 혼자 있지 마요. 여기 와서 같이 공부해요."

이주여성 입장에 서 본다

이주민 가정의 모습을 하나로 규정짓기가 어려운 게 한국 가정들 한 집 한 집이 다 다른 것과 마찬가지인 것 같아요. 어떤 분들끼리 만났느냐가 중요한 건 한국 가정하고 똑같아요. 평균적인 한국 가정보다 경제적으로 잘 사는 분들도 계시거든요. 하나 다른 점은 결혼이주여성들은 자기 목소리를 제대로 내기가 어려운 상황에 있다는 거예요. 남편이나 시부모님에게 하고 싶은 얘기가 있어도 제대로 표현 못하고 혼자 삭이는 경우는 제가 보기에도 안타깝더라고요.

어떤 이주여성은 오히려 시어머니를 이해하려고 하더라고요. 결혼해서 아이를 낳고 계속 맞벌이를 했고 아이는 시부모님이 어렸을 때부터 돌봐주셨는데 아이가 초등학교 1학년 들어가던 해에 남편이 뇌출혈로 쓰러진 거예요. 평일에는 일하며 아이 돌보고 주말에는 병원에 시어머니랑 교대해서 남편을 간병했어요. 거동도 제대로 못하고 오랫동안 입원해 있다가 최근에야 집으로 오셨는데 아주 부자연스럽지만 걸으실 수 있게 됐어요.

너무 힘드시겠다, 요즘에 어떤 점이 힘드냐 물어보면 '괜찮아요. 앞으로

더 괜찮아질 거다. 남편이 쓰러졌을 때는 다시 못 걸을 거라고 생각한 적도 있는데 지금은 스스로 걸을 수 있고, 집에 와서 생활하는 것만으로도 괜찮다. 나는 아프면 안 된다. 내가 아프면 남편도 아이도 돌봐줄 사람이 없다.' 그렇게 얘기하시더라고요. 기초생활 수급자 신청도 하고 장애인 연금도 얼마간 나오지만 그것만으로는 생활하기 어려우니까 남편 돌보면서 짬 날 때마다 몇 시간씩 일도 하러 다니고요.

이분이 그동안 직장만 다니느라 아이를 어떻게 돌볼지를 모르는 거예요. 남편이 쓰러지고 나서 남편 때문에 힘든 것도 있지만 아이도 초등학교 들어가서 자기주장도 생길 때인데 어떻게 해야 할지 몰라서 힘든 거예요. 다는 아니지만 얘기를 듣고 조언을 해줬어요. 저는 직간접적으로 경험한 것들을 얘기할 수밖에 없는데 책에서 본 것, 제가 아이들을 키워본 사람으로서 실수하며 배운 것들을 토대로 이렇게 하시지 마라, 이렇게 한번 해보시라 얘기를 해줬어요. 이런 것들은 절박하지 않으면 안 해보거든요. 수업에서 들은 조언을 직접 다 해보니까 애가 너무 달라졌다, 내 마음도 예전과 너무 다르다며 굉장히 만족하더라고요. 그런 걸 보면서 오히려 제가 고마웠죠. 수업이 끝날 때 너무 아쉬워해서 '고민이나 힘든 게 있으면 언제든 연락해도 된다, 도울 수 있다면 항상 도우려 애쓰겠다'니까 너무 고마워하더라고요.

뭔가를 변화시키려는 욕구가 강하게 보이는 사람들이 있어요. 그런 사람들은 제가 작은 조언을 해도 크게 느끼고 그걸 바탕으로 또 새로운 시도를 해보려고 하고… 이런 걸 볼 때 저는 큰 보람을 느껴요. 사람들을 만

나보니까 아주 작은 거에도 변화할 수 있는 사람이 있고 뭔가를 반복해서 얘기하는데도 전혀 변화의 의지가 없는 사람들도 있거든요.

스스로가 필요한 부분을 정확하게 알고 있는 분들은 필요한 부분을 저한테 얘기하면 도움이 되게끔 뭔가를 던져줄 수 있는데 그렇지 않고 두리뭉실하게 알고 있는 분들은 준비한 내용을 전달하는 게 다니까. 그런 면에서 결혼이주여성들도 자신에 대해서 잘 알고 고민하는 사람들이 발전이 많은 것 같더라고요. 제가 이제 9년 차니까 처음 방문지도사 시작했을 때 만났던 결혼이주여성들을 오랜만에 볼 때면 저 사람이 저렇게 성장하고 달라졌구나 싶어 반갑고, 수업했던 애가 유치원생이었는데 중학생 됐다고 하면 많이 컸네 이런 생각도 들고… 아이들이 성장하고 변하는 모습을 옆에서 볼 수 있다는 것도 이 일에 있어서 굉장히 좋은 점 같아요.

한부모 가정의 대상자 자녀가 초등학교에 가게 돼서 입학식 날에 제가 어머니랑 아이와 함께 가게 됐어요. 입학식 날 강당에 가니까 반별로 부모가 아이에게 하고 싶은 말을 메모지에 적어서 칠판에 붙여놓는 행사를 하더라고요. 제가 보기에 이분은 한글을 제대로 쓸 수 있는 분도 아니고 혼자 왔으면 막막했겠구나 싶었어요. 입학식에서 안내하는 내용은 말을 빠르게 하면 한국 사람도 제대로 알아듣기 어려운 경우가 있는데 남편 없이 혼자 참석해야 되는 이주여성들 입장에서는 무슨 말인지, 어떻게 해야 되는지 알기가 참 어렵겠다 싶었구요. 이런 경험을 통해서 이주여성들이 힘들겠다고 막연하게 생각하는 게 아니고 어떤 어려움을 겪는지 구체적으로 느꼈던 것 같아요. '다른 사람 입장에서 본다'는 말을 하는데 이주여성 입장으로 입학식에 참석하고 교실에서 선생님하고 얘기를 해보니 이 분들이 이런 게 힘들겠구나 싶더라고요.

올해로 9년째 이 일을 하고 있는데요. 내가 이 일을 이렇게 오래 할 수 있는 이유가 뭘까, 언제쯤 이 일을 그만두게 될까, 정년인 만 60세까지 일을 할 수 있을까… 한 번씩 이런 생각을 할 때가 있어요. 애들은 옆에 있는 것만으로도 굉장한 에너지가 필요하거든요. 책을 읽어줄 때도 그렇고 놀 때도 그렇고. 아이들, 엄마들이랑 수업하는 게 재미있다고 느껴지지 않는 순간에는 이 일을 그만둬야 될 것 같더라고요.

오늘 수업하고 온 애도 말을 너무 짜증스럽게 하는 거예요. 매번 약속 시간은 안 지키면서 성질을 부리니까 "선생님한테 그렇게 얘기하면 되니?" 꾸짖고 싶으면서도 한편으론 얘가 왜 이럴까 한 번 더 생각하게 되거든요. 수업을 하면서 내적으로 성장한다는 느낌이 들 때가 있어요. 가족 대하듯 기분 내키는 대로 표현하지 않고 불쾌한 뭔가가 훅 왔을 때 숨을 한 번 쉬고 생각하는 연습을 하는 경우가 많거든요. 제가 어디 가서 이런 경험을 하겠어요. 아직까지 그만둬야 되겠다는 생각은 안 하는 것 같아요. 일을 더 이상 못하겠다는 결심이 한순간에 만들어지지는 않잖아요. 어느 순간에 체력이 힘들고, 대상자들의 욕구에 더 이상 해줄 수 있는 것들도 없고… 이런 때가 오면 조용히 정리를 해야 되지 않을까… 이런 생각은 들어요.

-방문지도교육을 하실 때 본인만의 원칙이나 마음가짐이 있나요?

저는 가정상황을 총체적으로 알기 위해서 아이 수업이든 부모 수업이든 가족 구성원이 모두 있을 때, 특히 남편분이 계실 때에 첫 방문을 해요. 남편분이 시간이 안 된다고 하면 주말에 방문하기도 하구요. 결혼이주여성이 자기표현을 잘 못할 수도 있고, 남편이 지도사한테 부탁하고 싶은 것도 있을 수 있고, 아내와 남편이 서로 어떻게 대화하느냐를 보면서 두 사람의 관계를 짐작할 수도 있거든요. 남편을 보지 않은 상태에서 수업만 가게 되면 남편이나 가정생활에 대해서 아내 이야기만 듣고 판단할 수밖에 없잖아요. 저는 결혼이주여성이 한국에서 적응해 나가기 위해서는 남편의 역할이 80% 이상이라고 생각하거든요. 이 여성이 한국에 어느 정도 적응이 되고 한국어도 어느 정도 익숙하게 되면 역량이 발휘되겠지만 초기에는 남편의 역할이 엄청 중요하다고 생각해요.

아이들 수업할 때도 마찬가지인데요. 일반적으로 결혼이주여성들 같은 경우에는 남편과 아내의 나이 차이가 큰 경우가 많고, 그런 환경에선 아빠가 어떻게 대하고 훈육하느냐가 아이에게 영향을 크게 주거든요. 가끔 아이 수업하다 문제가 생기면 결혼이주여성하고도 얘기하지만 남편분하고 상담해야 될 상황이 생기기도 하구요.

저는 대상자 한 사람만 보는 것이 아니라 대상자가 속해 있는 가정환경이나 분위기가 이 사람이 제대로 성장할 수 있는 환경인지 살피는 것도 중요하다고 생각해요. 부유하지 않아도 가족 간에 분위기가 따뜻한 가정이 있는가 하면 어떤 때에는 엄마 따로 아빠 따로인 집들도 있거든요. 엄마 수업을 할 때는 엄마의 입장에서 어떻게 해야 될 건지를 고민하고 아이 수업을 갔을 때는 어떤 환경이 되어야지 이 아이가 학교생활도 잘하고 친구관계도 잘 맺으며 성장할 수 있을지를 고민하는 거죠. 대상자를 처음 만났을 때 제 나름대로 세웠던 수업계획이 제대로 잘 진행되고 있는지를 중간중간에 점검하는 게 필요한 것 같아요.

유현 님이 방문지도사 일을 오랫동안 할 수 있었던 이유는 무엇일까? 유현 님은 특수교육학과에 진학하려 했고 어쩔 수 없이 국문학과로 진학한 후에는 야학활동에 열중했다. 교직이수를 안 해서 교사가 되지 못한 것을 아쉬워했지만 직장생활을 그만둔 뒤에는 이주민들에게 한글을 가르쳤고, 이것은 방문지도사 활동으로 이어졌다. 유현 님에게는 가르치는 일에 대한 욕구가 늘 있었다고 볼 수 있다.

왜 가르치는 일에 끌렸을까? 그것은 유현 님에게 기본적으로 사람에 대한 호기심과 타인의 성장에 긍정적인 영향을 주고픈 욕구가 있기 때문이다. 방문지도사는 1, 2년 동안 이주여성가정을 수십 차례 방문하며 긴 시간을 두고 깊게 관계 맺는다. 한 명 한 명의 역사와 속마음을 알아갈 수 있고, 이들의 성장에 기여할 수 있는 이 일은 유현 님의 성향과 잘 맞았을 것이다. 이들이 한국사회에 잘 적응해 제 능력을 맘껏 발휘하며 살아가게 되는 것은 유현 님에게 기쁨과 성취감을 준다.

유현 님에게 이 일은 돈 버는 것 이상의 의미가 있기에 잘 해내는 것이 중요하다. 실제적인 도움을 주기 위해 교육할 사람 한 명뿐 아니라 가족 구성원 전체의 관계를 살핀다. 적절한 조언을 하기 위해 고민을 거듭한다. 수업 계획과 목표를 세우고 중간중간 점검하기도 한다. 유현 님이 이런 수고를 자처하는 건 대상자들의 정서적, 지적 성장이 방문지도사의 존재 이유임을 알고 있기 때문일 것이다. 무조건 편하게 일하는 게 좋다는 생각은 일종의 통념이다. 마음과 수고를 쏟은 만큼 일은 본인에게 더욱 소중해졌다.

방문교육사업이 처음 시작됐을 때 가족센터에서는 매 수업마다 수업 내용과 가정상황을 일지로 남기게 했다. 유현 님은 센터에서 이 자료를 가정상황파악에 적극적으로 활용하리라 여겨 꼼꼼하게 일지를 썼지만 이것이 요식행위일 뿐 누구도 보지 않는다는 걸 알게 된 후에는 기록을 그만두었다. 나는 이 지점이 아쉬웠는데 그 기록은 다른 누구보다 본인에게 귀한 자료가 됐으리란 생각이 들어서였다. 기록은 어떤 일을 기억하게 해 줄 뿐 아니라 사안의 의미를 명료하게 한다. 혼자서라도 기록을 이어왔다면 이 일이 본인에게 어떤 의미인지가 더욱 또렷하게 와닿았을 것이고 이주여성가족이 변하고 성장하는 과정이 담긴 생생한 기록물로 남았을 것이다. 유현 님의 다정하고 따뜻한 시선이 담긴 그 글은 많은 이들의 공감을 얻었을지도 모른다.

유현 님은 지금까지 9년간 방문지도사 일을 해왔고, 앞으로 9년을 더 일하게 될 것이다. 나는 유현 님이 그만뒀던 기록을 지금이라도 다시 시작하면 좋겠다는 생각을 했다. 어쩌면 기록하는 행위는 유현 님이 더 왕성하게 활동할 수 있는 동력이 되고, 이 일이 정년을 맞은 이후의 '다음'과 연결되는 계기를 만들어줄지도 모른다.

-방문지도사에 관심을 가지고 이 일을 해보려는 분들한테 해주고 싶은 말씀이 있나요?

'그 일에 관심이 있는데 어떻게 해요?'하고 물어본 사람이 몇 분 계셨어요. 제가 첫 번째 한 말이 "돈 벌려고 생각하시면 안 돼요."였어요. 흔한 일이 아니다 보니까 돈을 많이 버는 일이라고 생각하시더라고요. 일단 이 일에 관심이 있어야 되고 어떤 일인지 잘 알고 시작해야 될 것 같아요. 수업시간을 융통성 있게 조정할 수 있다는 게 편한 부분이긴 한데 급여가 워낙 작기 때문에 두세 가지 일을 병행하는 분들이 대부분이에요. 급여보다 일 자체가 주는 즐거움이나 보람을 더 크게 생각하시면 한 번 도전해보시라고 하고 싶어요.

부센터장님, 우리 노조 만들어도 됩니까?

-방문지도사 노조를 하고 계신 거로 아는데요, 노조를 시작하게 된 계기가 있었나요?

제가 방문지도사를 시작할 때 처음 계시던 분들은 거의 봉사한다 생각하고 일을 하셨거든요. 가족센터에 소속은 되어 있으나 보통 직원들이 받는 처우는 전혀 못 받았어요. 저희들 임금이 기본급이라는 개념 자체가 없고 무노동 무임금이거든요. 수업을 가야 수당 개념으로 회기당 얼마씩 계산이 돼서 딱 그것만 받는 거예요. 노조를 만들게 된 계기가 자연스럽게 나오는데 방문지도사라는 직업이 만들어지고 10년 가까이 임금의 변화가 전혀 없었어요. 시작할 때 수당이 2시간 수업에 2만 5천 원이었어요. 그거 외에는 아무것도 없었어요.

-수업뿐 아니라 수업 준비나 회의, 보수교육에도 시간이 드는데 임금이 지나치게 낮은 것 같아요.

이 분들은 원래 센터 안에서 여러 가지 일로 봉사를 하셨는데 방문지도사 일이 생기고 자격 되는 분들을 센터에서 흡수한 거예요. 봉사로 일을 시작한 분들이다 보니 임금에 대한 불만을 표현하기가 힘드셨어요. 노조 단협할때는 오히려 센터에서 역으로 '예전엔 봉사로 했는데 이 정도면 됐지'란 식으로 나와서 진짜 화가 났거든요. 처우와 관련해서도 신경 긁는 얘기를 여러 번 해서… 사람을 뭐라고 하죠. 추잡스럽게 만든달까요. '선생님, 그렇게 돈, 돈 하지 마세요' 이런 표현까지 들었으니까….

제가 처음에 들어갔을 때는 수업 수당 이외에 한 가정을 방문했을 때 교통비 2500원이 나왔어요. 왕복 2500원, 그야말로 버스 요금이죠. 지금은 9년 차가 됐는데 교통비가 3500원이 됐거든요. 이 일이 버스 타고 할 수 있는 일이 아니에요. 처음 2년은 차 없이 버스로 다녔거든요. 양산이라는 곳이 동양산(웅상)과 남양산으로 나누어져 있잖아요. 처음에 남양산에 있는 대상자를 배정받았어요. 가는데 한 시간 반, 오는데 한 시간 반 걸려서 2시간 수업을 하는데 거의 5시간 이상이 들었어요. 그런데 센터에서는 교통비라고 2500원을 주는 거죠. 또 처음에는 10개월 사업이다 보니까 2월부터 11월까지 10개월 수업하고 나면 2개월은 무노동 무임금이었어요. 의료보험도 빠졌다가 들어오는 식이었고요. 처음에는 처우에 관심도 없었는데 이후에 전국적으로 다문화지도사 모임이 만들어졌고, 열성적인 선생님들이 여가부 면담까지 가면서 굉장히 많은 변화를 만들었어요. 그 선생님들이 너무 지치다 보니까 지금은 모임이 해산됐지만… 어쨌든 그 선생님들로 인해서 전국의 여러 센터가 노조를 만들게 된 거죠.

-방문지도사란 직업이 생긴 게 이주여성과 그 자녀가 한국 사회에 잘 적응하면 그만큼 사회가 잘 돌아가는 데 도움이 돼서잖아요. 국가 차원에서 필요하다고 판단해서 만든 일이면서도 처우는 그냥 싼 값에 부려 먹으려는 느낌이 들어요. 사실 교통비를 2500원 주는 건 버스비가 얼마냐를 떠나서 너무 치사하잖아요.

2018년도에 당진센터의 한 분이 저한테 전화를 하셨어요. 당진센터의 방문지도사분들이 민주노총에 상담을 하셨대요. 그 과정에서 전국적으로 똑같은 일을 함에도 불구하고 지역마다 조금씩 처우가 다르단 걸 알게 된 거죠. 노조를 만들고 나서 당진센터에서 방문사업비로 책정되어 있는 금액 일부를 수당으로 받았다고 하더라고요. 그런 얘기를 들으니까 처우가 열악하다고 낙담만 하고 있을 게 아니구나, 전국의 200개가 넘는 센터들은 어떻게 돌아가고 있는지 우리가 더 자세히 알아봐야 되겠다, 이런 생각이 들었어요.

당시에 문재인 정부에서 가이드라인이 나왔는데 방문지도사가 정규직

전환 대상에 포함됐어요. 10개월 계약이긴 하지만 근로계약이 당연히 연장되는 직업군이어서… 그때 민주노총 부산지역 일반노조에서 다문화센터를 대상으로 설명회를 연다는 얘기를 듣고 저하고 관심 있는 선생님 두 분하고 셋이서 설명회에 간 거예요.

-드라마의 도입부 같은데요? (웃음)

노조가입에 대한 설명회였어요. 그때 일반노조 부위원장이던 천연옥 님에게 우리 센터에도 한 번 와 달라고 부탁드렸고, 천연옥 님이 며칠 뒤에 오셔서 노조가 왜 필요한지 강의를 해주셨어요. 그날 얘기 듣고 점심식사 같이 하면서 노조 가입서를 다 썼어요. 민주노총 일반노조가 일하는 분들이 몇 안 되는 소규모 사업장을 대상으로 하는 분과여서 그쪽으로 가입하게 됐고요. 연세가 있고 직원들하고 우호적인 관계가 있는 몇 분이 이거 꼭 해야 되냐며 주저하기도 했는데 한두 사람 빠지는 거는 좀 그렇다, 하려면 같이 해야 된다고 설득했어요.

노조 가입하기 전에 회의 때 "부센터장님, 우리 노조 만들어도 됩니까?" 하고 제가 물었어요. 부센터장이 "예전에 노조를 만들라고 할 때는 별로 관심이 없으시더니… 그래요, 알겠습니다." 대답은 하는데… 저는 노조와 관련해서 궁금한 거 있으면 뭐든 질문을 하는데 그걸로 딱 찍힌 거죠. 거기다 노조가 만들어졌는데 대표가 나다, 이러니까 더 싫어하는 거죠.

노조는 좋지만 노조 일은 안 하고 싶다

-노조에서 직책이 어떻게 되시죠?

저는 지회장, 그냥 대표예요. 우리 센터 방문지도사분들 이제 8명밖에 안 남았는데 여기서 지회장인 거예요. 노동조합에서 공식적인 직함이 지회장이기 때문에 지회장, 그다음에 부지회장 한 분 계시고 총무님이 계세요. 위에 선배들이 '그래, 노조 필요하다니까 들긴 들겠는데 나한테 아무것도 시키지 마라'고 해서 처음에는 설명회 들으러 갔던 세 명이 간부를 맡게 됐어요. 노조가 생기면 아무래도 센터와의 관계가 나빠질 수밖에 없겠지만, 그래도 오랫동안 일해온 선배들 중에 한 분이 대표를 맡으면 좀 나을 것 같아서 간곡히 부탁드렸는데 '못한다, 이거 시키면 노조 가입 안 한다' 이러시는 거예요. 어쩔 수 없이 '일은 우리가 할 테니 대신 가입만 해 달라'고 부탁드렸어요.

노조를 결성한 뒤에 일정을 잡아가지고 시의원, 시장하고 면담도 하고 힘차게 달렸거든요. 처우 개선을 위해서 시청 앞에서 출근 투쟁도 하고… 그때는 우리만 한 게 아니고 전국의 몇 센터가 동시에 출근투쟁을 했어요. 처우개선비라고 사회복지시설에 근무하는 분들한테 월 20만 원 정도 주도록 책정된 돈이 있더라고요. 이런 게 우리에게는 전혀 해당 사항이 없다 보니까… 아침마다 공무원들 출근할 때 양산시청 앞에 가서 한 30분 투쟁하고… 당시에 김일권 시장님이 시청에 들어가다가 '나도 이거 잘 알고 있다, 어쨌든 잘 알았다.'는 식으로 우리 문제에 관심이 있다는 식으로 말도 했어요.

좀 시끄럽게 해서인지 그 뒤에 공식적으로 시장님하고 면담도 한 번 했고, 정석자 시의원님 하고도 면담을 했어요. 문제가 해결되도록 담당 과장에게 얘기를 잘하겠다고 했는데 그 뒤부터 아무 소식이 없는 거예요. 주무관한테 전화해서 간담회 한 번 하고 싶다고 하면 보통 나중에 다시 연락드린다고 하고 연락이 안 오거든요. 두세 번씩은 전화해야지 약속 하나 잡히고, 간담회 잡혔으니까 선생님들 수업 조정하시라고 한 분 한분 연락해서 일정 잡고… 얼마나 힘들었는지 몰라요.

우리는 굉장히 희망을 안고 있었고 뭔가 변화가 있을 것 같았어요. 이런 걸 처음 해봤기 때문에 누가 '알겠다'하면 알았다는 뜻인가 보다, 뭔가 좋은 결과가 있을 것이다, 이런 기대를 했는데 아무것도 없더라고요. 처음에 너무 열심히 했는데도 아무런 변화가 없으니까 뒤로 갈수록 지치고….

당시에 단체협상에서 요구한 게 공휴일에 수업을 하지 않아도 유급을 인정해 달라는 거였어요. 공무원이든 일반 직장인이든 빨간 날 쉰다고 월급이 깎이진 않잖아요. 우리는 공휴일 날이라도 수업을 해야지 수당이 나오는 거고 안 하면 수당이 빠지는 거예요. 그러다 보니까 월급이 5-60만 원일 때도 있고 많아야 80만 원 남짓 받는 게 다였거든요. 설날이나 추석 같이 공휴일이 며칠씩 겹치면 다른 날에 보충을 해서라도 수업 시간을 맞줘야지 어느 정도 일정한 금액을 받는 그런 구조였어요. 단협을 먼저 한 센터들 사례를 참고해 보니까 공휴일을 유급으로 인정받았더라고요. 우리도 그 뒤에 단협을 해서 공휴일에 수업을 하지 않아도 교통비를 제외한 수당을 받게 됐어요.

수업수당은 방문지도사 생기고 10년 동안 거의 2만 5천 원이었고 제가 9년 일하는 동안 해마다 몇백 원 몇백 원 오른 게 올해로 29,120원이에요. 노조가 만들어지고 공휴일 유급, 60일 병가가 인정됐어요. 명절 상여금이 없었는데 한 달 수업수당을 기본급으로 쳤을 때 기본급의 60%를 설날과 추석에 받는 상여금도 1차 단협에서 만들어진 거고요.

-상여금은 커다란 성과 같은데요?

맞아요. 그전에는 수업수당이랑 교통비 받는 거 외에 아무것도 없었어요. 이전 센터장님이 시에 간곡하게 부탁해서 받아냈다고 한, 명절에 10만 원씩 나오는 격려금이 다였어요. 노조 생긴 뒤에 상여금을 요구했던 게 여가부 지침을 보니까 센터 직원들은 가족 수당이니 무슨 수당이니 다 주게 돼 있는 거예요. 근데 방문지도사만 주 16시간 단시간 근로자라고 복지에 대해서는 아예 생각을 안 해줬던 거죠. 우리가 물었죠. 방문지도사는 센터의 직원입니까? 직원 맞대요. 직원이면 지침에 있는 직원들에 대한 처우가 왜 우리한테는 해당 사항이 없냐니까 센터에 상시 근무하는 분들하고는 또 다르대요. 자기들 말하는 게 어떨 때는 직원인 거고 어떨 때는 직원이 아닌 식으로 왔다 갔다 하는 거죠.

-영화 <지금은 맞고 그때는 틀리다>가 떠오르네요. 홍상수 감독이 노조 출신은 아니겠죠? (웃음)

1차 단협 때 센터 측 안을 보니까 명절 상여금을 경력별 차등으로 해놨더라고요. 3년 차까지는 10만 원, 5년 차까지는 20만 원, 5년 차 이상은 30만 원 이런 식으로 해놓은 거예요. 내가 기가 막혀가지고 1년 차인 사람하고 5년 차인 사람들이 명절을 다르게 쇠냐고, 균등하게 달라고 했죠. 차라리 명절 상여금을 똑같이 주고 경력에 따라 수당을 다르게 주면 인정할 수 있어요. 10년 된 사람하고 1년 된 사람은 다르게 받아야 되는 게 맞으니까요. 근데 경력 수당은 지금도 인정을 안 하는 부분이에요. 어쨌든 조정이 잘 안 돼가지고 지노위(지방노동위원회)까지 갔죠. 단협을 8차까지 했어요.

또 중요한 게 뭐냐 하면 그전에는 10개월 사업이던 게 12개월 사업이 되면서 연차가 생긴 거예요. 그전에는 연차가 하나도 없었어요. 연차가 15개부터 시작해서 올해로 17개가 됐거든요. 지금 가장 좋은 게 뭐냐 하면 연차 덕분에 17일을 쉬어도 한 달의 급여가 일정한 금액으로 딱 보장이 된다는 거죠. 우리는 하루에 두 가정 수업을 하면 일주일에 4일 일하면 되거든요. 연차 17개면 거의 한 달을 일 안 해도 될 정도니 엄청 좋아진 거죠. 2차 단협에서는 병가 보장받고 조합원 활동시간도 연 40시간 보장받았어요.

처음에 일할 때는 80만 원에서 뭐 떼고 뭐 떼고 하면 70몇만 원 이렇게 받는 게 대부분이었는데 이제는 4대 보험을 떼도 90몇만 원 정도를 받고 설날하고 추석 때도 상여금 60%면 60만 원 정도를 고정적으로 받는 거죠. 원래 처우가 너무 열악하긴 했지만 노조 하고 나서 변화가 분명히 있고요, 고정적으로 받는 급여가 어느 정도 보장이 된다는 게 1차 단협 끝나고 나서 스스로가 굉장히 만족한 부분이었어요.

언론보도를 통해 접해온 노조의 투쟁 이야기는 대개 규모가 컸다. 기다란 현수막이 여기저기 붙어 있고, 사회자의 목소리가 확성기로 쩌렁쩌렁 울려 퍼지고, 노조깃발이 나부끼고, 조끼 입은 조합원 수백 명이 열 맞춰 앉아 구호를 외치고, 그보다 많은 전경들이 검은 방패를 들고 대치하는… 유현 님이 있는 가족센터의 노조원은 열다섯 명이 채 되지 않았다. 하지만 삶의 근간이 되는 노동조건을 향상시키고 사람답게 일할 수 있는 일터를 만들기 위한 운동이라는 점에서는 큰 규모의 투쟁과 본질적으로 다르지 않다.

방문교육지도사 노조가 요구한 것은 주휴수당과 연차수당, 상여금처럼 센터의 상근직원들에게는 이미 지급되고 있는 수당이었다. 진작부터 누렸어야 할 소박한 권리를 얻기 위해 노조는 1년 동안 8번의 단체협상을 거쳐야 했다.

투쟁을 통해 얻어낸 성과는 참여자들에게 의미가 남달랐을 것이다. 가족센터에서 근무를 시작한 사람들에게 노동조건은 외부에서 일방적으로 정해지는 것이다. 불만족스럽고 성에 안 차도 바꿀 수 있다는 생각 자체를 하기가 어렵다. 노조활동을 하며 방문지도사들이 힘을 모으면 센터와 동등한 위치에서 협상할 수 있단 걸 알게 되었다. 노동법과 단협안을 공부하고 노동위원회를 오가며 완고한 벽처럼 여겨졌던 노동조건을 실제로 바꾸어냈다. 이것은 꿈쩍 않을 것이라 생각했던 세상을 당사자들 스스로의 힘으로 바꾸어낸 경험이다.

언론에 보도되는 일이 거의 없는 이런 작은 노조들의 수많은 투쟁이 한국 사회의 노동조건과 문화를 조금씩 바꿔왔다. 이런 작은 싸움 하나하나가 쌓이고 쌓여 노동자는 숨 죽이고 살아야 하는 무력한 '을'이 아니라, 소리 내고 제 권리를 요구하고 싸울 수 있는 존재란 인식이 점점 퍼져나가는 것이다.

-1차 단협이 마무리되는데 시간이 얼마나 걸렸나요?

엄청 길었어요. 다른 사업장에서는 단체협상을 일주일에 한 번 하는 식으로 빨리 진행하고 안 되면 지노위 가서 해결을 보는데… 부센터장이 센터 행사가 있다, 외근 나가야 된다 이런 식으로 계속 미루는 거예요. 오죽하면 18년도에 단협을 시작해서 19년도 8월에 끝났어요. 거의 1년 가까이 끌어서 스트레스가 많았어요.

-단협은 보통 노조 간부 세 분이 준비를 했나요?

1차 때는 자료준비도 단협도 거의 저희 3명이서 했어요. 단협 때 시간

되는 선생님들은 참석해 주십사 부탁했는데 거의 오시질 않았어요. 단협이 한 번 체결되면 유효 기간이 2년이거든요. 2년 지나서 선생님들한테 새로 단협을 진행할 수 있게 됐는데 같이 참여해 볼 분 없으시냐 여쭤보니까 다들 안 하려고 하더라고요.

-1차 때 공휴일수당, 연차수당 인정받고 명절 상여도 받게 됐잖아요. 노조원들 입장에서는 별다른 노조활동을 안 하고도 혜택을 보게 된 건데… 2차 때는 뭔가 적극적으로 해보려는 사람이 없었습니까?

'노조가 있으면 좋지. 그런데 내가 뭔가 역할을 해야 된다면 안 하고 싶다.' 이런 거죠. 우리가 1년에 한 번씩 근로계약서를 써요. 2019년도 1월에 계약서를 쓰는데 최고참 두 분이 '이 정도면 됐다'면서 가입한 지 몇 달 만에 노조를 탈퇴하겠다는 거예요. 이 정도라는 게 단협을 진행하면서 명절 상여금이랑 연차받게 된 걸 말하는 거거든요. 이 정도면 됐다는 말이 진짜 기억에서 안 잊혀요.

-가입하고 아무것도 안 했으면서 혜택 보고 나서 바로 발을 뺀 거잖아요. 무슨 심부름이라도 시킨 줄 아는 걸까요? '이 정도면 됐다'는 말이 어이가 없네요. 내가 이 사람들 위하자고 그렇게 열심히 노조활동했나 하며 회의감도 들었을 것 같아요.

너무 웃기죠. 그동안 애쓴 저희들한테 '고맙다'도 아니고 '미안하다'도 아니고 '이 정도면 됐다'고… '선배가 돼 가지고 구경만 하다가 이득만 보

전국 다문화방문지도사

고 빠지는 건 너무한 거 아니냐'고 한 마디 해주고 싶었는데 망연자실 있다가 아무 말도 안 한 게 참 두고두고 속이 상하더라고요. 그런 사람들한테 뭐라고 얘기하겠습니까. 보통 때는 그 사람이 어떤 사람인지 잘 몰라요. 어떤 선택의 순간! 자기의 가치관이 드러나는 순간에 그 사람의 본모습이 드러나는 거죠. 그 두 사람은 처음부터 노조에 안 들고 싶어 했어요. '노조 해보니까 굳이 내가 가입돼 있지 않아도 뛰는 누군가에 의해서 혜택 보게 돼 있어, 그냥 가만히 있어도 되는데 뭐 때문에 싫은 소리 듣고 얼굴 붉혀가면서 여기 남아 있겠어' 이렇게 생각했을 수도 있구요.

생뚱맞은 계약해지 통보

부센터장이 2019년도 말에 방문지도사 두 명을 해고하려고 했던 적이 있어요. 한 분은 2019년도 3월에, 한 분은 5월에 입사했어요. 들어온 지 몇 달 안 됐을 때라 제가 노조 가입하라고 적극적으로 말도 못 했어요. 이 선생님들도 '센터에서 일할 수 있게 뽑아 주셔 가지고 고마운 마음에 지금 당장 노조 들기는 어렵고 내년 1월에 들겠다'는 식으로 얘기를 했거든요. 두 분 다 저처럼 가족생활지도사예요. 처음 일을 하시니까 어떤 어려움이 있는지 여쭤보려고 식사약속을 한번 잡았어요.

식당에 갔더니 두 분이 대뜸 저보고 "오늘 약속 미리 알고 잡은 거죠?" 이러더라고요. 무슨 소린지 물어봤더니 어제 부센터장이 불러서 갔는데 이번 달까지 하고 계약 해지라고 하더라는거예요. 부센터장이 '올해 말로 정년이 돼서 그만두는 선생님들이 계셔서 두 분을 미리 채용한 것이다, 그런데 노조의 전국 시위 때문에 정년 유예기간이 생겼고 정년인 분들이 일을 더 하게 되어서 선생님들 자리가 없다, 12월 마지막 날로 계약 해지를 해야 되겠다'는 식으로 얘기를 한 거예요. 두 분은 정년이 된 사람들이 그만두지 않아서 피해를 봤다고 생각하고 있었어요.

당시에 방문지도사가 13명이었는데 정년퇴직 대상자는 없었어요. 제가 시에 전화를 해서 센터가 내년도에 지도사 정원을 몇 명으로 신고했는지 물어봤더니 15명이라는 거예요. 13명에서 2명 자르면 직원이 11명인데 15명분 시예산을 받겠다는 얘기거든요. 교육 대상자 수요에 따라 지도사를 추가 채용할 때가 있어서 대부분 정원수에 딱 맞춰서 예산을 받지 않아요. 그전에도 두 명분의 예산은 더 받았다고 하더라고요. 정원을 15명으로 올렸으면 예산이 충분한데도 두 사람에게 이런 말도 안 되는 짓을 한 거죠. 제가 너무 기가 막혀가지고 '선생님들, 이렇게 가만히 있으면 안 된다, 이거 부센터장이 거짓말한 거다, 노조 가입하면 도움받을 수 있는지 알아볼 테니 지금이라도 가입하시라' 그렇게 얘기를 했어요.

부센터장이 왜 두 사람을 자르려고 했는지는 지금도 모르겠어요. 없는 얘기를 사실인 양 속여서 얘기했단 걸 알게 되니 가만있을 수가 없더라고요. 방문지도사들을 이간질시키는 일이니까요. 부센터장이 두 사람을 불러 계약해지서에 사인을 시켰어요. 두 사람은 생각해 볼 틈도 없이 사인을 하고 온 거죠. 그 두 분이 부센터장이 얘기를 할 때는 그런가 보다고 생각했다가 집에 와서 생각해 보니 억울하고 기분이 너무 나쁘더라는 거예요. 그런데 그걸 어디에 물어볼 수도 없으니… 한 분은 노조에 가입하고 대응해 본다고 했는데 한 분은 그냥 그만두겠다고 하더라고요. 제가 그 사람을 따로 만나 가지고 '선생님 마음은 충분히 이해한다, 기분도 더러울 것이고 다시 그 사람하고 대면해야 하는 게 부담도 될 것이다. 그렇지만 가만히 있어서는 선생님한테 아무런 득이 될 게 없다. 이 일은 일단 시작하면 면책 사유가 있거나 스스로 그만두지 않는 이상 계속할 수 있는 일인데 왜 그만두려고 하냐, 왜 부센터장 좋은 일만 시키냐'고 열심히 설득했더니 대응하겠다고 하더라고요.

일반노조에 물어봤더니 '내용을 정확하게 인지하지 못한 상태에서 사인을 했기 때문에 계약해지를 철회하겠다'는 내용 증명을 보내라 하더라고요. 내용 증명 보내고… 12월 말까지 해결이 안 되면 사직처리가 돼버리잖아요. 일을 빨리 해결하려고 가족센터의 운영위원회에 면담을 요청하는 공문을 보냈어요. 운영위원 한 분이 부센터장이랑 같이 참석하고 저희 쪽은 일반노조 위원장님이랑 저랑 당사자 두 분이 참석해서 센터에서 면담을 했어요.

두 분이 부센터장에게 어떤 말을 들었고 어떻게 사인을 하게 됐는지 얘기하고, 저도 시청직원에게 들은 내용과 이 일이 터무니없게 진행된 걸 설명했어요. 부센터장이 입장이 난감한지 중간에 일어나더니 '더 들을 필요 없다!'면서 운영위원에게 나가자고 하더라고요. 운영위원은 '얘기 더 해보시라, 더 들어보겠다'고 하고… 제가 '우리는 얘기 더 하겠으니 부센터장님은 나가 계시라'고 하니 부센터장은 무슨 얘기를 하는지 듣기는 들어야 되니 안절부절못하면서 나가지도 못하고….

운영위원이 '무슨 상황인지 충분히 알겠다. 이 일은 내가 혼자 결정할 수 있는 일이 아니고 운영위원회 회의를 열어서 결정해야 되는 일이니까 시간을 달라'고 하셔서 우리는 며칠까지 답변을 달라고 얘기를 했는데… 극적으로 그 해가 끝나기 15일 전에 계약해지가 철회됐어요. 2주 사이에 엄청난 일이 확 지나간 거죠. 당시에 두 선생님도 굉장히 마음고생을 했어요. 그렇게 하지 않았으면 지금까지도 부당하게 피해를 보고 그만뒀다고 생각하고 있을 거예요. 두 분은 5년째 열심히 일을 하고 계십니다.

사건이 진행되기 전에 노조원 몇 분께 이 일을 말씀드렸더니 태도가 냉랭했어요. 유현 선생님이 그렇게까지 나서야 되냐고 하더라고요. 그래도 꽤 오랜 시간 같이 노조활동을 해 왔다고 믿었는데 이렇게까지 생각이 다르구나 싶고, 내가 뭔가를 같이 해달라고 할까 봐서 저렇게 얘기하나 싶기도 하고… 얘기는 안 했는데 그분들께 개인적으로 좀 실망했던 부분이에요. 그냥 제 생각이죠. 그분들 나름대로 맡은 바 최선을 다했고 같이 애썼기 때문에… 이 일에 대해 생각이 다르다고 그들이 틀렸다 얘기할 수는 없는 거잖아요. 내가 오지랖이 넓었나 싶기도 하고….

-제가 볼 때는 딱 정확하게 판단하고 행동하신 것 같아요. 이 사안에서 중요한 건 두 분이 노조에 들었냐 안 들었냐가 아니고 부센터장의 직권남용이잖아요. 이때 항의하지 않았으면 이런 일이 또 일어났을지도 모른다는 생각이 들어요. 만약에 두 분이 그대로 그만뒀다면 남은 사람들한테도

상처인 거예요. 힘으로 찍어 누른 것도 아니고 거짓말로 자르려는 걸 알고도 못 막았다는 게 남아있는 사람들한테도 자괴감을 주잖아요.

크게 보면 나하고도 관련이 있는 문제인데 어떤 사람들은 다른 사람 문제로만 생각했던 것 같아요. 두 사람 사정이 안 됐다는 마음도 조금 있었지만 제가 싸웠던 중요한 이유는 부센터장이 제멋대로 사람 자르는 걸 가만 둘 수 없다는 것 하나였어요.

누구를 위한다고 생각하지 마라

1차 단협 때는 저하고 부대표하고 총무, 세 사람이 똘똘 뭉쳐서 같이 움직였는데 이때는 서로 역할 분담이 어느 정도 됐어요. 두 분이 1차 때 너무 힘드셨는지 2차 때는 한 발 물러서 계시더라고요. 2차 단협 때나 지노위 갈 때는 거의 저 혼자서 움직였어요. 다른 선생님들이 순번을 정해서 제가 갈 때 한두 분씩 동행하고….

부센터장은 얘기할 때 반박할 틈을 안 주고 얘기를 해요. 얘기 좀 할 테니 끝까지 들어 달라고 말해 두지 않으면 도중에도 말을 잘라먹고 자기 얘기를 하는 스타일이거든요. 2차 단협 때 지노위에서 비상근인 센터장과 함께 단협을 진행하고 다시 오라고 권고를 받았어요. 그래서 센터장, 부센터장, 일반노조 위원장, 우리 선생님들 다 오셔서 자리를 가졌어요. 제가 수당과 관련해서 얘기하는데 부센터장이 '그런 항목도 없는데 수당을 달라고 한다', '자꾸 돈, 돈, 돈얘기만 한다' 이런 식으로 말해서 '부센터장님, 앞으로는 단협 할 때 말씀 좀 가려서 해 주시면 좋겠다.'고 얘기했어요. 그러니까 부센터장이 내가 언제 그런 소리를 했냐면서 선생님들한테 '내가 그런 소리 했어요?'하고 되묻는 거예요. 그 상황에선 어떤 선생님이든 '부센터장님이 그렇게 말했다'고 나왔어야 되는데 아무도 말 안 하고 가만히 계시는 거예요. 부센터장도 어이가 없지만 우리 조합원들도 너무 힘이 안 돼 주는구나 싶었어요. 내가 총 맞고 있을 때 옆에서 아닌 건 아니라고 한 마디 해주길 기대했는데 그냥 가만히 자리만 지키고 계시더라고요.

그날 단협을 마치고 선생님들이 저녁 먹고 가자는데 같이 안 가고 싶어서 먼저 오면서 '하기로 한 일은 끝까지 마무리 지어야 되겠지만 사람들 마음이 내 마음 같지가 않구나. 이 사람들한테 기대한 것은 그야말로 내가 뭔가를 얘기할 때 '맞다'고 동의해 주는 한마디였는데 그런 것조차도 힘을 안 주시는구나' 이런 생각에 마음이 힘들었어요. 사용자와는 어차피 어느 정도는 적대적인 관계일 수밖에 없기 때문에 그 사람들에게 기대하는 건 그렇게 크지 않아요. 더 상처를 받는 게 노조원들 마음이 잘 모아지지 않거나 내가 노력과 시간을 쏟을 때 다른 사람들은 방관만 할 때였던 것 같아요. 나중에 조합원 선생님들한테도 얘기했어요. 그 상황에서 아무 말도 안 하고 있었던 게 나는 너무 힘들었다고… 그 선생님들 입장은 그렇더라고요. 유현샘이 애쓰고 있을 때 뭔가 한마디 했어야 하는데 말할 타이밍을 놓쳤다… 이런 얘기를 선생님들끼리 나눴대요.

지회장일이 너무 힘들어서 내가 노조 일을 그만두려면 방문지도사를 그만두는 방법밖에 없겠구나, 그만둬야 되겠다, 이렇게 생각한 적도 있어요. 사실 노조 안 하고 일만 하면 되지 굳이 그만둘 필요까진 없는 건데 당시에는 그런 생각까지 했어요.

노조 일로 힘들 때마다 나명숙 팀장님하고 얘기를 했어요. 나명숙 님은 이삼십 대 때 노조활동을 했고 가족센터의 이런저런 문제에 대해서도 잘 알고 계시거든요. 제가 2차 단협 때 있었던 일을 얘기하면서 노조일이 힘든 것도 힘든 거지만 사람 때문에 상처를 받고 힘들다고 하니까 '노조 일을 누구를 위해서 한다고 생각하지 마라, 나 자신을 위해서 한다고 생각해라'고 하더라고요. 그때 마음이 좀 추슬러졌어요. 그래, 내가 일하는 환경을 변화시키려는 거지, 조합원들 위해서 일한다고 생각하면 힘들 때마다 다른 사람들이 밉고 섭섭할 것 같다… 그 뒤부터 마음을 바꿨죠.

여가부 면담과 집회를 어떻게 할 것인지 논의하려고 전국의 방문지도사 대표 선생님들, 일반노조 분들이랑 1박 2일간 워크숍을 한 적이 있어요. 밤 12시까지 회의를 빡세게 했는데 그때 다른 선생님들 얘기 들어보니까 제가 겪는 일들이 지회장으로서 겪는 보통의 일들이더라고요. 더 힘든 일도 아니고 덜 힘든 일도 아니고 그냥 보통의 일들… 거기 계신 분들은 다 비슷한 일을 겪으니까 내 마음이 니 마음이고, 조금 이해가 되기도 하고, 위로가 되기도 했어요. 노조라는 게 어디 가나 굉장히 애쓰는 분들이 있을 거고 그냥 따라가는 사람들이 있을 거고 앉아서 보기만 하는 사람들이 있을 것이고 욕하는 사람들이 있을 것이고 그렇겠죠.

혼자 떠맡다시피 한 노조업무는 유현 님에게 과중했다. 회의 한 번을 하려 해도 조합원들과 일일이 소통하며 일정을 조율해야 한다. 상급단체 교육에 참여하고 노동법도 공부하며 지부장 직에 필요한 지식을 쌓아야 한다. 노조활동을 껄끄럽게 생각하는 센터직원들의 눈총도 받는다. 개인 시간과 기력을 허물어 쓰지만 별다른 보상은 없다. 노조원 전체의 처우를 개선하기 위해 지회장일을 하는데 정작 당사자인 조합원들이 수수방관했으니 '당신들이 어쩜 그럴 수 있냐'며 화가 나고 밉고 허하기도 했을 것이다.

유현 님은 '나 자신을 위해서 노조활동을 한다'고 생각하며 마음을 다잡았다. 노조활동을 '자신을 위해 한다'고 마음먹어야 하는 상황이 씁쓸하지만, 나는 이 말에 활동의 귀한 진실이 담겨 있다고 느꼈다.

노동, 복지, 인권, 언론, 환경, 평화 등 공동선과 공익적 가치를 위한 운동영역에서는 타인과 공동체를 생각하는 마음이 강조된다. 고통받는 이들의 처지에 공감하고 연대할 수 있어야 한다. 차별받고 억압받는 노동자, 소수자, 작은 생명에 대한 관심과 애정이 있어야 한다. 물론 공익활동은 이러한 가치를 전제하고 이루어지지만, 이렇게 커다랗고 포괄적인 명분이 모든 활동가들의 활동동기가 되기는 어렵다. 활동가들 한 명 한 명은 제각기 다른 성격과 취향과 가치관을 지닌 사람들이기 때문이다.

긴 시간 동안 이어질 활동가의 삶을 대의명분만으로 끌고 나갈 수는 없다. 매일 눈앞에 펼쳐지는 건 평범하고 비루하기도 한 일상인데 대의명분은 너무 고고하고 멀다. 수고로움과 지루함이 수반되는 활동을 이어가려면 대의명분을 넘어서는 자기만의 이유가 있어야 한다. 활동과 활동가 개인의 욕구가 만나는 접점을 찾아야 한다. 활동가 본인이 충만감과 재미를 느껴야 공익적 활동이 오래도록 지속될 수 있다. 진정으로 공익적인 활동이라면 그 공익에 활동가 자신의 만족까지 포함되어야 한다.

어찌 되었건 2차 단협이 잘 됐고 안 됐고를 떠나서 마무리가 됐다는 게 너무너무 마음이 편하네요. 올해로 제가 지회장 6년 차인데요, 저는 올해까지만 하고 그만하겠다고 얘기를 해 뒀어요. 그만둔다고 해서 노조 일을 나 몰라라 할 수는 없겠죠. 대표로 앞에서 일을 하게 되면 얼마나 힘들고 마음이 된 지를 알기 때문에 일이 있으면 적극적으로 참여는 하겠지만… 뭔가를 만들어가는 자체가 싫은 사람도 있는 것 같아요. 품을 내야 하는 일이 생기면 얼굴부터 찡그려지는 사람들이 있으니까… 부산의 어떤 센터는 노조 일을 열심히 하던 분이 퇴직하면서 대표를 아무도 안 하려고 하니까 남아 있는 선생님들이 어쩔 줄을 모르고 있다고 들었어요.

–노조 일도 제대로 하려면 훈련이 필요하잖아요. 자꾸 마음을 내고 부딪혀보는 경험이 있어야 되는데 지금껏 별 역할을 안 하다가 갑자기 직책을 맡으려니 뭔가를 해낼 힘이 없는 거죠. 유현 님도 지회장 그만두기로 마음먹기까지 고생도 많이 하고 마음도 엄청 부대꼈을 것 같습니다. 상상이지만 유현 님이 힘들어하면 같이 힘들어해 주고, 누가 뭐라고 할 땐 '그건 아니지!' 하고 편 들어줄 사람이 딱 한 명만 있었다면 좋지 않았을까, 힘든 건 어쩔 수 없겠지만 조금 더 할 만하지 않았을까, 언젠가 그만두게

되더라도 버티는 기간이 이렇게 고독하기만 하지는 않았을 텐데… 이런 생각이 들어요.

청소하는 게 부끄럽지 않아

| 구술 손미숙 + 글 이은아 |

휴대전화 화면에 언니의 이름이 뜬다.

"네, 여보세요?"

"은아, 뭐 하나 물어봐도 되나?"

"네~~"

"내 아는 사람이 일하다가 다쳤는데…."

병원에 문병 갔다가도, 친구들과 계모임을 하다가도 언니는 필요하면 내게 전화를 한다. 친구, 친구의 남편, 그 남편의 친구까지 일하다가 억울하거나 부당한 일을 겪은 지인들의 처지를 딱하게 생각하며 뭐라도 도움 될 게 없나 싶어 내게 물어보는 것이다.

나는 지금 양산노동민원상담소라는 단체에서 노동법 상담을 하고 있다. 상담소에서 활동하기 전에는 진주햄 생산공장에 1997년 입사하여 10년 정도 다녔다. 그때 미숙 언니(가명)를 알게 되었으니, 언니를 안 지도 어느새 20년이 훌쩍 넘었다.

언니는 진주햄 다니기 전에도 생산공장에 다녔었고, 진주햄을 그만두고도 일을 계속했다. 산재요양을 했던 기간을 빼고는 40년이 넘는 시간 동안 한 번도 일을 쉰 적이 없는 사람이다. 그녀는 특별하지도 빛나지도 않지만 흔하고 너른 들풀과 어우러져 거침없이 피어나는 민들레 같다. 그녀와 나눈 이야기를 지면을 빌어 정리해 본다.

미숙 언니와의 인연

언니를 처음 알게 된 것은 2003년 언니가 산재(산업재해보상보험)를 신청할 때였다. 같은 회사에 다녀도 소속 부서가 다르니 복도를 오가다 얼굴만 보는 사이였는데, 어느 날 언니에 대한 얘기를 듣게 되었다. 현장에서 일하는 언니에게 생산부 차장이 건물 청소를 하라고 지시했고, 청소를 하다가 계단에서 굴러 떨어져 허리를 많이 다쳤다는 이야기였다.

그때만 해도 언니가 산재를 신청한다는 말은 없었는데, 허리치료를 받고 복귀한 후에 허리통증 재발과 적응장애라는 신경정신과 병명으로 산재신청을 하게 되었다.

당시 회사는 산재신청을 하면 민주노총의 사주를 받아 회사를 배신하고 회사의 기풍과 질서를 문란하게 만드는 나쁜 사람으로 취급했다. 그래서 산재신청은 혼자 감당하기 힘든 일이었고, 나는 언니를 도와 산재승인이 될 때까지 옆에 같이 있었다. 승인이 나기까지 1년 정도 걸렸지만 다행히 산재승인이 났고 4년 5개월간 요양을 했다. 언니가 요양을 끝내고 회사에 복귀했을 때, 나는 회사에서 정리해고되어 원직복직을 위한 투쟁을 하고 있었다. 나 스스로 너무 힘든 시간이어서 언니와의 연결이 약해지고 있었다. 3년 반 동안 원직복직을 위해 투쟁했지만 결국 복직하지 못했다.

양산노동민원상담소에서 노동상담원으로 일을 시작하면서 언니와 다시 연결이 되었다. 상담소의 오랜 후원회원인 언니는 상담소에 무슨 일이 있으면 두 팔 걷고 도와주었다. 모르는 것은 자주 전화로 물어본다. 연차수당은 누가 받을 수 있는 건지, 아는 사람이 일하다 다쳤는데 산재가 되는지, 여름휴가는 법으로 정해진 게 아닌지, 일하다가 궁금한 게 있으면 바로 상담소로 전화를 한다. 언니는 아는 건 별로 없지만, 문제가 생기면 어떻게든 해결을 하기 위해 거침없이 나서서 주변의 아는 사람들을 잘 활용한다. 평생을 노동하며 살아온 삶에 감사해하며 자신의 노동을 부끄러워하지 않는다. 2022년 11월 양산노동민원상담소 후원회원의 밤 행사에서 언니는 "안녕하세요. 손미숙입니다. 지금 건물 청소하는 일을 하고 있습니다."라고 자신을 소개했다. 처음 보는 사람들 앞에서 자신의 일을 스스럼없이 내보이는 언니가 멋있었다.

이 인터뷰는 그렇게 시작되었다. 우리 사회의 취약한 계층이라고 할 수 있는, 나이 든 여성이 주로 하는 일인 청소일을 하면서 멋있고, 거침없고, 감사할 줄 아는 노동자, 손미숙 님에 대해 알고 싶은 마음으로 말이다.

흔들린 어린 시절

언니는 1963년 대구 수성구에서 태어났다. 예닐곱 살이 되었을 때 어머니가 연탄가스 사고로 돌아가셨다. 아버지가 재혼하면서 큰딸은 고모 집으로 입양 보내고, 둘째 딸인 언니는 대구에 있는 덕일원이라는 고아원에 맡겼다. 참 뜬금없는 전개였다. 왜 아버지가 살아계시는데 큰딸은 입양 보내고, 작은딸은 고아원에 보냈을까? 언니는 그때의 상황을 잘 기억하지 못했다. 부모님과 살던 기억은 거의 없고 고아원에서의 기억이 가장 어릴 때의 기억이었다.

친언니가 나중에 나를 찾아서 뒤늦게 이야기하는데 엄마는 연탄가스로 돌아가셨다더라. 옛날에는 연탄가스 중독이 많이 됐거든. 그라고 아버지는 초등학교 5학년 때까지 계셨어. 초등학교 5학년 때까지 나 보러 고아원에 오고 했거든. 과자도 사주고 돈도 주고 그랬거든. 처음에는 아버지인 줄도 모르고, 나중에 머리가 좀 커져서 누구시냐고 물어보니까 아버지라 하더라고. 완전히 내 닮았더라고, 내가 완전 아버지를 닮았더라고.

고아원은 입소해 있는 아이들을 훈육과 통제의 대상으로 여겼다. 매질과 체벌이 언니에게 굵고 깊은 트라우마로 새겨져 있었다. (이에 대해 많은 이야기를 들었지만, 당사자의 의견에 따라 언급하지 않는다.)

6살부터 8년 가까이 고아원에서 살았고, 14살쯤 되었을 때 원장이 언니를 서울에 사는 자신의 딸 집으로 식모살이를 보냈다. 언니가 고아원에 있는 화장실을 솔선수범하여 청소하는 것을 보고 일 잘한다고 딸 집으로 보냈다는 것이다. 서울에 사는 딸의 집은 엄청나게 크고 일하는 사람이 이미 두 명이나 있었다. 언니는 주로 딸의 어린 자녀들을 돌보는 일을 했는데 며칠 만에 원장의 고모 집으로 다시 보내졌다. 매를 맞아도 고아원에서 많은 친구와 어울려 살 때가 좋았는데 혼자 똑 떨어지니 너무 외롭고 서러웠다.

일 잘한다고 식모를 시켰는데 어린 나이에 뭐 할 줄 아나, 모르잖아. 그러니까 애들하고 놀아주는 것이나 할 수밖에 없었어. 청소 좀 해주고… 청소하면서 고아원 친구들이 보고 싶어서 많이 울었어. 거긴 외롭잖아. 너무 많이 우니까 몇 개월 사이에 나를 어디로 또 보냈냐면 원장 고모 집으로 보내버렸어. 그 할머니 나이가 그때 육십몇 살이었어.

언니의 기억에 원장의 고모는 나이가 60대인 할머니였는데 이혼한 딸과 둘이 살았고 어린 언니에게는 너무 무서운 사람이었다. 밥을 먹는데 자기들끼리 먼저 먹고 반찬을 싹 치워버려 그 집에 사는 동안 언니는 간장에 맨밥을 비벼서 끼니를 때웠다. 새벽 4시 30분이 되면 자는 언니를 깨우고 제때 일어나지 않는다고 찬물을 끼얹거나 파리채로 등짝을 때렸다. 2~3년 가까이 원장의 고모 집에서 제대로 못 먹고, 매를 맞으며 성장기를 보냈다. 언니의 키가 매우 작은 것은 무서운 원장의 고모 집에서 성장기를 보낸 탓도 있지 않을까 싶다.

1978년 무렵 원장 고모 집에서 도망 나왔다가 잡혀 들어갔는데 다시 도망을 나왔다. 인근 교회의 목사 사모님께 대구까지 가는 고속버스 차비 1200원을 빌려 대구로 도망쳤다. 대구에는 고아원에서 독립한 언니들이 작은 방을 얻어 서너 명씩 함께 살고 있었는데 그 셋방에 얹혀살면서 미싱 공장에 다녔다. 좁은 방에 네댓 명이 함께 사는데 그때가 정말 재미있었다고 언니는 기억한다.

그렇게 살고 있는데 입양을 갔던 친언니가 사람을 보내 언니를 찾아왔다. 그 사람을 따라 서울에 있는 유림끄레아또레라는 숙녀복 만드는 공장에 들어가게 되었다. 공장의 부장과 친언니가 아는 사이였던 것 같다. 유림에서 미싱을 타면서 야간에는 학교에 다녔고, 주말에는 기숙사를 비워야 해서 친언니가 친척 할머니 집에 가 있으라고 데려다주었다. 그 할머니는 친할머니인지, 외할머니인지, 친척 할머니인지 잘 모른다. 그 할머니 집에서 결혼하기 전까지 기숙사를 오가며 지냈고 할머니가 보호자였다.

언니에게 연애사를 물었다. 할머니 집 이웃에 살던 군인과 8년 동안 사귀었는데, 할머니가 군인이라고 반대하는 바람에 친언니가 소개한 지금의 남편과 만나 1992년 결혼하게 되었다고 한다.

강일이 만날 때는 엄청 즐거웠지. 완전히 피가 어디 넘어가는지도 모를 정도로 되게 즐거웠어. 세상이 어떻게 돌아가는지도 모르고 만나다가 결혼 이야기 나오고 보니까 8년인가 9년이 지났대. 강일이 만나고 있는데 할머니가 군인이라고 반대하고 언니가 소개해 줘서 지금의 애들 아빠를 만났어. 경아 아빠가 새벽 기차 타고 서울 올라오면 12시쯤에 만나고, 일요일인데 일이 많아서 지금 일하러 가야 한다고 거짓말 좀 많이 쳤지. 사실은 다른 다방에 강일이 만나러 갔지. 한 주일에는 경아 아빠 만나고, 한 주일은 강일이 만나고…….

결혼 후에는 남편을 따라 양산으로 와서 사글셋방을 얻어 신혼생활을 시작했다. 93년도에 첫딸을 낳고, 95년도에 둘째 아들을 낳았다.

어린아이들을 두고 시작한 직장 생활

남편이 벌어오는 돈으로 아이들을 키우며 지내던 언니에게 아파트 경비아저씨가 젊었을 때 돈 벌어야 한다며 일자리를 추천해 주어 직장 생활을 다시 시작하게 되었다. 경아가 6살쯤 되었을 때 경비아저씨의 추천으로 화승화학에 입사하였고 진주햄에 들어간 건 1999년이었다.

진주햄에 면접 보러 갔을 때 키가 작다고 떨어졌는데 경비아저씨가 진주햄 총무과에서 근무하는 아들에게 언니를 강력히 추천해 주어서 같이 면접 본 사람들보다 뒤늦게 입사하게 되었다.

양산 진주햄 공장은 대표적인 제품 '천하장사' 소시지 외에도 홈 소시지 등 반찬을 만들 수 있는 여러 가지 소시지와 맛살, 김밥햄, 로스햄, 베이컨, 런천미트, 줄줄이 비엔나 등등을 생산하는 진주햄 본사이다.

입사 후 소시지를 생산하는 생산2과 자동포장반으로 배치되어 소시지 완제품을 포장지에 넣는 일을 하였다. 철야나 야간을 할 때는 포장반 앞 부서인 충진반이나 살균반, 배합반 등으로 지원을 많이 갔다.

배합반은 소시지 원료들을 커다란 배합 기계에 넣고 배합하는 곳인데, 중량물을 많이 들어야 해서 주로 남자 직원들이 일했다. 여자들이 배합반에 지원 가면 생산과정에서 나온 불량품을 처리해 재생하는 일을 했다.

충진반은 소시지 배합육을 필름으로 싸고 와이어로 묶은 다음 길이대로 절단하는 기계를 운전하는 일과, 절단되어 쏟아지는 소시지를 식당 4인용 테이블만한 직사각형 팬에 가지런히 추려 담고 그 팬을 열 개 정도 구루마에 쌓는 일을 한다. 충진반에 지원 가면 팬에 소시지 담는 일을 주로 했다.

살균반은 소시지 구루마를 탱크로리 같이 생긴 뜨거운 살균기 안에 밀어 넣고 적당한 시간 동안 익힌 후 꺼내서 식히는 일을 한다. 살균반도 무거운 구루마를 운반하는 일이라 주로 남자 직원들이 하였다. 그렇게 해서 나온 소시지 완제품을 종류별로, 중량별로 포장지에 넣고 접착하여 박스에 담는 일은 자동포장반에서 하였다.

소시지를 만드는 생산 부서의 일은 그렇게 고되지 않았다. 어려서부터 워낙 힘든 일을 하고 살아서인지 공장일이 재미있었다고 한다. 정작 언니를 힘들게 한 것은 반복되는 노동이 아니라 언니를 거지 취급하거나 도둑 취급하는 사람들이었다.

미자 언니라고 있었다. 나보고 대놓고 거지라고 하고, 선희 언니하고 둘이서 나를 완전 거지 취급했다. 거지 취급받아도, 그래도 워낙 성격이 좋아서 '그래 나는 거지다~~~ 거지라서 돈 벌어야 된다.' 이랬거든, 그냥 낙천적으로. 지금 생각하면 슬픈 이야기지. 미자 언니가 나를 무시하니까 다른 사람들도 미자 언니 쪽으로 다 가는 거야, 내 편에는 아무도 없는 거 있제.

언제 나를 도둑 취급했냐 하면 만약에 일하는데 커터칼이나 테이핑기 같은 물건이 없다 그러면 미숙이 쟈가 가져갔다. 쟈가 가져갔다 이렇게 몰아붙이는 거야. 언니 내 안 가져갔는데 하면서 울기도 많이 울었고, 많이 슬펐지. 근데 나중에 보면 물건이 또 찾아져. 미자 언니가 정말 나를 많이 괴롭혔다. 엄청 많이 괴롭혔다.

소시지 생산라인에서 건물청소로, 일방적인 보직 변경

타고난 낙천적이고 명랑한 성격으로 거지 취급, 도둑 취급을 어떻게든 겪어냈다는 언니는 더 큰 파도를 만난다. 출근해서 일하고 있던 어느 날 자동포장반 반장이 언니를 사무실로 데리고 갔다. 사무실에 가니 생산2과 차장이 청소일을 해보라고 했다. 언니는 청소하기 싫었지만 재촉하는 관리자의 말을 거절할 수 없어 공장 건물 청소일을 하게 되었다. 총무과 소속 정미 아줌마와 같이 청소하는 것으로 알고 있었는데, 그 아줌마는 청소를 어디 어디 하라는 지시만 하고 청소 더럽게 했다고 지적질만 할 뿐, 실제로 청소하는 것은 고스란히 언니의 몫이었다. 분명히 차장과 반장은 정미 아줌마와 같이 청소하라고 했는데 말이다.

일주일 정도 청소를 하다가 이건 아니다 싶어 반장에게 청소 안 하겠다고 말하고 생산과로 돌아갔다. 생산과 차장은 다시 언니를 불러 청소하는 것은 회의를 통해서 결정된 거니까 청소를 안 하려면 회사를 나가라고 했다. 억울했지만 다시 청소를 할 수밖에 없었고, 계단 청소를 하다가 발을 헛디뎌 굴러 떨어지는 사고를 당했다. 허리뼈 골절로 정형외과에 가서 치료를 받던 중 약물 때문인지 심한 구토 끝에 기절을 하는 일도 있었다.

두 달 가까이 입원 치료를 받고는 회사의 재촉 때문에 다시 출근하니 회사에는 노동조합이 파업을 하고 있었다. 파업하는 사람들은 회사 식당에 있었는데, 그들은 일부였고 조합원 대부분은 생산 현장에서 일을 하고 있었다. 언니는 파업 중인 동료들을 뒤로하고 현장으로 복귀했다.

노동조합의 파업

진주햄 노동조합은 2003년에 회사의 노조 탄압에 저항하고 임금인상을 요구하기 위해 파업을 결의하고 95%가 넘는 조합원이 찬성해 6월 말부터 파업을 시작했다. 파업 출정식이 있던 날, 출근한 조합원들이 노조의 지시에 따라 사내 식당으로 이동하는데 회사 관리자와 반장들이 식당으로 올라가는 입구와 계단을 막아섰다. 파업에 참여하려 했던 조합원들은 자신들을 막고 서있는 관리자들을 보자 겁에 질려 다시 작업공간으로 돌아갔다. 결과적으로 파업에 참여한 조합원은 전체 조합원의 30% 정도였다. 파업 대오는 아침이면 식당에 모여서 노래와 율동으로 하루를 시작하고 회사가 교섭에 적극적으로 임하라고 요구하며 투쟁을 이어갔다. 영업사무소와 사장 집이 있는 서울에 가서 노숙 투쟁을 벌이고, 양산 시내 거리 홍보도 하면서 열심히 투쟁했다.

20년이 지난 지금도 당시 파업에 참여했던 한 조합원의 말씀이 기억에 남아 있다.

진주햄
원직복직 쟁취
진주햄해복투

"내가 컨베이어 작업하다가 오줌이 너무 마려워서 오줌을 누러 갈라고 해도 온갖 눈치를 다 봐야 되고, 돈 벌러 와서 사람 취급을 못 받는다 싶드만은 파업을 하니까 이제야 내가 한 인간이라는 생각이 든다. 인자 할 말이 있으모 다 하고 살끼다!!"

노동자도 인간이고, 인간답게 살 권리가 있다는 것을 파업을 통해 배우는 것이었다. 파업은 두 달 가까이 계속되었고, 약간의 임금인상이라는 결과를 남기고 마무리되었다. 조합원들은 파업 기간 인간답고 신명 나게 지냈던 것도 좋았지만, 이제사 맘 편히 일하겠다며 함박웃음을 짓고 파업의 피로도 풀지 못한 채 현장으로 복귀했다.

그런데 파업 끝 행복 시작이 아니었다. 평소 아침조회 시간에는 작업 전 안전 구호나 체조를 간단히 하고 특별히 전달할 내용이 없으면 정해진 자기 자리로 가서 업무를 시작하는 식이었다. 그런데 파업이 끝난 후에는 아침조회 때마다 각 반의 반장들이 파업 참가 조합원의 이름을 호명하며 매일 다른 작업을 지시했다. 다른 과나 다른 반으로 지원 가는 것은 기본이고 화장실 청소, 회사 건물 청소, 마당 청소, 풀 뽑기 등을 시켰다. 마당에 5mm도 채 쌓이지 않은 눈을 치우라는 작업지시를 받은 한 조합원이 울면서 사직서를 썼다. 몇 달 동안 이어진 파업 참가 조합원 괴롭히기로 많은 조합원들이 사직서를 썼다. 힘들어서, 괴로워서, 더러워서 포기하고 회사를 나갔다.

회사의 공세가 지속되고 속수무책으로 당하고 있던 어느 날이었다. 미숙 언니는 친하게 지내던 언니들이 파업이 끝나도 일하던 자리에서 일을 못 하고 현장에서 보이지 않자 반장에게 물었다.

내가 따졌지, 갑자기 기자 언니가 내 옆에 없는 거야. 그래서 처음에는 반장한테 물었지. 반장님, 기자 언니하고 영희 언니하고 다 어디 갔어요? 그러니까 "미숙아, 니가 알 필요 없다."하는 거야. 그래서 "제가 왜 알 필요 없어요? 같이 돈 벌러 온 동료들인데 왜 알 필요가 없어요?" 이러고 좀 따지니까 딴 데 지원 갔다는 거야. 아, 그러면 하루 이틀하고 오겠구나 했는데, 보름 동안 안 오는 거야. 그다음부터 조금 세게 따졌지. 아니 반장님은 왜 자꾸 사람을 마음대로 지원 보내냐고, 자기 마음에 안 드는 사람이라고 다 지원을 보내냐고. 그다음부터 내를 갖다가 또 청소시키는 거야.

그때부터 언니는 눈물 바람으로 일했다. 툭하면 회사 계단과 복도, 화장실 청소하라고 시키고 포장반의 가장 마지막 공정인 박스 적재를 시켰다.

적응장애, 산재신청을 하고 승인이 나기까지

파업이 끝나고 조합원들이 견디지 못하고 나간 자리에 신규직원을 채용하지 않아 운송 차량 상하차를 담당하던 영선반이란 곳에 인원이 턱없이 부족한 상황이었다. 회사는 생산과에 있는 남자 직원들을 영선반으로 보내고 생산과 남자 직원들이 담당하던 중량물 취급하는 일을 여자 직원들에게 시켰다. 10~20 킬로짜리 소시지 박스를 팔레트에 키보다 높이 쌓아 올리는 일은 언니에게 벅찬 일이었다. 게다가 골절된 허리가 덧나 너무나 아파서 울며 일을 했다고 한다. 옆에서 이를 보다 못한 동료가 산재신청해서 치료를 제대로 받으라고 권했다. 그때까지 산재가 무엇인지도 전혀 몰랐던 언니는 양산노동민원상담소를 소개받아 찾아갔다.

11월 쌀쌀한 날씨에 찾아갔는데 소장님이 따뜻한 물 한 잔을 주었다. 그 물이 너무나 따뜻해서 마음까지 데워주었다고 했다. 상담소를 통해서 산재가 무엇인지 배우고 깨우쳐 가며 산재신청을 했다. 계단 사고로 입원했던 병원의 원장이 먼저 산재 신청서를 적어줄 만큼 언니의 상태는 심각했다. 회사의 날인을 받기 위해 산재 신청서를 반장에게 제출했더니 눈앞에서 찢어버렸다. 두 번을 찢었고 회사날인 거부로 근로복지공단에 신청서를 직접 제출했다. 그즈음 생산과 차장은 퇴근 후 언니 집까지 찾아와 산재신청을 못하게 회유하고, 아침마다 집 앞에 찾아와서 자신의 승용차에 태워 회사에 갔다. 회사에 도착하면 현장에 일하러 못 가고 노조 사무실에 가만히 앉아 있어야 했다.

당시 회사의 공세에 몸도 마음도 다친 조합원들이 산재신청을 하는 사례가 꽤 있었다. 더 이상 물러설 곳도 없는 최악의 상황에서 자신의 몸과 마음을 지키기 위한 불가피한 선택이었다. 회사는 서너 건의 산재 신청이 동시에 발생하자 민주노총 소속의 한국노동안전보건연구소라는 배후세력이 산재 신청 하도록 조종하고 있고, 그들은 자신의 목적을 달성하기 위해 산재 신청한 사람들을 이용하는 것이라며 전체 직원들을 모아놓고 떠들어댔다. 실상은 그 연구소는 노동조합 조직이 아니라서 상급단체도 없고 민주노총과는 조직적 관계가 하나도 없는 단체였다. 산재는 현장에서 다치고 아픈 노동자를 위한 당연한 권리인데, 회사는 산재 신청한 조합원들을 분리시켜, 누군가의 배후 조종을 받고 이용당하는 부끄러운 사람들로 만들었다.

언니가 산재신청을 승인받기까지는 일 년 여의 시간이 걸렸다. 회사의 지시를 받은 반장과 관리자들의 괴롭힘으로 고통받던 언니는 적응장애 판정을 받았다. 피가 마르는 시간이었다. 옆에서 도와주는 동료들이 아니었다면 엄두도 내지 못하고 포기할 일이었다.

기자 언니가 많이 도와줬지. 저녁에 우리 집에 찾아와 가지고 일일이 다 적어줬다. 산재에 대해서 내가 어떻게 적어야 할지 잘 모르니까 기자 언니가 많이 적어줬어. 지금 생각하면 너무 감사하지. 힘없는 나를 갖다 도와줘서 얼마나 감사한지.

언니는 산재승인을 받는 과정이 힘들었던 만큼 산재가 승인되고 나서 기뻤을까? 몸과 마음이 피폐해진 언니는 산재가 승인된 후 병원에 입원해 있는 것조차 너무 힘들었다고 한다. 두 아이의 엄마이기도 한 언니가 입원해 있는 동안 딸이 정서적으로 힘들어하는 것이 보였고, 그게 너무 마음이 아팠다. 산재만 되면 모든 게 다 해결된 거라 여기고, 요양기간 동안 어려움을 오롯이 언니 혼자 감당하게 만든 그 시절이 다시 돌아봐졌다.

언니가 힘든 시간을 보내는 동안 나 또한 힘든 시간을 보내고 있었다.

파업이 끝나고 노조 사무국장 직무대행을 맡고 있던 나를 현장으로 돌려보내기 위해 점심시간만 되면 노조 사무실로 파업에 참여하지 않았던 조합원들이 찾아왔다. 한 번은 책상 앞에 앉아 있는 나를 의자 채로 들어 올려 밖으로 끌어낸다고 실랑이를 벌이다가 책상과 의자 사이에 다리를 끼여 다치는 사고가 발생하기도 했었다. 그들은 노조위원장이 퇴사하자 새로 집행부를 구성해 나의 조합원자격을 박탈하고 다시 현장으로 돌아가게 만들었다. 그후 둘째를 임신하고 출산하고 해고됐다. 모든 일들이 한꺼번에 몰아쳤고 서로를 돌보지 못한 채 시간이 흘렀다.

언니는 4년 5개월 동안 산재요양을 했다. 신경정신과 약이 독해서인지 걸어 다닐 힘이 없었다. 집에서 통원 치료할 때는 화장실 가기가 힘들어 딸의 부축을 받아야 했다. 언니는 당시의 일을 세세하게 기억하진 못했다. 아파서 자녀들을 제대로 돌보지 못했던 안타까움과 그로 인해 마음이 힘들었던 기억이 컸다. 그나마 4년 정도 지나니까 다리에 좀 힘이 생겼다. 그렇게 산재가 종결되고, 회사에 복귀했더니 해고된 내가 정문 앞에 피켓을 들고 서 있었다고 한다. 반가운 마음에 통근버스에서 내려 내게 인사를 했다. 그날 언니는 또다시 반장 손에 끌려 사무실에 불려 갔다. 이유는 나와 인사를 했다는 것이었다.

산재 끝나고 왔는데 니가 이거(피켓시위) 하고 있더라고. 나는 니 얼굴을 보는 게 너무 반갑더라고. 반가워서 인사를 했는데, 무슨 인사하는 게 찍힌 동영상이 있다나, 누가 니한테 인사하는 나를 보고 일렀다나, 그래가지고 다시 내가 사무실에 불려 올라갔잖아. 언제부터 이은아 씨하고 친했냐고 물어보데. 저 원래 인사 잘해요, 누구한테나 인사 잘해요, 인사하는 것도 죄입니까, 이랬지. 근데 내보고 인사를 하지 말라는 거야. 다음날 내가 또 인사했어. 그 일때문에 나를 갖다가 또 다시 청소 시키고, 빠레뜨 시키고, 힘든 일 시키고 하겠더라고.

사무실 앞에만 서면 심장이 쿵쿵 뛰고 겁이 나는 증상으로 산재요양을 하고 온 사람을 복귀하자마자 사무실로 또 부른 것이다. 해고자와 인사했다고, 영상으로 다 찍혀있다고, 인사하지 말라고 했다. 해고자가 정문 앞에 서 있는데 애써 외면하고 현장으로 들어가는 조합원들 사이에서 인사를 해주는 언니가 나에게는 정말 큰 힘이 되어주었다. 그다음 날도 출근할 때 인사했다고 또 들들 볶였다. 다시 과거의 일이 반복되고 있었다. 언니는 더 이상 견딜 자신이 없어 복직한 지 이틀 만에 사직서를 냈다. 낼 수밖에 없었다.

비자발적 사직서

또 또 또 시작하겠다. 생각 딱 들 때, 이제는 기자 언니한테도 묻지도 않고 바로 그만뒀지. 기자 언니한테 물었으면 언니는 잡았을 거야 아마. 언니한테 묻지도 않고 그냥 바로 그만뒀다니까.

진주햄을 그만두고 언니는 다시 일자리를 찾아 나섰다.

그때 한참 여기 회사, 저기 회사 많이 돌아댕깄는데, 키 작은 거 때문에 열 군데도 넘게 떨어졌다. 키 작은 관계로… 내 이력서 완전히 대한민국 양산 시내에 다 갖다 바쳤었거든.

어디를 가나 키 작다고, 일할 수 있겠느냐고 물었다. 저울을 갖다 놓고 몸무게를 재보라고 하는 회사도 있었다. 같은 아파트 사는 친구가 다니는 회사에도 지원했는데 키 작아서 떨어졌다니까. 그 친구가 일 잘한다고 회사에 따로 말을 해줬는지, 다시 오라고 전화가 왔다. 키 작아서 일 못한다는 소리 듣지 않으려고 더 빨리 일했다. 양손잡이라 프레스 작업은 남들보다 속도가 빨랐다. 그렇게 인정을 받고 일하다 회사가 경영이 어려워지면서 희망퇴직 하라고 해서 3개월 치 월급을 위로금으로 받고 퇴사했다.

유치원 청소 6개월, 가사원 1년, 그 후 몇 년 동안 제조업 생산직으로 회사를 서너 차례 옮겨 다녔다. 분명 근로계약할 때는 생산직으로 일하기로 했는데, 가는 곳마다 사무실 청소나 사장집 청소, 사장 가족의 집을 청소하라는 지시를 받았다.

A회사는 계약직으로 생산직에서 일하기로 하고 들어갔는데 한 달 정도 지나자 오전에는 현장일을, 오후에는 사무실 청소를 하라고 했다. 시키는 대로 한 시간 반 정도 사무실 청소를 해 놓고 다시 현장에 가서 일했다. 며칠 후엔 사무실 청소가 끝나고 나니 사장 집에 데려가 청소를 하라고 했다. 점점 청소하는 시간이 늘어나다가 어느 날부터인가 아예 출근해서 오전에 사무실 청소를 한 뒤, 사장 집으로 가서 청소를 하라는 지시가 떨어졌다. 사무실 청소하고 점심 먹고 사모가 집에 태워주면 사장 집을 청소했다. 청소가 다 끝나면 저녁 7시가 되었다. 회사에 돌아오면 잔업을 끝낸 동료들과 통근버스를 타고 같이 퇴근했다. 그런데 잔업수당을 쳐주지 않았다. 이건 아니다 싶어 7~8개월 정도 일하고 사직서를 냈다.

프레스 경력으로 들어간 B회사에서도 한 달 만에 사무실로 부르더니

서로 돌보는 노동

60평짜리 자기 집을 청소해 달라고 했다. 사장 딸의 간섭이 하도 심해 3개월 만에 때려치웠다. C회사에서는 과장이 와이프가 출산했는데 산후조리를 도와달라고 했다. 석계까지 버스를 타고 가보니 딸 산후조리를 위해 와 있는 친정엄마의 간섭과 잔소리가 너무 심했다. 그래서 생산직으로 가겠다고 했더니 회사를 나가라고 했다.

자발적으로 그만둬? 그래, 내가 자발적으로 그만뒀지. 그런데 내가 그만두는 건 다 가정집에 일 시켜서 그만두는 거다. 생산직으로 입사해서 현장에 일할 거라고 생각했는데, 내가 생각지 못했던 일을 시키는 거 있잖아.

생산직으로 근로계약을 하고 일방적으로 근무지나 업무 내용을 변경하는 것은 불법이다. 회사를 다녀야 해서 어쩔 수 없이 시키는 대로 하는 경우도 있지만 못하겠다고 하는 사람에게 그럼 회사를 나가라고 하는 것은 부당한 해고에 해당한다. 그것을 몰랐던 언니는 생산직에서 일하고 싶어도 회사의 지시대로 어쩔 수 없이 청소 일을 했지만, 영 아니다 싶은 곳은 참지 않고 그만뒀다. 월급을 주지 않으면 끝까지 따지고 받아냈다.

청소용역업체의 부당한 근로계약에 항의하다

현재 용역업체를 통해 일하고 있는 웨딩홀 건물 청소는 2016년부터 했다. 이 업체도 처음에는 언니를 채용하지 않았다. 그런데 입사한 사람들이 자꾸 그만두고 사람을 구하기가 어려웠는지 언니에게 일할 수 있느냐는 연락이 왔다. 10층짜리 웨딩홀 건물의 복도와 계단, 화장실, 건물 앞을 오전 8시부터 오후 1시까지 청소한다. 주말에 결혼식이 몰리면 웨딩홀 청소에 집중하느라 다른 곳은 청소를 못 한다. 주말에 일하고 평일에 쉰다.

몇 년 전 바뀐 용역업체에서 자꾸 10개월짜리 계약을 했다. 일 년, 열두 달 중 2개월 치 월급을 현금으로 주면서, 언니의 표현에 따르면 두 달 동안 사람을 붕 띄웠다.

용역회사가 바뀌고 나서, 십 개월 되면 사람을 붕 뜨게 하고, 또 십 개월 되면 붕 뜨게 하고 그거를 3년 동안 했다니까. 내가 왜 그러시냐고 따졌어. 저 아는 사람 노동부(상담소를 언니는 노동부라고 표현함)에 있다고, 은아 니 이야기를 했어. 저 아는 사람 노동부에 있는데 물어보니까 이거 잘못된 거라 하더라 말하고 니 명함 용역회사 사장한테 줬어.

웨딩홀 대표에게도 읍소했다.

그때는 내가 조금 똑똑해지더라고. 대표가 왜 용역에 따졌냐고 물어보길래 대표님 생각해 보세요. 보너스도 없이 1년 동안 퇴직금 바라보고 사는데, 그거 하나 보고 힘들어도 일하는데 퇴직금 안 주려고 10개월씩 사람을 붕 띄우면 기분 나쁘지 않겠습니까?

퇴직금을 주지 않기 위한 사업주의 꼼수에 언니는 항의했고, 퇴직금을 받을 수 있었다.

지금 내가(일한 지) 삼 년째가 됐는데 연차가 없는 거야. 그래서 내가(관리)소장한테 따졌지. 소장님 우리는 왜 연차 없는데요. 이랬어 내가. 아따 아줌마 일만 열심히 하면 되지, 하길래 소장님 저 아는 사람이 노동부에서 일합니다. 그러니까 소장님이 그(용역회사) 사장한테 전화하는 거야. 여기 손미숙이라는 사람이 노동부에 고발한답니다, 라면서.

소장은 노동부 사람을 어떻게 아느냐고 따져 물었고, 언니는 내가 그런 걸 일일이 이야기할 필요 없지 않냐! 어쨌든 나하고 잘 아는 사이다. 내가 여러 회사 많이 다녀봤는데 어딜 가나 연차는 주더라고 부드럽지만 똑 부러지게 주장했다. 소장은 일주일 후 연차휴가에 관한 내용이 포함된 계약서를 내밀었다. 연차휴가가 없어서 개인적인 볼 일이 있으면 대타를 쓰고 대타 일당을 언니가 줘야 했는데, 이제는 일이 생겼을 때 마음 편히 쉴 수 있게 되었다.

청소하는 건 부끄럽지 않다. 자랑스럽다.

웨딩홀 건물 청소하면서 겪은 에피소드가 있는지 물었다.

에피소드가 머꼬?

청소하다가 겪은 재밌는 일이나 기억에 남는 이야기요.

내 혼자 청소하니까 뭐 있겠나. 상인들이 어쩌다가 한 번씩, 뭐라 해야 되노, 무시한다고 해야 되나? 내를 무시하지 상인들이. 좀 무시하는 느낌이 와.

웨딩홀 사무실 관리자는 휴지가 왜 그렇게 빨리 떨어지느냐고 늘 언니를 다그쳤다. 마치 휴지를 훔쳐 간 것처럼 의심한다는 생각이 들었다. 관리자는 말로는 그게 아니라고 했지만 수시로 휴지가 빨리 떨어진다고 문책을 받는 사람은 결국 도둑으로 의심받고 있다고 생각할 수밖에 없다.

언니는 어린 시절 고아원 원장 고모 집에 살 때부터 수시로 도둑 취급을 받았다. 시어머니도 그랬고, 진주햄 동료들 중에서도 그런 사람들이 있었다. 건물 복도 청소하고 있으면 상가 입주 상인들이 가끔 무례한 질문을 던진다.

"아줌마 결혼했어요? 아줌마 집 있어요?" 이런 질문, 안 해야 되는 질문 있잖아. 막 물어봐. 또 생각지도 못했는데 "아줌마 저희 집에 청소해 줄래요." 이렇게 묻는 사람도 있어. "청소할 시간이 없습니다." 그러면 또 "이거 몇 시에 끝나요." 물어봐. "1시에 끝납니다." 그러면 "그럼 2시에 만나서 할래요." 이런다.

조금만 생각해 보면, 의사가 진료를 잘 본다고 우리 집에 와서 진료를 봐 달라든지, 식당에 밥이 맛있다고 우리 집에 와서 밥 좀 해 달라고 함부로 말하는 경우는 없지 않나?

어느 날 입주 상인과 이야기를 나누고 있는데 아들에게서 전화가 왔다. 시청에서 공무원으로 일하고 있는 아들이 대출 관련 서류 일로 전화를 한 것이다. 통화가 끝나니 입주 상인이 놀란 눈으로 "아줌마 아들이 있었어요? 결혼을 했었어요?" 했다. 그리고 아들이 시청에 근무하고 있다는 것을 알고 그렇게 훌륭한 아들이 있는 걸 왜 진작 말 안 했냐고 했다.

어머, 저는 애들 낳으면 안 됩니까? 이랬지. 사람들이 나를 그렇게 무시했다.

누군가의 외모에 대해 선입견을 가지고 평가하고 판단하는 것이 얼마나 무례하고, 상대를 훼손하는 일인지 언니와의 인터뷰가 진행되는 동안 계속 느꼈다. 타고난 낙천적인 성격으로 기분 나빴던 일은 쉽게 잊어버린다고 했고, 실제로도 지난 일들을 자세히 기억하고 있지 않았다. 하지만 이야기를 나누면서 잠재되어 있던 기억들이 재생되자 인터뷰 도중 언니는 간간이 깊은 울음을 내놓았다. 언니는 끝도 없이 어둡고 깊은 슬픔을 가지고 남이 보기엔 명랑하게 깡충깡충 뛰는 토끼 같은 사람이었다.

키가 작으니까, 배움이 짧으니까, 몸이 왜소하니까, 막 대해도 된다고 생각하는 사람들이 있었다. 언니가 무시와 차별을 딛고 살아 온 힘은 무엇일까 궁금했다.

나를 살게 해 준 힘? 내 주변에 좋은 사람이 너무 많다. 제일 먼저 우리 남편. 술은 좀 먹어도 진짜 성실하게 살거든. 그 사람 보면 나도 열심히 살아야겠다는 생각을 한다.

또 누가 있을까 물으니 일 초도 안 돼 "우리 딸"이라고 대답한다.

영아는 언니의 딸이다. 영아가 사춘기 때 언니는 산재 요양을 했다. 엄마가 병원에 입원해 있는 동안 영아는 밀양 할머니 집에 가든지, 할머니가 집에 와서 같이 있어 주었다. 영아의 눈에 비친 할머니는 손주만 좋아하고 손주가 원하는 건 다 들어주지만, 손녀인 자신에게는 설거지와 집안일을 시키고 아픈 엄마를 무시하고 업신여기는 사람이었다. 엄마한테 병원에 안 가면 안 되냐고 할머니 집에 있기 싫다고 매달렸다. 어린 마음에 옆에 있어 주지 못하는 엄마가 원망스러웠을 것이다. 지금은 엄마를 이해하고 엄마가 산재기간 동안 정말 많이 아팠겠다고, 그때는 내가 잘 몰랐다고 얘기해주었다고 한다.

글을 마치며

오랫동안 알고 지내던 사람을 인터뷰하고 인터뷰 내용을 글로 정리해 보니 사람을 안다는 것이 과연 어떤 것인지 다시 생각하게 된다. 많이 안다고 생각했는데 참 아는 게 없었다. 특히 같이 보낸 시절을 다른 온도로 기억하고 있다는 사실, 예를 들면 나는 언니가 산재 승인이 되었을 때 승리했다는 기쁨에 취했었는데, 언니는 산재 승인 후 너무나 괴롭고 힘들어 눈물겨운 시간을 보냈다는 것이다. 물론 언니와 나에게 산재 승인을 받기 위해 투쟁했던 시간과 산재요양 기간은 무척 의미 있었다. 산재요양을 통해 언니가 치유되었고 지금까지 건강하게 일할 수 있는 토대가 되었다는 점은 부인할 수 없다. 하지만 그 시간에 대한 감각이 이렇게 달랐다는 것을 알고 난 지금은 '내가 그러니 너도 그럴 것이다'라는 추측과 판단은 쉽게 하지 않아야겠다고 생각한다.

또 하나는 그동안 알고 있었던 언니의 모습은 정말 빙산의 일각이었다는 점이다. 오랜 시간 동안 알고 지냈고 자주 통화도 하는 편이지만, 항상 언니를 도와줘야 한다고 생각하다 보니 참 단편적으로만 언니를 알고 있었구나 싶었다. 인터뷰를 하면서 노동상담 활동가로서 도움을 주는 사람인 나와 도움이 필요한 언니, 그게 언니와 나의 관계라고 단정 짓고 있었단 걸 알게 되었다. 산재 문제를 도와 주며 언니를 알게 되면서부터 지금까지 쭉 그래왔던 것 같다. 그러나 세상에 일방적으로 도움을 주기만 하거나, 도움을 받기만 하는 관계가 어디에 있단 말인가! 내가 둘째를 낳고 육아휴직을 할 때 언니가 우리 집에 불쑥 찾아와 집 청소를 도와주었던 기억이 난다. 산후 우울과 독박육아로 힘들었던 그때 언니의 방문이 얼마나 반갑고 큰 위로였던가. 나는 언니만이 아니라 다른 사람들과의 관계도 대부분 그렇게 규정짓고 내가 계속 남을 도와야 하기 때문에 힘들다고 생각했었다. 인터뷰를 하면서 복잡한 언니의 인생사를 알게 되었고, 이렇듯 복합적인 언니를 통해 나를 보게 되는 것도 특별한 경험이었다.

요즘 언니는 나이가 들면서 무릎이 너무 아프고 최근에는 방광암으로

근로기준법 퀴즈게임,
양산시노동상담단체
작은 사업장 노동자
(상시근로자 5인미만)
권리찾기
노동상담
5인 미만
사업장

큰 수술도 받았다. 아이들이 다 커서 직장생활을 하고 있고 무엇보다 언니의 몸이 아프니 수술 후엔 좀 쉬었으면 좋겠다고 생각했다. 하지만 언니는 잠깐의 회복기를 거쳐 청소일에 복귀했다. 쉴 생각이 없으며, 할 수 있을 때까지 일을 하고 싶다고 한다. 지금이 가장 편안하다고 한다.

이제 내만 열심히 하면은 누가 간섭하는 사람 없다. 뭐라 할 사람도 없고 이제 좀 편안한 시기다. 내가 육십 한 살 때부터 편안한 시기다. 육십 살까지는 잘 따지지도 못했는데 이제는 좀 따질 줄도 알고….

뭐라고 하는 사람, 간섭하는 사람, 그리고 함부로 대하는 사람이 유독 많았다. 나이가 들면서 뭐라 하는 사람이 줄어들고, 또 그런 사람 앞에서 따질 줄 아는 힘이 생겼다니 참 반가운 일이다.

그러나 일을 계속하고 싶다는 언니의 바람에는 고개를 갸웃한다. 왜냐하면 언니의 무릎이 청소를 계속하기에 너무 안 좋은 상태이기 때문이다. 이제 사회적 정년인 만 60세를 넘었으니 일을 그만두시면 좋겠다고 조심스레 얘기하면 언니는 할 수 있을 때까지 일을 하고 싶다고 한다. 현재 언니와 같이 일하는 동료의 나이도 70세라고 한다.

수명이 길어져서인지 주변에는 65세, 70세가 넘어도 일을 계속하는 노동자들이 많다. 경제적인 이유가 가장 크겠지만 꼭 경제적으로 일해야 할 이유가 없어도 일을 그만두는 순간 사회적으로 고립되기 쉬우니 몸이 아파도 선뜻 일을 그만두지 못하고 정년퇴직하고도 계속 일자리를 찾는 노동자들을 많이 만난다.

정년퇴직하더라도 사회적 존재로서 생존이 가능하고 지역 공동체에 참여할 수 있는 인적, 물적 연결망이 거미줄처럼 촘촘한 사회가 되었으면 한다. 언니도 마음 편히 퇴직해 자신의 몸을 돌보며 지역사회에 봉사하는 삶을 살아갈 수 있으면 좋겠다.

목적이 없는 걸음을 걸었어요

| 구술 김준호 + 글 정나무 |

몇 년 전 노숙인들을 다룬 다큐멘터리를 보았다. 지하상가 맨바닥에서 겨울을 나야 하는 그들은 박스로 바람을 막고 뜨거운 생수병을 껴안고 잠을 청했다. 그들 중 한 명인 신 씨가 술에 취해서 했던 말이 마음에 오래 남았다. "마음이 망가질 때가 있어. 마음이 아프면 어떻게 되는 줄 알아? 당신, 마음이 아파봤어?" 신 씨의 아픔은 얼마나 처절하고 깊은 것이었을까.

어릴 때부터 노숙인들을 보아왔지만 그들과 얘기해 본 적은 없다. 대부분의 사람들이 그럴 것이다. 노숙인과 행인들은 같은 공간을 이용하지만 만나지 않는다. 소통이 없는 공간에 편견이 쌓인다. '게을러서 그렇다, 의지가 없어서 그렇다, 나 같으면 노숙할 바에 험한 일이라도 하겠다….' 그들이 그곳에 있는 이유가 그렇게 단편적이고 단순할까? 그 편견이 그들을 이해하는데 조금이라도 도움이 될까?

준호 님을 인터뷰하기로 한 건 노숙인에 대한 편견이 아닌 한 명의 사람을 만났으면 하는 바람에서였다. 사람들은 예쁘고 잘생기고 멋들어진 것에 눈길을 준다. 꾀죄죄하고 누추하고 괴로운 것을 보고 싶어 하지 않는다. 대중은 평균의 삶에서 튕겨져 나간 이들에게 별 관심이 없고, 그러므로 그들의 이야기를 들을 기회가 없다. 준호 님은 십수 년간 일용직 일을 했고 숙박업소를 전전하며 살아왔다. 준호 님의 이야기가 변두리에서 외롭게 살아가는 분들에 대한 편견을 조금이라도 허물 수 있길 바란다.

정선에서 보낸 어린 시절

-어릴 때 얘기를 들려주시겠어요?

제 인생은 자타가 공인하는 불량 사례라고 생각하는데 이게 이 책을 읽는 분들에게 어떤 도움이 될까 걱정이 드네요. 저는 나이가 쉰네 살, 70년생이고요. 이름은 김준호라고 합니다. 강원도 정선이 고향인데 고등학교 3학년 때까지 강원도에서 다녔어요. 강원도 정선은 웰컴투 동막골처럼 6.25도 그냥 지나간 걸로 알고 있어요. 그 정도로 산골짜기고 옛날에 어린 단종이 폐위돼 가지고 유배 왔던 데가 영월이에요. 최근에 동계올림픽도 열렸는데 당시만 해도 오지 중에 오지였어요.

저희 때만 해도 잘 살려면 대학은 필수다, 전문대학이라도 가야 된다, 그런 분위기였어요. 저는 생각이 깊은 청소년이 아니었어요. 대학은 무조건 가야 되는데 대학 가서 뭐 하지? 아버지가 선생을 했으니까 나도 선생을 해볼까? 과목을 뭘로 할까? 중학교 3학년 때까지 공부를 퍽 잘했는데 고등학교 올라가니 영어, 수학이 별로 재미없었어요. 내가 잘하는 거는 체육이니까 체육 선생하자. 체육 선생 하면 영어, 수학이 필요 없겠지? 그때부터 수학하고 영어를 포기했어요.

고등학교 다닐 때는 진로에 대한 생각이 막연했던 것 같아요. '나는 반드시 체육교육과 나와서 교사가 되고야 만다.' 이런 간절함도 없고, 어떤 단계를 거치는지도 안 알아봤고, 그냥 대학 나오면 선생 되는 줄 알고 체육교육과만 가자고 생각했어요.

마산에 경남대학교가 실기 종목이나 필기 커트라인이 맞아떨어져서 지원하게 됐는데 처음에는 떨어졌어요. 정원이 80명인데 82등인가 그랬나 봐요. 그때는 전기 후기가 있었거든요. 후기 대학교로 강릉의 관동대학교에 체육교육과가 있어가지고 원서까지 다 냈어요. 지금 생각하면 아예 관동대학교를 갔으면 어땠을까, 강원도 정선에 계속 살았으면 어땠을까 이런 굵직한 아쉬움이 있어요.

근데 집에 전화가 온 거예요. 80명이 정원인데 등록금 안 낸 사람이 있어서 김준호 씨가 후보 2순위고, 등록금 낼 형편이 되면은 합격 처리가 된다고. 엄마가 그냥 등록금 내주겠다고 해서 약간은 우여곡절 끝에 경남대학교 체육교육과를 다니게 됐죠. 제가 자랑할 게 몇 가지밖에 없는데 들어갈 때 꼴찌로 들어갔는데 졸업할 때는 전체 수석으로 졸업했어요. 전체

석차 1등 해서 등록금 전액을 면제받은 적이 한 번 있고, 2등 해가지고 일부 면제받은 적도 있고요.

저희 집안에 딸이 없고 제가 막내예요. 큰형은 고등학교 때부터 부산에 나와 있었고 작은형은 당시에 지멋대로 살았기 때문에 누가 어머니를 돌볼 만한 그런 상황이 안 됐던 거죠. 어머니가 시어머니하고 같이 빵 장사를 하셨는데 시어머니까지 모시고 있으니까 얼마나 스트레스를 받았겠어요. 제가 7살 때 아버지가 돌아가셨어요. 갑자기 아버지가 돌아가시니까 생계가 끊겼잖아요. 어머니는 30대 후반 젊은 나이에 과부가 돼서 다른 생각 못하고 일만 하신 거죠. 선생님 사모님 소리를 들으며 무난하게 살 거라고 생각하셨을 텐데 어머니가 그 당시에 얼마나 충격받고 당황하고 막막했을지는 짐작이 안 가요.

아버지가 독자예요. 옛날에는 자식을 많이 낳았잖아요. 근데 우리 할머니는 이상하게 아들 하나 딸 하나 이렇게 낳았더라고요. 작은아버지도 없고 큰아버지도 없고… 그래서 집안이 더 침체되고 몰락하지 않았나 싶기도 하고….

청소년기의 결핍과 아픔

저는 아버지에 대한 기억이 하나도 없거든요. 이것도 외삼촌한테 들은 얘기인데 아버지가 술을 되게 좋아하셨대요. 강원도는 성탄절 무렵이면 눈도 엄청 오고 완전 추울 때거든요. 술 드시고 집에 오시다가 빙판길에서 뒤로 넘어졌는데 뇌진탕이 된 거예요. 당시에는 119도 없었거든요. 시골이라 병원도 없고 응급실도 없고 아무것도 없어요. 제가 기억나는 건 겨울에 덮는 두꺼운 솜이불이랑 양동이에 핏물이 가득한 거, 그 한 장면이에요. 어머니가 아버지 눕혀놓고 밤새 피 닦고 수건 빨고 피 닦고 했던 것 같은데 결국은 그렇게 돌아가신 거죠.

아무래도 군사 정권 때니까 학교에서 아버지 없는 사람 손 들으래서 손 들면 되게 창피했던 기억이 나고… 큰 열등감 중에 하나가 아버지가 없다는 거였어요. 어머니 직업 적는 칸에 '장사'를 썼다가 다음번에는 '상업'이라고 적은 적도 있고요. 시장 안에서 만두빵, 찐빵, 국수를 파셨는데 그래서 제 별명이 찐빵이었거든요. 지금 생각해 보면 수익이 많이 남는 장사도 아니고 고생은 고생대로 하셨어요. 내내 반죽해서 솥에다가 찌고 명절 때 되면 떡 주문받아서 올나이트 하면서 떡 만들고… 고생하시던 모습밖에 기억이 없어요. 그러다 보니 엄마하고 추억이 없어요.

그때 방 구조가 옛날 기와집인데요. 돈이 조금만 있어도 구할 수 있는 허름한 집이었어요. 아버지 돌아가시고 집에 돈이 없어가지고 쌀 몇 되, 보리 몇 말로 1년 치 집세를 치렀던 기억이 나요. 옆방에는 저희보다 더 어려운 사람들이 세 들어와 살고 있었고 야외 화장실이랑 창고가 있고요. 집이 지대가 낮은 곳에 있었어요. 비가 오면 배수가 안 돼가지고 마당에 큰 웅덩이가 생겼는데 매번 양수기로 물을 퍼내야 됐어요. 눈이 오면 눈을 퍼서 대문 바깥에 버려야 했고요. 이런 집은 동네에서 저희 집이 유일했던 것 같아요.

어릴 때 작은형으로부터 상처가 많았거든요. 작은형이 저하고 네 살 차이가 나는데 전기 대학교 떨어지고 재수해서 안 되고 군대도 안 가고 내내 술 먹고 사고 치고 다니는 거예요. 대학 떨어졌다는 이유로 그랬던 것 같지 않아요. 형도 청소년기 때는 활발했거든요. 고등학교 때 밴드부에서 트롬본 연주하고 교회에서 연극도 하고요. 그랬던 작은형이 이렇게 된 거죠.

제가 기억나는 건… 읍내에 2차선 도로가 지나가는데 좌우로 가게들이 있잖아요. 장사하는 집 유리창을 다 깬 거예요. 아침에 정선 경찰서에서 전화가 와서 어머니랑 제가 같이 간 적이 있어요. 그때 어머니가 돈도 얼마 없었을 건데 일일이 보상해 드린 사건이 기억나요.

매일 늦게 들어오고, 삐딱한 얘기만 하고 할머니나 어머니가 뭐라고 잔소리를 하면 제 가슴이 쿵쿵 뛸 정도로 심하게 짜증을 내고, 어머니한테 무례하게 굴고, 열받으면 문을 발로 뻥 차 가지고 문이 넘어진 적도 있고… 한 번은 술이 덜 깬 상태에서 새벽에 교회를 가겠대요. 작은형이 여름성경학교 교사였나 봐요. 맨 정신도 아닌 사람이 양복을 입으려니까 엄마 입장에선 말릴 수밖에 없잖아요. 작은형이 확 밀쳐서 어머니가 수돗가에 넘어지셨어요. 제가 고등학교 1학년 때였는데 오죽했으면 '내가 조금만 더 크면 보자, 가만 안 있는다.' 이랬다가 형한테 한 방 맞았어요.

마당에 빨랫줄을 걸쳐두는 장대가 있잖아요. 그걸 잡고 밤에 기도한 적

도 있었어요. '저녁에 울음이 기숙할지라도 아침에는 기쁨이 오리로다.' 이게 성경책 잠언에 있는 말씀인데 작은형 한 사람 때문에 너무 괴로우니까… 엄마, 할머니, 저까지 세 명이 긴 세월을 고통받았거든요.

어머니는 30대 후반, 40대 초반에 사별해 가지고 시어머니 모시고… 요즘에는 이렇게 사시는 분이 드물잖아요. 그런데도 어머니는 중심을 잃지 않고 아들 삼 형제만 보고… 신앙의 힘으로 이겨내신 게 아닌가 생각이 들고요. 제가 어머니한테 아주 큰 꾸지람을 들은 적이 없었던 것 같아요. 잘못을 안 했다기보다 어머니 자체가 내성적이셨고… 교회에 열정적으로 다니셨던 걸 보면 어머니도 돌파구가 그거 하나였나 봐요. 늘 바쁘면서 교회 구역도 하나 맡으시고 밤에 꾸벅꾸벅 졸면서 성경 보셨던 기억이 나거든요. 저를 교회 문화 속에서 키우려고 많이 신경 쓰셨던 것 같고 제가 큰 실수를 하면 꾸짖기보다는 '기도해, 기도해라.' 이 정도로 충고하셨거든요.

제가 어머니 덕분에 기독교 가정에서 자라게 됐고 초등학교 때부터 교회를 다니게 됐어요. 유일하게 밝고 신나게 놀 수 있던 곳이 교회였어요. 유일한 해방… 저는 친구들이 볼 때는 모범생, 지역 주민들이 볼 때는 인사 잘하는 착한 아이였죠. 동창이나 후배들이 봐도 저 형 공 잘 차고 기타 잘 치는, 1~2년 후배들이 많이 닮으려고 했던… 중학생 때는 교회에서 중등부 회장을 했고 고등학교 때는 선배가 만든 그룹에서 중창단 활동을 했거든요. 시골에서는 보기 드문… 그래서 인기가 좀 있었죠. 찬송가 음반도 한두 번 냈고… 레코드 가게 가서 방에서 동그랗게 앉아가지고 마이크 하나 놓고 만든 불법 테이프죠. 이때는 제 역량에 비해서는 자신감이 많았던 것 같아요. 고등학교 올라가는 시점까지는 공부도 곧잘 했어요. 당시에 외향적이고 성격도 좋은 아이로 인식돼서 친구들한테는 인정을 많이 받았죠.

여러 측면에서 결핍이 있는 상태로 유년기와 청소년기를 보냈던 것 같아요. 그때 인격의 50% 이상이 정해진다고 하는데 메워지지 않았던 빈 구석이 많았어요. 밖에 있으면 친구들이 일도 눈치를 못 챌 정도로 활발하게 다녔어요. 그러면서도 집에 오면 항상 두렵고 외로웠어요. 저는 외향적이면서 예민하고 겁도 많았어요. 손바닥과 손등처럼 친구들이 볼 땐 손바닥으로만 기억하는데 친구들이 모르는 손등이 있었던 그런 청소년기를 보낸 것 같아요. 고등학교 때 열등감이 많았어요. 운동화라든가 옷, 가정환경도 그렇고 사는 집도… 경제적인 수준, 그리고 편모. 저한테는 이 두 가지가 열등감이었어요. 아빠가 없다고 놀림거리가 되기도 하고요.

-그때가 딱 그런 시기인 것 같습니다. 저도 고등학교 때 이런저런 열등감이 많았거든요. 한창 사춘기니까 다른 친구들이랑 나를 비교하게 되고요. 교실에서 누구네 집이 부자고 누구는 옷을 잘 입고 누구는 잘생겼고 누구는 싸움을 잘하고… 애들 사이에서 나는 어느 정도 위치인지를 가늠하게 되는 것 같아요.

대학을 들어오고 자취를 하니까 너무 좋은 거예요. 작은형이 없는 곳에서 산다는 자체가 너무 행복했어요. 방학 때도 강원도 정선에 내려가 있는 시간은 일주일 정도밖에 안 됐을 거예요. 마산에 있는 게 더 편하니까요. 자식 된 도리로서는 그게 아닌데 지금 생각하면 엄마한테 참 죄송하죠. 고등학교 때 교회 문화에서 지내다 보니 대학 다닐 때도 교회 청년회에 빨리 적응했어요. 주일학교 교사랑 성가대, 청년회 모임, 저녁에 있는 교회 모임은 다 참석하고….

당시에 등록금이 100만 원 조금 넘었는데 제가 엄마 형편을 뻔히 알잖아요. 장사로는 하루에 진짜 눈곱만큼 버는 것도 알고. 당시에 신협에서 일수 도장 찍는 걸 목격했던 기억이 나요. 1학년 1학기 때 하숙비 받은 거 말고 어머니한테 생활비를 송금받은 기억이 없어요. 장학금 받으면서 신문도 돌려봤고 만두집에서 만두피도 빚어 봤고 가정교사도 해봤고, 노가다도 해봤고….

1학년 2학기 때 학사장교란 제도를 알게 됐는데 '4년 장학금 제공' 거기서 눈이 번쩍 뜬 거예요. 장학기간 4년, 군대 3년 총 7년 하면 된다, 어차피 갈 군대, 그것도 간부로 지내니 괜찮겠다 싶어 바로 신청했어요. 7년이란 세월에 대한 부담은 있었지만 큰 고민은 안 했어요. 이러면 엄마 부담감이 제로가 되잖아요. 솔직히 말씀드리면 제 키가 162거든요. 학사장교가 되려면 165cm 이상은 돼야 한다고 알고 있었어요. 키 때문에 당연히 안 될 줄 알고 큰 기대 안 했거든요. 근데 친구들이랑 당구치고 있다가 붙었다는 연락을 받은 거예요. 당시에 아무것도 모르고 일단 됐으니까 굉장히 기뻤던 거 같아요.

ROTC는 3, 4학년 때 제복 입고 군사 교육을 받거든요. 학사 장교는 1학년부터 4학년까지 군사 교육은 아예 없어요. 졸업하면 ROTC는 바로 소위 달고 저희는 영천에 있는 3사관학교에 신병 교육처럼 들어가요. 졸업하면 군대를 가게 되는데 공부는 어떻게 해야 될지, 임용고시는 어떻게 할지 전혀 관심이 없었어요. 군생활 하다 보면 어떻게 되겠지… 룰루랄라 교회만 열심히 다녔어요.

대학교 3학년 1학기… 3월쯤에 작은형한테 전화가 왔어요. 어머니가 원주기독교병원에 계신데 간암에 간경화 말기라고 하더라고요. 원인은 100% 과로와 스트레스였을 거예요. 원래 만성 B형 간염이 있었는데 아들 삼 형제 키운다고 새벽부터 저녁까지 365일 고생하셨으니… 분명히 많이 아프셨을 텐데도 생계가 우선이니까 참으셨던 것 같아요. 제가 방학 때 갔을 때 속이 쓰리다면서 까스활명수를 드셨거든요. 그리고 출근하기 전에 거울 보시면서 얼굴이 왜 이렇게 붓지? 하셨던 게 기억나고 세 번째로는 정강이 쪽에 퉁퉁 부었는데 손가락으로 꾹 누르니까 안 나와요. 그때 저는 천방지축 대학교 다닐 때니까 몰랐죠.

병원에서 할 수 있는 게 없다고 해서 얼마 안 있다가 퇴원하셨어요. 한두 달 정도 더 사시다가 집에서 5월 8일 어버이날에 돌아가셨어요. 새벽에 큰형 차 타고 정선으로 올라갔던 기억이 나요. 엄마 장례는 교회장으로 치러졌죠. 아들, 며느리 일찍 보내고 할머니 혼자 남으시게 된 거예요. 할머니는 큰형하고 형수님이 부산에 모시기도 하고 정선에 사시기도 하다가 치매가 와서 부산 온천장 식물원 입구 쪽 요양원에 모셨어요.

유흥에 빠져든 군시절

1994년도 7월 1일에 영천 3사관학교에 장교로 입대했는데 큰형, 작은 형, 가족들이 다 왔어요. 그때까지만 해도 가족애가 남아 있었어요. 입대할 때 군대에서 스스로를 단련하리라고 굳은 각오를 했어요. 그때까지만 해도 저는 나름대로 괜찮았어요.

처음 발령받은 데가 강원도 철원이에요. 소위 때 일주일 일정으로 큰 훈련을 나갔어요. 훈련 마지막 날 순찰 돌면서 초를 다 회수했어요. 규정상 초를 휴대할 수 없게 돼 있거든요. 텐트 안에서 작전 계획을 본다고 우유 팩 안에 촛불을 켰다가 그대로 잠이 들었어요. 잠결에 초를 쳤나 봐요. 자다가 눈을 딱 뜨니까 텐트 절반이 타고 있더라고요. 야영 하던 데가 산이었거든요. 몸에 붙은 불을 끄려고 텐트 뛰쳐나와서 열 바퀴 이상을 굴렀어요. 큰 사고였죠. 소총이랑 방독면 타고, 작전 계획도 타고… 엉덩이하고 손가락에 화상 입고 바로 병원으로 후송 갔어요.

치료받고 저는 자대로 복귀해 있고 다음 날 부대원들이 훈련 복귀하더라고요. 쪽팔리기도 하고 오만 감정이 다 있었죠. 헌병대 조사받고 연대에 가서 징계를 받게 됐어요. 경징계 중에서 제일 무거운 징계였어요. 그 바람에 중위 진급이 제때 안 될 줄 알았는데 다행히 중위는 제때 달았어요. 전방 생활하면서 철책에서도 근무하고 고생이란 고생은 다 했어요.

그때가 전처를 사귈 때였어요. 그 마을에 아가씨들이 있는 술집들이 많았어요. 지금으로 말하면 도우미죠. 술값도 비싸고 완전히 유흥이란 말이에요. 강원도 최전방에 이런 문화가 있다니… 호기심에 하사관들하고 한두 번 가게 됐어요. 처음에는 술을 못 먹으니까 맥주 조금 마시는 게 다였는데 옆에 야하게 옷 입은 여성들이 앉아 있고… 그 분위기에 조금씩 빠져들기 시작한 것 같아요. 얄팍한 생각에 한두 번 따라가다 보니까 나중에는 혼자서도 막 가게 되는 거예요. 술값 엄청 비쌌단 말이에요. 자주 가다 보니까 월급으로 감당이 안 돼요. 그러니까 이제 외상하고 또 외상 하고 그러는 거지.

제 상태를 현실적으로 봤을 때는 결혼을 하면 안 되는데 어릴 때부터 결혼은 무조건 해야 된다는 생각이 있었어요. 아버지가 없던 게 큰 열등감이다 보니 나는 진짜 훌륭한 아버지, 훌륭한 가장이 되겠다는 생각을 하게 된 것 같아요. 전처가 아는 사람도 없는 강원도 철원의 관사로 오게 됐죠.

결혼을 하고서도 총각 때 습관 그대로 퇴근하면 계속 술 먹으러 다녔어요. 계속 빚지고 외상 하고… 전처는 모르죠. 그때 삐삐 쓸 땐데 천둥번개 치는 날 밤늦은 시간까지 연락이 안 되니까 무섭다고 메시지 남긴 적도 있고… 저는 유흥에 빠져가지고 계속 술 먹고 새벽에 들어갔어요. 보통은 월급 통장을 아내에게 맡기는데 이혼할 때까지 월급 통장을 맡겨본 적이 단 한 번도 없어요. 제가 천사로 표현할 정도로 굉장히 착한 친구였는데 계속 참고 있겠구나 싶었죠.

유흥빚 갚으려고 마이너스 통장 만들고 아내 몰래 대출받고 심지어 사채까지 썼어요. 스포츠 신문에 사채광고가 있잖아요. 부대 사람들 모르게 서울에 있는 사채업자를 철원까지 불러가지고… 위병소에 조그마한 사무실이 있거든요. 400만 원 대출받는데 선이자 떼고 360만 원 받은 기억이 나요. 내가 미쳤지.

업소 주인이 전화해가지고 외상 독촉하고 심지어 부대 앞에 찾아오는 경우도 있고… 나중에는 대대장이 알게 돼 가지고 군수장교한테 철원 육단리 유흥업소 돌아다니면서 김준호 외상값이 얼마인지 알아보라고 할 정도였어요. 유흥을 접하면서 빚은 빚대로 지고 가정은 가정대로 못 돌보고….

친했던 친구들, 20대 초반까지의 제 모습을 기억하는 여러 사람들에게 전화해서 거짓말하고 돈을 빌렸죠. 형들, 친척들, 심지어 교회 목사님한테도 돈을 빌렸어요. 나를 좋게 봤던 사람들이 삐딱선 탄 제 상태를 서서히 소문으로 알게 되는 거예요. 마산에 있는 교회에선 도박에 빠졌다는 소문도 돌고…

소대장 할 때는 부대관리 우수로 연대장 표창까지 받았어요. 어느 정도 적성이 맞았던 것 같아요. 소대장 끝나고 나니까 연대에서는 제가 하기 싫은 군수장교를 하라는 거예요. 그때 더 망가진 게 군수장교는 중위가 감당할 수 있는 업무가 아니거든요. 처음부터 과부하였어요. 부사관들은 자기 일만 하면 되는데 군수장교는 모든 걸 종합해 가지고 서류 초안 작성해야 되고… 저는 감당이 안 되더라고요. 내내 소령인 군수과장한테 깨지고, 모르니까 업무는 더 하기 싫고 그렇게 장장 18개월을 보냈어요. 그때 완전히 망가졌죠.

-군수장교하면서 압박감을 많이 느꼈군요.

배운 게 도둑질이라고 연대본부 주변에 또 술 먹으러 다니고… 한 가지 굵직한 게 또 뭐였냐면 중위 달고 2년 지나면 대위로 자동 진급이거든요. 그런데 진급이 안 돼요. 소대장 때 불낸 것 때문에 조금 밀리는가 보다… 6개월, 1년까지는 이해를 했어요. 내 동기들이 대위 달고 중대장으로 나오는데 저는 중위로 인사 장교를 하고 있는 거예요. 심지어 후배가 대위를 달고 중대장으로 오는데 저는 중위로 있는 거예요. 와이프 책임도 못 지지, 업무에서 스트레스를 받는 데다 대위 진급도 안 되니 유흥에 더 빠져들게 된 것 같아요.

제대 2년 남겨놓고 중대장 교육 발령이 났어요. 대위 진급 발표가 났는데 그때는 이미 곪을 대로 곪아 있었어요. 전처도 제 상황을 조금은 알고 있었고… 중대장 교육을 받아야 되니까 마지막 근무한 데가 태백인데 전남 장성으로 이사를 했거든요. 다른 곳으로 발령을 가게 되니까 태백에서는 난리가 났죠. 여기서 돈 갚아라, 저기서 돈 갚아라… 그때 전처는 임신을 해서 처제 집에 있었어요. 떳떳하게 이사 차를 불러서 타고 올 상황이 못 돼서 나는 장성 관사에 먼저 내려와 있고 군수장교 형수님한테 이삿짐센터에서 가면 이삿짐 좀 봐달라고 부탁을 해뒀어요.

자포자기의 마음

중대장 교육받는데 가니까 다 2년 밑에 기수들이에요. 저는 중위인데 후배들은 다 대위 달고 있고. 교육받을 때도 굉장히 무성의했어요. 왕왕 중위다보니까 열외 하겠다고 하면 다 이해해 주면서 대충 넘어갔거든요. 쪽 팔리고 군생활 하기도 싫어서 거기서도 계속 술 먹으러 다녔어요. 하루는 전처하고 밥을 먹고 있는데 압류팀이 들이닥친 거예요. 가전제품이랑 가구에 빨간딱지를 다 붙이더라고요. 전처는 순진무구한 여성이었는데 충격을 엄청 받았죠. 처제들 사는 마산으로 바로 내려갔어요. 이게 말이 안 되는 건데 왠지 자포자기하는 마음이 돼서 며칠 동안 출근을 안 했거든요. 담임교관이 소령이었는데 저희 아파트에 찾아왔더라고요. 빚지고, 출근도 안 하고… 제 소문이 안 좋게 났어요.

수도방위사령부 발령받아놓고 현역 부적격 처리 대상자로 올라가게 되더라고요. 전역대기하는 인천에 올라가게 됐어요. 거기는 사고 친 간부들 모이는 데거든요. 전역심사위원회에서 전역판정이 나면 무조건 전역해야 돼요. 소대장 때 사고 친 것도 있고 징계받은 적도 있고 술문제도 있다 보니 현역 부적격 판정이 나왔죠. 전처가 임신 중이었는데 제가 전역대기하고 있을 때 애를 낳았어요. 말을 안 하고 있다가 애 엄마가 산후조리를 하고 있는 문현동 큰형 집에 가서 얘기했어요. '나 강제 전역당했다.' 모두 다 놀랬죠. 이전부터 가족, 친척들에게 실망을 주고 있었는데 그걸로 도장을 찍게 된 거죠. 제 무책임에 대한 실망….

그때는 제 전과가 다 드러나 있는 상태였어요. 가족, 친척, 동기, 와이프 친구한테도 돈을 빌렸는데 그게 다 유흥비… 보통의 경우라면 제대하기 전에 이미 이혼했겠죠. 아내랑 방 한 칸, 부엌 한 칸 있는 하꼬방 조그마한 거 얻어 놓고 생활하고 있었거든요. 아내가 내 손을 잡으면서 '준호야, 이제 지나간 건 다 잊고 정말 잘해보자'고 해서 '알았다. 나도 잘해볼게'하고 딱 손을 잡았는데….

결국에는 제대하고 한 1년 같이 살았어요. 애가 백일 정도 됐을 때예요. 내가 경찰에 쫓기거나 수배된 게 아닌데 누가 그런 얘기를 집사람한테 했어요. 유언비어를 믿고 더 이상 너랑 못살겠다며 큰형 집으로 간 거예요. 가서 오해를 풀고 애엄마랑 애를 데려와야 되는데, 그날 그러면 됐을 건데 안 갔어요. 가기 싫더라고. 그다음 날도 안 갔어요. 그다음 날도 안 가고. 아내는 처형이나 주변사람들이랑 의논하면서 이혼하는 쪽으로 마음이 기울었나 봐요. 놀랄 정도로 급속도로 이혼으로 간 거예요. 제가 찾으러 안 가고 해명도 안 하니까 진짜로 수배됐다고 생각했던 것 같아요. 저는 그때 얼이 빠진 상태여서 자포자기하는 마음으로 받아들였어요. 토성동 부산지방법원에서 2000년도에 합의이혼을 했어요.

이혼하고 나서부터는 형들도 다 손 놓고 친구들은 제 군대 생활 비리를 아니까 연락 다 끊기고… 가족들, 친구들 다 제가 보낸 거죠. 근본은 유흥이었죠. 유흥 때문에 돈이 필요했고 돈이 필요하기 때문에 거짓말을 했던 거고… 당사자들은 다 24살 이전의 김준호를 믿고 돈을 빌려준 거란 말이에요.

누군가는 '왜 이 지경이 될 때까지 업소를 다녔냐', '가정 있는 사람이 빚내서 유흥업소를 가는 게 말이 되냐'고 비난할 수도 있을 것이다. 준호 님도 처음 유흥에 발을 들여놓을 때는 삶이 망가질 거라고 생각지 못했다. 어느 시점부턴 멈춰야 한다는 걸 머리로는 알았을 것이다. 엇나간 행동을 반복하는 자신을 자책하기도 했을 것이다. 그럼에도 중독이 잡아끄는 힘이 워낙 세서 스스로의 의지로는 빠져나올 수 없었을 것이다.

준호 님이 유흥에 빠져든 건 좌절감, 자포자기의 마음과 긴밀하게 연결된 듯 보였다. 입대해서 맡은 소대장 직무는 연대표창을 받을 정도로 잘 해냈다. 군생활에 어려움을 느끼기 시작한 건 군수장교를 맡고부터이다. 부대 전체의 보급품을 관리해야 하는 군수업무는 지나치게 버겁게 느껴졌다. 잘해보려 해도 상급자에게 욕만 먹을 뿐 도무지 업무파악이 안 되었다. 간단한 업무만 수행하는 것처럼 보이는 하사관들이 부럽다. 암만 노력해도 암울한 상황이 바뀌지 않는 것처럼 느껴질 때 유흥은 커다란 유혹이다. 유흥업소로 가기만 하면 답답한 현실을 잊고 즉각적인 쾌락을 누릴 수 있었다.

유흥업소를 밥 먹듯 드나드는 사람이 정상적으로 업무를 수행하기는 어렵다. 업소 출입이 잦아질수록 부대생활은 더욱 엉망이 되고, 직장생활이 괴로우니 더욱 유흥에 빠져드는 악순환이 생긴다. 중독된 뇌는 시간이 갈수록 더 큰 쾌락을 갈망하고, 종일 생각나는 거라곤 유흥밖에 없다. 직장과 가정에서 제 역할을 못하고 인정도 못 받는 상태에서 빚독촉에까지 시달리게 되자 이제 상황은 내가 감당할 수 있는 수준을 벗어 낫단 생각이 든다. 내 힘으로 바꿀 수 있는 게 아무것도 없는 듯이 느껴지는, 지독한 무력감에 사로잡힌다. 노력해도 바뀔 건 없을 것이므로 이제는 일상을 유지시켜 주는 최소한의 일을 하는 것조차 내키지 않는다. 교육에서 열외하고, 출근을 하지 않고, 결국은 강제전역을 당한다. 컴컴한 바다에서 허우적대는 와중에도 중독은 강한 인력으로 준호 님의 발목을 아래로 당긴다. 어느 누구보다 준호 님 자신이 스스로에게 실망했다. 점점 삶이 망가져가는 걸 지켜보면서도 아무것도 할 수 없었던 준호 님의 마음에는 해봤자 소용없다는 자포자기의 정서가 자리 잡고 있지 않았을까.

할 것도, 갈 데도, 만날 사람도,
인생의 목적도 없던 시절

막상 뭘 하려고 해도 할 줄 아는 게 아무것도 없는 거예요. 신문사 총무하면서 배달하고 수금도 했는데 적성에 안 맞아서 그만두고… 벼랑 끝에 계속 몰려서 20만 원 집세도 못 낼 형편이 됐어요. 이 집도 책임을 못 지겠다 싶어서 정말 필요한 것만 짐을 싸서 야반도주하다시피 나왔어요. 벼룩시장 보니까 숙식 제공하는 중국집이 있었는데 배달 오토바이는 탈 수 있을 것 같았어요. 몇 개월동안 짜장면 배달을 했는데 그것도 오래 못하고….

서른에 이혼하고 나서부터 가정, 집 이런 게 없었어요. 갈 데가 없고 돈도 없고 할 줄 아는 것도 없고 인생의 목적도 없고 아무것도 없었어요. 부산 초량에 소망관이라고 노숙인 쉼터가 있었어요. 2002년 월드컵을 노숙인 쉼터에서 봤습니다. 거기도 당연히 갑갑하니까 오래는 못 있죠.

소망관에 있을 때 아저씨들이 일용직을 나가는 거예요. 아저씨들 나가는 거 보고 처음으로 일용직을 나갔어요. 겨울이었는데 현장에서 자재 나르는 잡일을 했어요. 되게 힘들더라고요. 하루는 여기, 하루는 저기, 현장이 매일마다 바뀌고… 일당이 4만 2천 원이었어요. 그때에는 일용근로로 돈을 벌 수 있다는 게 좋았는데 앞이 막막한 저에게는 도움이라기보다 휘발유였을지도 몰라요. 당시만 해도 알코올 중독까지는 아니었고 유흥에 빠져 있는 정도였어요. 일용직 일을 하니까 이삼일 모으면 술 먹고 이삼일 모으면 술 먹는 그런 식이 된 거죠. 10만 원 정도 모으면 술 먹고 밖에서 자고 쉼터 들어가면 저녁을 주고 잠도 공짜로 잘 수 있으니까….

제가 31살 때 쉼터에 들어가니까 직원들이 이 젊은 나이에 껍데기 멀쩡한 사람이 왜 그러냐며 이해를 못 하더라고요. 쉼터생활하고부터 나태와 안일이 더 극대화됐어요. 쉼터 나오고부터는 큰형 작은형한테 연락해서 '나 생활비가 없다. 당장 나가게 생겼다. 집세라도 하게 몇십만 원만 보내줘.' 형들은 '안 돼 인마, 안 돼 인마.' 그러면서도 계속 도와주시더라고요. 10년 가까이 그런 관계가 유지된 것 같아요. 일용근로하면서 모텔, 여관, 여인숙을 전전하면서 지냈어요.

여인숙 모텔 잡아놓고 첫 달 방세도 못 낸 적이 많아요. 주인한테 삼사일 있다가 준다고 얘기했다가 제때 못 줘가지고 도망 나온 적도 많고… 나

뻔 짓도 많이 했죠. 어디에 적을 두고 성실하게 일을 하거나 월급을 받거나 그런 적은 없어요. 이혼하고 나서 2017년 겨울까지 눈을 뜨면 할 게 없었어요. 신발 신고 나오면 갈 데가 없어요. 연락하려고 해도 만날 사람이 없어요. 아는 사람도 없어요. 돈도 없어요. 어딜 가려면 차비도 없어요. 아침에 일하러 가야 하는데 차비가 없어서 슈퍼 문 여는 분한테 천 원만 빌려달라고 그런 적도 있고요.

일용직 5일 하면 한 달치 방세 되거든요. 그거를 제가 못 해냈어요. 방세를 제대로 해결하면서 편안하게 산 적이 한 번도 없었던 것 같아요. 여기 갔다가 안 되면 옮기고, 또 옮기고, 옮긴 자리에 일용근로 하는 사무실 있나 찾아보고, 하루하고 들어와서 삼사일 안 나가고 술 마시고, 몸은 몸대로 상하고 정신은 정신대로 완전 피폐해졌어요. 작업복 가방 하나 들고 돌아다닌 시간도 꽤 되고요.

-몇 년 전에 사람들이랑 며칠 동안 무전여행을 한 적이 있는데요. 어두워지고도 잘 곳을 못 구하니까 덜컥 겁이 나더라고요. 여름이라 얼어 죽을 일도 없었거든요. 하루하루 잘 곳이 없다는 자체가 부담감이 엄청났을 것 같아요. 압박감이나 조바심이 빚쟁이처럼 하루하루 찾아오잖아요.

압박감은 어마어마하죠. 두려워요. '오늘 어떡하지, 누구한테 돈 빌려야 되나, 어떻게 거짓말하지.' 그런 걸 계속 생각해야 되거든요. 얄팍하게 말을 만들어내야 되니까. 한 번은 추석이었는데 달아서 4일이 연휴였어요. 그때 하루에 만 5천 원씩 주고 있었으니까 방세로 6만 원을 줘야 되거든요. 일당 갖고 있던 게 6만 원이었나? 보통 사람 같으면 손을 빨더라도 6만 원을 줄 건데, 저는 이틀 거만 내고 나머지는 에라 모르겠다, 나머지 3만 원 가지고 이틀 동안 방에서 술만 먹었어요. 그렇게 살았던 거죠.

그런 마음이 있었던 것 같아요. '오늘 하루는 주인장한테 부탁하지 뭐. 어떻게 둘러댈까? 진짜 간절히 빌어보자.' 막 떼쓰고 부탁한 경험도 많아요. 오늘 하루만 참아 달라. 내일 백 프로 일하러 간다. 굶은 적도 많아요. 당장 숙박비 낼 돈이 없으니 먹을 돈도 없고… 그게 불과 6년 전 일이니까요. 아직도 제가 갈 길이 참 멉니다. 요즘에는 뭐가 무섭냐 하면 세월이 너무 빨리 가는 거예요. 옛날 어른들 말이 이제 몸에 와닿아요. 일주일, 한 달이 너무 빨리 가고 일 년이 너무 빨리 가더라고.

비 오는 날 주차장에서 의식 잃고 쓰러졌는데 일어나니까 부산 시립의료원 응급실이었던 적도 있고… 어떻게 보면 저도 알지 못하는 죽을 고비들을 많이 넘기지 않았나 싶어요. 2009년도에 거의 노숙하기 일보 직전에 술에 만취돼 가지고 경찰차를 타서 '나는 집이 없다'고 했어요. 그때는 갈 곳이 없었어요. 하루 방세가 만 원이면 만 원 주고 하루 자고 다음 날 12시 이전에 나가야 되잖아요. 12시 전에 나오면 그날 밤 잘 방법이 없는 거예요. 그런 날 중에 하루였죠. 갈 데가 없다니까 노숙인 지원센터에 저를 갖다 맡기더라고요. 상담원이 병원 갈래요, 노숙인 쉼터 갈래요 그러길래 몸이 상해있으니까 병원에 가야겠다고 생각했어요.

그때 간 곳이 영천 성모병원이라고 정신과 진료를 주로 보는 곳이었어요. 거기서 5개월 동안 술 안 마시고 잘 있었는데 나와 가지고 방탕한 생활을 또 하는 거예요. 여름쯤에 큰형한테 전화가 왔어요. 할머니가 돌아가셔서 부산 좋은강안병원에서 장례를 치른다고. 내려간다고 해놓고 영천역까지 갔다가 그냥 돌아왔어요. 그때 꼬락서니가 말이 아니었고 형수나 조카 볼 입장도 아니고… 할머니 그렇게 돌아가시고… 제 위에 분들은 그렇게 떠나셨어요.

피폐해져 가지고 부산에 오니까 갈 데가 노숙인 지원센터 밖에 없었어요. 그다음에 연계해 준 정신병원이 진주 성남병원이었는데 앰뷸런스가 바로 오더라고요. 그때가 추석 때였어요. 운전기사가 한 말이 지금도 기억나는데 추석인데 어떻게 이런 곳에 입원을 하시냐… 제가 할 말이 있겠습니까? 먹고 재워줄 곳이 당장 필요했는데 병원이면은 더할 나위 없죠.

그곳이 준폐쇄 병동이었어요. 주치의가 허락하면 나갔다 올 수 있거든요. 외출 외박이 되니까 일하러 갔다 오겠다 해가지고 거기서 또 일용직을 했어요. 밖에 나갔을 때 무전취식을 해서 경찰서에 가게 됐어요. 예전에 무전취식한 전력이 있다 보니 안 풀어주려고 하더라고요. 성남병원 앰뷸런스가 와서 태워갔어요. 정신병원에 있을 때라 구속 같은 건 안 하더라고요. 병원에서도 있으라 하겠어요. 거의 쫓겨나다시피 해서 나왔죠. 그때가 2011년도인데 여전히 똑같은 패턴으로 일용직 전전하고 만날 사람 없고 갈 곳 없고….

-머물렀던 지역은 주로 경남이었나요?

계속 부산이었어요. 온천장, 동래, 서동 아니면 수정동, 사직동… 2011년도부터 나쁜 습관이 딱 붙었어요. 노래방이나 비싼 술집 가면 3, 40만 원 나오잖아요. 옛날 군대 생활할 때 버릇인데 내일 줄게요, 모레 줄게요. 하면서 돈을 안 주는 거죠. 미안한 일이고, 요즘 세상에는 그게 안 통하는데… 어떤 집은 바로바로 경찰에 신고해 버리거든요. 현행범으로 잡혀가는 거예요. 구속돼서 징역도 살아봤고… 무전취식이 전과 조회하면 사기로 나와요. 제가 사기 전과가 꽤 있죠. 그게 다 무전취식이에요.

지금은 어느 정도 나아졌는데 예전에는 공황장애가 심했어요. 그게 술하고 더 친하게 해 준 도화선 역할을 했다고 보거든요. 그때는 약을 몰라서 불안해서 죽을 것 같으면 무조건 술부터 먹었으니까… 그때부터 알코올 중독이 심해졌고… 무전취식이 쌓이고 쌓여서 교도소에 있을 때는 쪽팔리고 처참하다, 이러지 말자 하고 나왔다가 한두 달만에 다시 구속된 적도 있고… 나오면 숙소 구하고 일용직 나가고… 2017년도에 이재안 전도사 만나기 전까진 그런 생활의 반복이었어요.

제가 결정적으로 힘들었을 때 긴급복지지원제도가 있단 걸 몰랐어요. 알았으면 거짓말로 돈 빌리거나 방황하는 걸 훨씬 덜했을 거예요. 최소 3개월 지원인데 그동안 주거비 생계비는 걱정 안 해도 되거든요. 3개월 동안 주거가 안정되는 게 저한테는 엄청 큰 건데, 긴급복지 지원 제도를 알았더라면 악순환에서 조금 빨리 벗어날 수 있지 않았을까 아쉬움도 있고요.

서럽고 눈물겨운 일용직

일용 노동은 할 줄 아는 것 없고 아는 사람 없고 기댈 사람 없고 아무것도 없는, 사람으로서의 역할을 아예 못하는 저한테는 유일한 수입원이었죠. 하루 견디면 돈 주니까 그게 무섭더라고요. 그게 습관이, 제 타성이 돼 버리니까요.

제가 일할 때는 5시에서 5시 반 사이에 무조건 인력 사무실에 도착해야 됐어요. 일찍 도착해 가지고 눈치 보거든요. 오늘은 어디로 팔려가나? 인력소장 눈치도 보고 고참들 눈치도 보고… 인력 사무실 소장마다 보내는 기준이 있거든요. 일 잘해서 현장에서 인정받는 사람, 사무실 나온 지 오래된 사람, 자차가 있는 사람, 또 고참순으로 보낸단 말이에요. 저같이 메뚜기처럼 띄엄띄엄 돌아다니는 사람은 맨 나중이죠. 새벽에 나가가지고 7시까지 시계만 보고 있다가 집에 들어온 적도 여러 번 되고… 대마찌라고 일 못 나가게 되면 일용직 하는 사람들끼리 모여가지고 술 마시고… 술에 취하면 다음 날 일어나는 게 엄청 힘들거든요. 출근 약속을 해도 못 나가는 거예요. 그러면 속된 말로 찍히잖아요. 점수 잃어버리고 후순위로 밀리는 거죠.

새벽 4시 반에 일어나서 5시까지 도착해야 되는 게 힘들었어요. 처음 가는 현장에 물어물어 찾아가서 한겨울에, 그것도 찬바람 부는 골목길에서 작업복 갈아입고… 옛날이랑 바뀐 거라면 요즘에는 근로계약서를 잘 쓴다는 거, 기본적인 신체검사를 조금 까다롭게 하는 거… 그런 거 외에는 특별하게 바뀐 게 있나 싶기도 하고… 일용 근로를 하면서 여기에 빠지면 안 되겠다, 이거는 오래 하면 안 된다, 길이 아니라는 마음이 항상 있었거든요. 근데 마음만 있지, 다른 걸 도전할 의지가 없는 거예요.

-처우가 너무 열악해서 그랬나요?

그것도 있고요. 옛날에는 일용직 오는 사람들을 천하게 보는 시선이 많았어요. 지금도 약간 있고… 제가 사장이 돼서 일용 근로 하는 사람을 불러 쓴다면 아닌 척하면서도 속으로는 똑같이 그럴 것 같아요. 이런 일 하는 사람들은 가난하거나 불쌍한 사람… 저는 그렇게 생각을 하거든요.

안 그런 분도 있지만 반장들이 말도 막 하고 정당한 요구를 하면 잘라버리고… 정당한 요구하는 사람은 싫어해요. 현장 가면 조용히 시키는 대로 하고 주는 돈 받고 이런 사람을 제일 좋아하는 거예요. 부당한 일에 입바른 소리를 하면 나오지 말라고 해요. 그러면 인력사무실에도 찍혀서 다른 현장에서도 일하기 어려워지고… 그럼 다른 사무실로 옮기죠. 그게 계속 반복되는 거예요.

성실한 분들도 있거든요. 다른 사업 준비하면서 잠깐 나와서 일하는 분들, 휴학을 했는데 카페보다 일당도 낫고 힘쓰는 일이 좋아서 일용근로를 하는 젊은이들… 굉장히 긍정적이죠. 그리고 일용직밖에 할 일이 없어가지고 매일 출근하는 분이 계세요. 요즘은 인력사무소로 안 가고 현장으로 바로 가는 문화로 바뀌었거든요. 월급쟁이 식으로 네 달, 다섯 달 한 현장에 계속 들어가는 거예요. 일용직에 목숨을 건 거지. 그럼 사무실에서도 그 사람은 인정을 해요. 이런 분들은 대게 가정이 있어요. 최근에 같이 일하게 된 형님은 와이프도 있고 애도 있는데 계속 일용직 해요. 이런 분들은 허투루 돈을 안 쓰겠죠.

저같이 혼자 사는 사람, 아무것도 할 게 없어가지고 마지못해 나오는 사람들… 이런 사람들한테는 일용직이 독이라고 생각해요. 미래가 있는 일에 눈을 돌리고 발전하는 데 큰 걸림돌이 되거든요. 다른 걸 도전하려면 책도 사야 되고 준비해야 될 것도 많은데 그걸 한다고 해서 미래가 보장되는 것도 아니고… 그냥 일용직 좀 더 하자 이렇게 되더라고요.

3D라고 하는데 정말 그래요. 저는 오만 때만 일을 다 해봤거든요. 똥물 쏟아져 나오는데서도 일해봤고… 장비로 벽을 깨면 분진이 엄청나거든요. 방진 마스크가 새까매질 정도로… 보안경 쓰니까 뿌얘져서 앞이 안 보여 가지고, 안 쓰고 일하다 눈에 분진이 들어가서 괴로웠던 적도 있고… 일하다 못에 찔리면 파상풍 주사를 맞는다든지 조치를 받아야 되잖아요. 경미한 부상은 그냥 넘어가는 경우도 많았어요. 얼마 전에 야간에 일용직 하다가 다쳤어요. 치료를 요구하니까 말하는 즉시 잘리는 거예요. 공상을 요구하면서 현장에서도 잘리고 인력 사무실에서도 잘리게 된 거죠. 이런 요구는 잘릴 각오를 하고 하는 거죠.

저는 그렇게 생각합니다. 일용직 일은 거의 다 사람들이 하기 싫어하는 일, 극도로 더럽고 위험한 일이에요. 그런 일을 아무 거리낌 없이 시켜요. 위험한 일을 한다고 해서 위험수당을 주는 것도 아니고… 고소 작업은 사실 전문가들이 하는 거거든요. 안전고리를 뺐다 걸었다 하면 작업 진도가 안 나가. 그래서 안전고리에 생명줄을 안 걸고 작업하는 경우도 있어요. 그걸 현장 관리자들은 당연하게 생각하거든요. 제가 오죽했으면 고소 작업 현장을 사진으로 찍어두기도 했어요. 관리자들은 항상 작업의 양을 보거든요. 말로는 안전이라고 얘기하는데 현실에서는 작업의 양이죠. '그거 안전하게 해야 돼.'가 아니고 '왜 이거밖에 못했어!' 항상 그런 식이에요.

성실한 사람도 거의 없고 하루 나왔다 하루 안 나오고… 대부분 그럴걸요. 인력사무소 나오는 사람들이 수도 없이 바뀌어요. 왜냐하면 이 사무실 다니다가 마음에 안 들면 다른 사무실로 옮겨버리거든요. 부산만 해도 사무소가 어마무지하게 많다 보니까… 여기 안 되겠다 싶으면 다른 데로 옮기고… 저도 그런 경험이 있으니까요. 아무런 거리낌이 없어요. 전에 다니던 사무실 소장한테 얘기할 필요도 없고… 그런 인간관계 자체가 없어요. 인력사무실 소장하고 일용직 나가는 근로자들하고 긍정적인 인간관계는 하나도 없어요. 그 인간들 눈에는 사람이 돈으로 보이는 거죠. 다치는 거는 신경 안 써요.

그러니까 일용직 하는 사람들 중에 할 게 없고 기술도 없고 먹고는 살아야 돼서 일하는 분들이 우리가 생각하는 이상으로 훨씬 많을 거예요. 일용직은 참 서럽고 눈물겹다는 생각을 많이 했어요. 다 뭐라 그러냐면 하루살이라는 표현을 많이 해요. 하루살이.

참 부정적이잖아요. 사람의 본질은 그런 게 아닌데… 참 우스운 얘기지만 행복을 추구해야 되고, 보람을 느끼며 살아야 되는데 우리 일용직 노동자들은 본인들 입으로 '하루 벌어 하루 먹고사는데' 이런 식으로 얘기하고… 무시당해도 어쩔 수 없다고 생각하고, 그걸 당연하게 생각하는 분들도 태반이고… 복장도 추접하게 다니는 분들도 의외로 많고요. 땀냄새 풀풀 나는 옷 갈아입지도 않고 대중교통 이용하고….

일단은 소속이 없다는 게 본인한테 악영향을 주고, 별다른 행복도 못 느끼고, 현장 가서 일 시키는 거 하고 오후 5시 되면 통장 입금 되나 안 되나 확인하고… 엄청 고돼요. 조금 힘든 게 아니고 너무 힘들고… 일곱 시 땡 하면 시작해서 네 시 반까지 일하거든요. 노동 강도가 좀 세죠. 진짜 여름에는 어떻게 그렇게 견뎠는지 모르겠네. 땀을 엉망으로 흘려가지고 어지러웠던 적도 있고, 식염을 아침 두 알, 오후 두 알 먹어가면서 일하기도 하고… 이 일을 의미 없이 너무 오래 해왔고 그냥 오늘 자야 되고 먹어야 되니까….

쓰레기인데 깨진 유리나 폐비닐같이 재활용이 안 되는 폐기물 있잖아요. 제 스스로를 폐기물에다가도 비유를 해봤고, 제 인생을 보면 처참하고 어떻게 그걸 살아왔나 싶기도 하고요. 지나간 세월이 무섭고 지금 가고 있는 세월은 더 무섭고….

'사람의 본질'이란 말이 고단한 일용직 일에서 건져 올린 것인 만큼 귀하게 느껴졌다. 사람은 일에서 경제적 보상을 얻는 것만으로는 만족하지 못한다. 보람을 느끼고 자신을 쓸모 있는 존재로 여길 수 있길 바란다. 그것이 사람의 본질이다.

다른 사람도 아닌 일용직노동자들 스스로가 자신의 일을 하찮은 일, 밑바닥 직업으로 여기는 현실이 안타까웠다. 일용직 노동을 하면서 보람과 의미를 느끼기 힘든 건 이 일에 대한 사회적 인식과도 관련이 깊다. 한 사회가 특정한 직업군을 천하게 여길 때 그 직업군에 속한 사람들이 자신의 직업을 떳떳하게 여기기는 쉽지 않다. 사람은 사회적 동물이고, 남들이 나를 천시할 때 스스로 당당하기란 어려운 일이기 때문이다. 그 결과 당사자들조차 사람 대접 못 받는 걸 어쩔 수 없다고 여기게 된다. 위험한 작업을 강요받고, 산재처리를 못 받아도 체념하게 되고 만다. 특정 노동에 대한 사회적 인식은 당사자들의 자존감뿐 아니라 일터의 안전과도 밀접하게 연결돼 있다.

마지막 선물

마지막 출소가 2017년도 11월이었어요. 그때 동구 쪽방 상담소 이재안 전도사님을 만나가지고 '그린 고시텔'이라는 곳에 살게 되면서… 이혼 이후로 처음으로 안정된 주거가 거기였어요. 고시텔비도 꼬박꼬박 내고… 그래도 술버릇은 못 고치죠. 계속 고비가 있었어요. 무전취식으로 경찰서에 갔는데 이재안 님이 합의하는 걸 도와줘가지고 다행히 구속은 안 되고 벌금만 내고 말았는데….

빅이슈라고 들어보셨어요? 홈리스의 자립을 돕는 단체인데 이재안 님이 빅이슈 잡지의 김성훈 코디를 소개해줬어요. 면접 보고 바로 일을 시작했거든요. '희망을 나누는 잡지 빅이슈입니다!' 이렇게 외치면서 잡지를 팔았죠. 남포동 오만사람 지나다니는데서 겨울부터 다음 해 초여름까지 했어요. 부끄럽긴 했는데 그것보다 뭐든지 해야 된다는 마음이 더 강렬했어요. 그래도 팔아주는 젊은이들이 있더라고요. 주로 여성 고객들이었어요. 어떻게 보면 이 일을 하면서 큰 악순환에서 서서히 벗어나게 된 것 같아요. 그 시점에 이재안이라는 사람을 만나게 된 건 하나님이 나에게 준 마지막 선물이라고 생각했고 저는 욕을 먹으면서도 꾸역꾸역 따라갔죠.

-이재안님하고는 어떻게 만나게 됐나요?

마지막 출소했을 때 아무런 길이 없었어요. 긴급 지원도 안 되고 아무것도 안 됐거든요. 어쩔 수 없이 쪽방상담소를 간 거예요. 이 분이 의료지원팀장이었는데 전도사로서 교회 목회도 한다는 걸 그때 처음 알았어요. 저는 청년기에 기독교인이었잖아요. 저는 기독교에 승부를 거는 수밖에 없거든요. 거기에 마지막 답이 있다고 믿었고요.

이재안 님이 주로 하시는 일이 쪽방 사는 분들 아플 때 119 불러가지고 입원시키고, 자기가 업어가지고 상담소 차에 태워서 데려가기도 하고, 동행해서 보호자 역할 하고, 그분이 돈이 하나도 없으면 병원 비용도 사비로 내고, 밤을 새야 될 일이 있으면 거기서 밤을 새 주고, 퇴원하는 분 있으면 밥 사드리고 대화 나누고… 지금은 폐암으로 돌아가신 분이 있는데 그분한테는 정기적으로 생수를 사 가지고 빌라까지 배달했어요. 제가 몇 번 따라다녔거든요.

누가 시키는 것도 아니고 수당을 더 주는 것도 아닌데 24시간을 아픈 분들, 괴로워하는 분들을 위해서 자기 시간과 돈을 쓰는 사람이죠. 조선 팔도에 이런 사람이 열 명이나 될까 할 정도로 헌신적인 모습… 저도 옆에서 보고 흉내도 내보고 했거든요. 자원하는 마음으로 부산 백병원에서 말기 암이신 분 3일 밤 정도 간병한 적도 있고… 독거하는 형님 한 달에 한 번이라도 문안 인사드리고… 그런 과정을 거의 5년 동안 거쳐왔어요.

이재안 님은 그런 대가가 없는 선한 행동을 하는데 저를 데리고 다니려고 했죠. 어떤 분은 찾아갔는데 이미 목을 맨 거예요. 이재안 님만 보고 문을 닫고 우리는 못 보게 하고… 직접 경찰서에 연락 다 하고 사후 수습까지 해 가지고 동부경찰서 조사받으러 가시고… 보통 상담소 의료지원팀장으로 있는 분이 사무실에만 앉아 있지 그렇게 안 하거든요. 퇴근 시간이 정해져 있는 분이 아니었어요. 동에 번쩍 서에 번쩍 했거든요. 예를 들면 하룻밤에 고신대병원에 있다가 부산의료원 갔다가 부산대병원 갔다가 그런 식이었어요. 제가 에너자이저라는 별명도 붙여줬어요.

저랑 동갑인 분이 돌아가셨는데 우리가 장례위원을 하기로 했어요. 쪽방에 계셨던 여성분인데 술을 좋아하셨다 하더라고요. 중앙동 가면 양복 대여하는 데가 있어요. 인당 7만 원이었나. 전도사님이 3만 5천 원씩 보조

SQUARE

해 주고 우리가 3만 5천 원 내서 1박 2일 동안 넥타이 매고 직접 장례 다 치르고, 영락공원에서 잠도 잤어요.

가족이 아니고 이웃이잖아요. 다른 사람한테 그 정도로 관심과 배려를 쏟는 건 아무나 할 수 없는 건데… 같이 지내면서 선한 영향력을 계속 받고 있어요. 제가 이재안 전도사님께 받은 사랑을 생각하면 죽을 때까지 같이 가야 되는 그런 관계라고 봐야죠. 저는 눈으로 보고 손으로 만지고 같이 있어 봤기 때문에 이 사람의 실체를 알거든요.

-요즘은 사람들이 다 돈, 돈 하잖아요. 종교 믿는 사람들 중에서도 돈이 인생에서 일 순위인 사람들이 많은데… 예수님 말씀을 읽기만 하는 게 아니라 그 말대로 살려고 노력하는 분이시네요. 모르는 사람이 보면 바보라고도 할 수 있는 이런 분이 아직 있었군요.

교회건물은 없지만 전도사님이 교회 목회도 하시거든요. 한 번씩 모여서 교제도 하고 예배도 드리고… 지난 5~6년은 그런 모습으로 지내왔어요. 제가 기타를 조금 치다 보니 노래모임도 같이 참석하고… 하나두리가 봉사활동을 많이 했거든요. 공영장례라든가 반찬 나눔, 힘들어하는 행님들 찾아가서 보살펴드리고, 입원하는 데 동행하고, 모여가지고 같이 생일도 축하하고… 애정이 넘치는 주민 모임 속에서 서로 좋은 에너지를 받았고요.

-환자 간병하고 봉사활동하고 사람들이랑 어울리기도 하시고… 숙소

에서 술만 드시던 예전이랑 차이가 크다고 느껴지네요.

그 차이는 어마어마하죠. 저는 목적이 없는 걸음을 많이 걸었어요. 지금 생각하면 반 미친 거나 마찬가지죠. 숙소를 나와서 걸어가는데 내가 어디로 가는지 몰라요. 그냥 무작정 걷는 거예요. 가다가 지치면 앉아 있는 거고. 저기 버스에 탄 사람들이나 행인들은 집이든 직장이든 목적지가 분명히 있는데 나는 목적지가 없네. 나는 지금 갈 곳이 없는데 어디로 가고 있지? 그런 생각이 들었는데 그때 여러 감정이 교차됐던 것 같아요. 그 감정은 이루 말할 수가 없지. 그런 기간이 길어지다 보니까 더 헤어 나올 수 없었고.

준호 님의 '목적지'가 단순히 주거공간이나 직장을 뜻하는 것만은 아닐 것이다. 내게는 목적지가 없다는 말이 인생의 시간을 통해 도달하고 싶은 곳, 하고 싶은 것, 이루고 싶은 것이 없다는 말처럼 들렸다. 살아가야 할 이유를 못 찾고 있다는 말처럼도 들렸다.

강제전역을 당한 이후로 준호 님의 삶이 더욱 힘들어지긴 했지만 군에 있을 때도 장교생활이 본인에게 어떤 의미인지, 군복무를 통해 이루려는 게 무엇인지가 뚜렷한 상태는 아니었다. 술문제로 일상을 통제할 힘을 잃고부터는 스스로를 무능력한 존재로 느끼게 되고, 보다 나은 미래의 모습을 상상해 내기가 더욱 어려워진다. 준호 님의 오랜 방황은 중독의 문제이기도 했지만 '목적지'가 없기 때문이기도 했으리라.

나는 '목적지가 없다'는 말이 준호 님에게만 해당되는 얘기가 아니라고 생각했다. 집과 직장이 있어도 인생에서 어디로 가야 할지 몰라 방황하는 사람들이 있으니까. 나 또한 그것을 오랫동안 찾지 못했고, 지금도 찾아가는 중이니까.

나는 준호 님과는 전혀 다른 삶을 살아왔지만 갈피를 못 잡은 채 방황해 왔다는 점에서는 닮아있었다. 나는 오랫동안 '인생의 목적지'나 '삶의 의미'를 살다 보면, 나이를 먹으면 자연스럽게 알게 될 거라고 막연하게 기대해 왔다. 목적지는 인생의 길목 어딘가에서 잠자코 기다리고 있지 않았고 나 아닌 누군가가 대신 알려줄 수 있는 것도 아니었다. 목적지를 만들어내려면 내가 어디로 가고 싶은지, 그곳에서 무엇을 하고 싶은지 끈질기게 물어야 한다는 걸 예전에는 몰랐다. 준호 님의 진솔한 고백에 힘입어 수십 년 전에 했어야 할 질문을 뒤늦게나마 던져본다. '나는 어떤 사람인가? 무엇을 위해 살아가는가? 내 욕망은 무엇인가?'

제가 2009년도부터 알코올중독, 공황장애, 불안장애, 우울증이 있었는데 병원으로의 접근은 아예 생각도 안 했던 거죠. 불면증도 심했고… 그때부터 약을 먹기 시작해서 약의 종류나 복용량은 조금 변화가 있는데 아직까지도 약을 먹고 있어요. 수면제는 지금도 안 먹으면 잠을 못 잘 정도고….

제가 굵직한 악순환에서 유턴한 거는 6년 차가 돼가고… 이제는 희망을 좀 갖고 있어요. 소망도 있고… 이혼하고 나서 최초로 집 같은 데서 4년째 살고 있고… 이것만 해도 저한테는 기적이죠. 이재안 전도사, 교회공동체, 주민 모임을 통해서 많이 배웠어요. 의지를 가지고 노력한 건 별로 없는데 서서히 변화되더라고요. 저는 이재안 전도사를 하나님이 주신 마지막 기회, 선물이라고 믿어요. 저는 기독교 신앙이 아직 남아 있거든요. 예전에 저랑 같이 술독에 빠져 살던 세 사람… 젊은 분들인데 이미 7년 전에 다 돌아가시고… 저는 만성비형간염에 지방간이면서도 술 먹고 비정상적인 생활을 하고 밥도 제대로 못 먹고… 지금 이렇게 살아있는 게 어떻게 보면 기적이죠. 저를 위해 기도하는 분들이 계셔가지고 그게 참 고맙고 그분들 덕분에 겨우 40대를 넘긴 것 같아요.

조금씩 정신 차려가지고 이제는 작은 꿈이 생겼는데 제가 2018년도에 오른쪽 고관절이 썩어서 인공 고관절로 바꿨거든요. 이제는 심한 노동도 할 수 없고… 너무 위험하고 아파요. 제가 운동을 좋아하고 또 체육교육과를 나왔잖아요. 올해 노인체육지도사 시험을 쳤어요. 필기는 붙고 실기하고 구술은 뱃살도 못 빼고 준비가 안 돼서 내년으로 미뤘어요. 내년에는 노인 체육지도사하고 장애인체육지도사를 준비하려고 해요.

하나 더 말씀드리면 체육관련학과를 졸업해야 지원할 수 있는 건강운동관리사라고 있어요. 이거는 학문이 넓고 깊거든요. 시험이 8과목인데 책도 잘 사야 되고 1년 동안 제대로 준비해야 될 것 같고… 시험만 붙는다고 다가 아니라 제 머릿속에 남아 있어야 될 소양이기 때문에 즐기면서 공부할 생각이고요. 저는 크게 돈 욕심도 없고 밥벌이만 하면 되니까… 이게 되면 프리랜서식으로 좋아하는 운동을 지도하면서 살아보려고요.

하루하루 숙박업소를 전전하며 홀로 지내온 세월은 얼마나 고독하고 막막했을까. 가족과 친구가 있는 보통의 사람들도 외로움에 몸서리칠 때가 있다. 연락할 사람 하나 없이 십수 년을 산다는 건 한 치 앞도 안 보이는 컴컴한 터널을 끝없이 걷는 것과 같지 않았을까. 그런 만큼 공동체 사람들과의 연결은 준호 님에게는 소중했으리라. 준호 님의 얘기를 들으며 영화의 한 장면, 먼 행성에 홀로 생존해 있던 과학자가 수십 년 만에 방문한 지구인을 꽉 부둥켜안고 우는 모습이 떠올랐다.

준호 님이 긴 시간 방황했던 것은 인간관계가 단절된 채로 혼자였던 것과 연관이 깊을지도 모른다. 사람은 타인과의 소통을 통해 자신의 존재를 확인하고 변화의 가능성을 만난다. 혼자서는 자신의 모습을 똑바로 바라보기도, 변화의 동력을 만들기도 쉽지 않다. 준호 님이 자신을 폐기물로 생각해 왔다는 말에 마음이 아팠다. 주변사람들이 모두 등을 돌린 상황에서는 자신을 가치 있게 여기기가 어려웠을 것이고 의미 있는 성취를 해낼 수 있다는 믿음을 가지기도 어려웠을 것이다. 새까만 어둠 속에서 무력한 자신만을 끝없이 재확인할 뿐이다.

오랫동안 자기혐오를 반복적으로 해 온 사람이 스스로를 긍정적으로 생각하기란 쉽지 않다. 나는 '폐기물'이라는 자기 인식이 불변의 사실이 아닌 바뀔 수 있는 믿음이라 생각한다. 실제로 준호 님의 자기 인식은 자신을 위해 기도하는 사람들과의 관계 안에서 서서히 변화해가고 있다. 애정과 존중을 주고받는 관계 안에서 사람은 스스로를 긍정할 수 있게 되는 것이다. 준호 님이 이재안 전도사를 '선물'이라고 표현한 건 왜였을까? 이재안 씨를 만나며 준호 님이 스스로를 좋아할 수 있게 돼서가 아니었을까?

제가 아직 관성, 구태, 타성에서 못 벗어났어요. 이재안 전도사와 공동체를 통해서 서서히 변화돼 오늘에 이르렀는데 아직 남아있는 악습들이 뿌리가 깊어서 노력을 해야 되고요. 어떤 사람들은 중독을 의지로 극복할 수 있다고 해요. 저는 중독은 사람의 영역이 아니라 신의 영역이라고 보거든요. 내가 기도하지 않으면 끊겠다는 의지조차 안 생기고요.

이재안 전도사 알고 난 이후로 매년 영락공원을 5회 이상은 간 것 같아요. 돌아가신 형님들 장례, 무연고 장례 치르면서 예전의 저처럼 눈을 뜨면 갈 곳이 없고, 연락할 사람도 없고, 할 일도 없는 이런 분들이 부산 동구만 해도 엄청나겠구나… 그런 걸 절절히 느꼈어요.

저도 중독에 깊이 빠져봤지만 그게 사람으로서 참담한 상황이거든요. 캄캄한 어둠이 위에서 짓누르는데 가공할만한 위력이에요. 그 위로는 아무것도 안 보여요. 제가 알코올 중독자인데 알코올 중독자를 데리고 가서 병원에 입원시킨 적도 있어요. 알코올 중독이라는 걸 그 형님들도 알아요. 내일 죽을지도 모른다는 두려움이 있음에도 술잔을 채우고 술을 먹거든요. 무연고 장례에 참석하면서 술 때문에 돌아가신 분들을 많이 봤어요. 그럼에도 불구하고 저는 아직도 술이나 담배를 끊지 못하고 있고 벗어나려고 애쓰고 있어요. 일단 제가 빠져나와야 빠져나온 경험을 토대로 아는 형님들이나 아는 동생들한테 얘기를 해 줄 수 있을 것 같거든요.

준호 님은 술과 유흥에 빠져 긴 시간 방황하고 고통받았다. 술의 유혹이 얼마나 강렬한지, 그것이 삶을 얼마나 속절없이 망가뜨리는지, 중독에서 빠져나오기가 얼마나 어려운지 뼈저리게 느껴왔다. 때로 중독자들에겐 전문가보다 자기가 걷고 있는 터널을 통과해 낸 사람의 존재가 더 큰 힘이 될 수 있다. 그는 중독의 막막함과 무서움을 누구보다 잘 알고 있으며 그럼에도 불구하고 그것에서 빠져나온 사람이기 때문이다. 준호 님은 예전부터 알코올중독으로 고생하는 사람들에게 관심이 있었고, 할 수 있는 한 그들을 도우려 했다. 준호 님에게 그들의 아픔은 본인의 아픔이기도 해서 남 일처럼 내버려 둘 수가 없었을 것이다.

준호 님에겐 지독한 방황의 이력이 있다. 경험한 사람만이 공감할 수 있는 영역이 있다. 만약 준호 님이 중독에서 벗어날 수 있게 되면 중독에 허덕이는 사람들에게 '나도 변할 수 있다'는 믿음을 줄 수 있지 않을까? 마음가짐, 복지시스템, 생활습관에 대해 실제적인 조언을 들려줄 수 있지 않을까? 중독자들도 이 사람 말이라면 믿어볼 만하다고 여기지 않을까? 이 사람은 중독으로 모든 걸 잃었었지만 지금은 술을 끊고 건강운동관리사라는 멋진 직업으로 활동하고 있으니까. 그럴 수 있다면 준호 님의 지난했던 방황도 나름의 의미를 지니게 되는 게 아닐까.

제가 제 자신을 조금 알잖아요. 어떤 사고방식을 가지고 어떤 삶의 방식으로 방탕하게 20년 넘게 살아왔는지 알잖아요. 솔직히 말할게요. 지구상에는 저 같은 인생이 없을 것 같아요. 사람이라면 걸을 수 없는 그런 발걸음이였어요. 내가 실직하고 이혼을 했더라도 30대 초반이면 정신 차리

고 다시 시작해 볼 수 있잖아요. 그런데 제대로 살아볼 생각을 안 했어요. 그냥 눈앞에 보이는 현실을 하루하루 살아온 거예요.

지금도 여러 한계에 부딪쳐요. 공동체 사람들과도 갈등하고 싸우고 원망하고… 나는 다른 사람들을 챙길 수준이 아닌데, 내 수준 이상을 요구할 때가 있더라고요. 처음 2, 3년은 억지로라도 했어요. 최근에는 어떤 생각이 드냐면 사실 저는 자신을 사랑한 적이 별로 없어요. 애틋한 사랑을 받아본 적도 엄밀하게 보면 없는 거예요. 엄마가 새벽 기도 갔다 와서 내 볼에 대고 우유 하나 넣으시면서 잘 잤어? 이렇게 물은 거, 대학 다닐 때 자취방에 그 높은 언덕을 올라 나를 찾아오셨던 거, 나를 위해 기도하셨던 거, 정말 선하고 순하고 착하게 성실하게 너무 열심히 사셨다는 거… 그런 거 외에 정말 애틋하게 사랑을 받은 게 없지 않나. 어머니의 잘못이 아니고 내가 자라온 환경이 그랬으니까요.

쉰네 살이 되도록 나 자신도 사랑하면서 살아오지 못했는데 그 사랑을 하라고 하면… 이제 억지로는 하고 싶지 않더라고요. 안 되면 안 된다고 솔직하게 말하는 게 정신 건강에도 좋을 것 같고요. 자신을 사랑하는 것부터 배워야 될 것 같아요. 내가 나를 애틋하게 사랑해야 다른 사람을 돌아볼 겨를이 있지 않은가. 나 자신도 돌보지 않으면서 남을 돌볼 수는 없는 것 같더라고요.

나 자신을 좀 더 돌아보고, 나를 사랑한다는 게 무엇인지 깨닫는 게 급선무인 것 같고, 거기에 에너지를 쏟아야 되는 게 아닌가. 저 자신을 사랑하는 게 뭔지 정말 느껴보고 싶어요. 마음이 한참 어두울 때는 '자신을 돌아보고, 사랑하고' 이런 생각 자체가 안 드는 거예요. 돈이 없어서 술도 못 먹을 때면 모텔에서 티브이만 보는 거예요. 사람의 모습이 아닌 거죠. 이만큼 벗어난 것만 해도 얼마나 감사한지 모르지.

다소 의아했던 건 준호 님이 애틋한 사랑을 받아본 적이 없다며 꺼내놓은 일화들이 생생한 사랑의 증거처럼 느껴져서였다. 물론 어머니와 관계 맺은 건 준호 님이고, 그 일을 어떻게 갈무리할지는 준호 님의 자유이다. 그럼에도 감히 추측해 본다면 어머니는 나름의 방식으로 최선을 다해 준호 님을 사랑했던 게 아닐까? 새벽부터 밤까지 빵집에서 쉼 없이 일했던 건 아들 삼 형제를 제대로 키우기 위해서였다. 고된 일상을 보내면서도 아침마다 우유를 챙겨주고, 아들을 위해 늘 기도했다. 없는 형편에 대학 등록금을 대주었고 반찬을 마련해 아들의 자취방을 찾았다.

같은 사건이라도 어떻게 해석하느냐에 따라 내게 미치는 영향이 달라진다. 어머니가 바빠서 애정을 충분히 주지 못한 게 아니라, 바쁜 와중에도 나름의 최선으로 애정을 주려 애썼다고 볼 수도 있지 않을까? 준호 님은 어머니의 사랑을 충분히 받지 못한 게 아니라, 어머니에게 받았던 사랑을 자각하지 못한 게 아니었을까? 순하고 선했던 어머니라면 준호 님이 기억 못 하는 아주 어린 시절에도, 몸져누워있을 때조차 늘 막내아들의 평안을 간절히 소망했을 것이다. 자신을, 나아가 타인을 사랑하기 위한 준호 님의 노력은 어머니에게 사랑받았음을 깨닫는 것에서 출발할 수도 있지 않을까?

-마지막으로 전처와 아이에게 하고 싶은 말이 있으신가요?

제가 작년에 심리극에 참석했는데 '빈 의자 요법'이라고 빈 의자에 전처가 있다고 생각하고 저 혼자 연극을 하는 거예요. 거기서 제가 많이 울었어요. 울려고 한 게 아닌데 갑자기 울음이 나오더라고요. 저는 아내한테 할 말이 없죠. 단 한 마디도. 인간으로서 하지 말아야 할 일을 했기 때문에. 하고 싶은 말은 나를 기억하지 말고 앞으로는 정말 행복했으면 좋겠어요.

제 딸이 올해 스물다섯 같은데요. 등본을 떼보면 주소가 나오긴 하는데 찾아갈 용기도 없고 얼굴도 모르고… 자기가 좋아하는 일을 하면서 최수종이나 차인표 같은 심성을 가진 좋은 사람을 만났으면 좋겠고… 전처나 딸이나 저 때문에 하나님이나 교회를 저주하거나 하나님을 떠나지 않고 건강하고 행복하게 살아가기를 진심으로 바라죠.

너도 사람, 나도 사람이잖아요

| 구술 호사인 엠디 라작 + 글 정나무 |

라작 님은 빨간 반팔 폴로티셔츠에 빨간 모자, 연청색 청바지 차림으로 사무실로 왔다. 마스크 위로 보이는 눈이 송아지처럼 크고 속눈썹이 한 올 한 올 두껍다. 매일 무거운 철판을 만지는 사람답게 팔뚝이 굵고 가슴팍이 두텁다. 이따금 발음이 부정확할 때가 있지만 술술 한국말을 잘하신다. 예전에 있었던 일을 얘기할 때는 자신의 말과 상대방이 했던 말을 번갈아 읊는데 마치 일인극을 보는 것만 같다. 마음속에서 여과 없이 쏟아져 나오는 그의 솔직한 말에 나는 깔깔 웃기도 하고 머리가 멍해져 할 말을 잃기도 한다.

-차라도 한 잔 드릴까요?

지금 라마단이에요. 아무것도 안 먹어요. 물도 안 마셔요.

-라마단 시기에는 금식을 하는군요. 이슬람교의 의식인가요?

우리 종교에서는 1년에 한 달 동안 라마단 해야 돼요. 세계에는 가난한 사람들이 많잖아요. 그 사람들은 가난해서 밥도 잘 못 먹잖아요. 잘 먹는 사람, 부자들은 가난한 사람들이 배고플 때 얼마나 힘들어하는지 몰라요. 그래서 우리 종교는 라마단을 해요. 스스로 겪어보라는 거죠. 내가 못 먹었을 때 힘들다면 다른 사람도 못 먹었을 때 힘들 거잖아요. 그걸 생각하면 가난한 사람들에게 돈을 나눠줄 수 있어요. 우리 종교에서는 실제로 부자들이 가난한 사람들에게 돈을 줘야 돼요. 그러면 가난한 사람들도 어울려서 재밌게 살 수 있잖아요. 한 사람은 너무 풍족한데 한 사람은 너무 가난하다면 문제가 있어요.

-자율적으로 하는 건가요? 아니면 종교에서 의무로 정해둔 건가요?

꼭 하라고 정해둔 거예요. 그래도 안 하는 사람도 있어요. 라마단 하면 진짜 뿌듯해요. 오늘로 26일 지났고 4일 남았어요. 새벽 4시 반까지는 먹을 수 있어요. 그 후에는 먹으면 안 되고 해 떨어지면 다시 먹을 수 있어요. 우리는 하루에 다섯 번 기도해야 돼요. 새벽하고 점심때 한 번씩, 오후 네 시 반에 한 번, 일곱 시에도 한 번, 아홉 시 반에 한 번….

-자기소개를 해 주시겠어요?

저는 방글라데시 사람이에요. 한국에 온 지 13년 됐어요. 2010년 10월 3일에 한국에 입국했어요. 대학교 경영학과 다니다가 졸업을 6개월 남겨두고 한국에 들어왔어요. 그래서 고등학교 졸업장만 있어요. 우리 가족은 아버지하고 어머니, 저하고 동생까지 네 명이에요. 동생 한 명은 지금 다른 나라에서 일하고 있어요. 저는 2015년에 결혼했고 와이프는 지금 한국에 같이 있어요.

어렸을 때 공부를 잘했어요. 한국에는 초등학교, 중학교, 고등학교가 있잖아요. 우리는 유치원 다음에 프라이머리 에듀케이션, 하이스쿨, 칼리지, 유니버시티 이렇게 있어요. 하이스쿨까지는 시골에 있었고, 칼리지부터 시내에서 다녔어요. 한국 수도가 서울이잖아요. 방글라데시 수도는 다카, 나는 칼리지 진학할 때 다카에 갔어요.

어렸을 때 아빠가 돈이 별로 없었어요. 아빠는 벼농사를 지었는데 혼자 일하니까 학교 마치고 오면 동생이랑 아버지 도와주고… 그렇게 살았어요. 우리나라는 하이스쿨 졸업하면 열아홉 정도 되는데 대부분 일하러 외국에 나가요. 고향 친구들 중에서는 하이스쿨 졸업 못하고 바로 외국에 가는 경우도 있었어요. 나는 수도로 나와서 칼리지에서 또 공부했어요. 공부하면 돈을 더 많이 벌 수 있거든요. 그다음에는 유니버시티에 갔고요.

2008년에 한국이랑 방글라데시가 협정을 맺었어요. 한국 기업이 방글라데시에서 사람을 뽑는다고 텔레비전하고 신문에서 광고도 했어요. 한국어 시험에 합격하면 일하러 갈 수 있다고요. 다른 나라에 가려면 돈이 많이 들어갔는데 한국 올 때는 돈이 별로 안 들어갔어요. 예를 들면 방글라데시에서 말레이시아 갈 때 1천만 원 필요해요. 근데 미국 가려면 3천만 원 필요해요. 경제적으로 발전한 나라일수록 돈이 더 들어요. 여러 목적으로 갈 수 있어요. 누구는 장사하러, 누구는 여행하러, 누군가는 일하러, 누군가는 공부하러 갈 거예요. 경우에 따라 드는 돈이 달라요.

-도대체 왜 이렇게 돈이 많이 들어가는 거예요?

우리나라 사람들은 어떤 경로를 거쳐야 원하는 곳에 도착하는지 잘 몰라요. 그러니까 중간에 있는 브로커들이 사람들을 연결시켜 주는 거예요. 내가 한국에 올 때는 사장님이랑 바로 연결이 돼서 돈이 조금 들어갔어요. 근데 다른 나라 갈 때는 어딜 가고 싶어도 어떻게 갈지 모르고, 현지사장이 외국인을 뽑고 싶어도 어떤 사람 뽑을지 몰라요. 혼자서 외국에 가려면 막막하기 때문에 브로커들에게 돈을 많이 줘야 해요.

-한국에 일하러 오기 전에 따로 준비하거나 공부한 게 있었나요?

먼저 한국어를 배워야 했어요. 한국에 다녀온 사람들 몇 명이 교육센터에서 한국어를 가르쳐 주고 있었어요. 처음에는 자음, 모음을 외웠고, 몇 달 공부하고 나선 읽을 수도, 적을 수도, 들을 수도 있게 됐어요. 그다음에 한국어 시험을 봤는데 200점 만점에 186점 받았어요. 2010년에 한국에 들어왔고, 처음 일을 시작한 회사에서 지금까지 일하고 있어요.

-한국은 말도 잘 안 통하고 완전히 새로운 환경이라 힘든 점이 많았을 것 같은데요. '돈을 조금 덜 벌어도 방글라데시에서 사는 편이 낫지 않을

까' 이런 생각은 혹시 안하셨나요?

당시에 대학교 졸업을 6개월 남겨두고 있어서 졸업을 할지 한국에 올지를 선택해야 했어요. 졸업하고 방글라데시에서 일하는 선배들이 있었는데 그 선배들이 얼마 정도 버는지 알고 있었어요. 우리나라에 있는 회사 다녀봤자 돈을 얼마 못 버는데 한국에 들어가면… 나도 졸업 안 하는 거 찜찜했어요. 하지만 남자에겐 졸업하는 것보다 돈이 훨씬 중요하다고 생각했어요. 일단 돈을 많이 벌면 나중에 졸업도 할 수 있으니까요.

예를 들면 지난달에 나는 360만 원 받았어요. 그런데 같이 대학 다니던 친구는 방글라데시에서 한 달에 30만 원, 40만 원 벌어요. 그 사람은 대학교 졸업했고, 나는 졸업 안 했는데 얼마나 차이가 많이 나요? 그때는 많은 친구들이 졸업도 안 하고 한국에 간다고 나에게 바보라고 했어요. 저는 바보 아니에요. 나도 공부하는 거 진짜 좋아해요. 근데 공부하고 나서 어떻게 살아갈지, 그게 훨씬 중요해요. 학력이 낮아도 부자가 된 사람들이 세상에 얼마든지 있으니까요.

책 말과 사람 말

-한국에 처음 들어왔을 때 어떤 점이 힘드셨어요?

한국에 들어오자마자 음식이 안 맞아서 너무 힘들었어요. 한국 사람들은 돼지고기 많이 먹잖아요. 우리 이슬람 사람들은 돼지고기 안 먹어요. 돼지하고 뱀하고 개고기는 안 먹고, 소고기, 양고기, 닭고기, 오리고기는 먹어요. 이런 거랑 생선도 잘 먹어요. 우리는 무조건 구워 먹어요. 한국에는 회처럼 안 구워 먹는 음식도 있잖아요. 우리는 회도 안 먹어요. 예전에 회식할 때 공장 아저씨가 '회 한 번만 먹어봐.'해서 눈 딱 감고 먹었는데 맛있었어요.

한국에 들어와 보니 책 말이랑 사람 말이 달랐어요. 책에는 '여기로 오세요.'라고 적혀 있어요. 실제로는 "야! 이리로 와!" 이러는 거예요. 우리가 어떻게 알아요, 모르잖아요? 이거는 진짜 힘들었어요. 아이고, 진짜! 처음에 왔을 때 "야, 망치 가져와!" 이러는 거예요. "망치 가져오세요." 이렇게 말하면 우리도 알아들어요. 그런데 공장에서 위에 사람들은 그렇게 말 안 하잖아요. "야, 빨리 망치 좀 가져오라고!" 하는데 무슨 말하는지도 모르겠고 많이 무서웠어요.

그때가 25살이었어요. 이 문제를 어떻게 해결해야 하나? 스스로 방법을 찾아야 했어요. 먼저 와 있던 방글라데시 분이 한국 사람하고 이야기를 많이 하면 잘 알아듣게 된다더라고요. 한국 사람들은 일하느라 바쁘잖아요? 우리 회사에는 사장님 아들, 딸도 일하러 다니는데 한국말 가르쳐 달라고 하면 "라작, 나 일하고 있어요. 말할 시간 없어요. 집에 가서 알아서 공부하세요." 이러는 거예요. 그래서 공장일 마치면 밖으로 계속 돌아다녔어요.

서창시장에 로또 파는 가게 있잖아요. 거기에 한국 누나 한 명이 있었어요. 옷가게에도 한국 누나가 있었고요. 한국에 처음 들어와서 한국말을 잘 모른다고, 가르쳐 달라고 부탁했어요. 한국 사람들이 많이 도와줬어요. 진짜 잘 가르쳐 줬어요. '높임말'말고 '안 높임말' 가르쳐 달라고 했어요. 책은 다 높임말이잖아요? 그런데 회사는 책에서처럼 높임말을 안 쓰잖아요? 일할 때 쓰는 말을 배워둬야 나중에 알아들을 수 있으니까요. 실제로는 "저기로 가세요." 이렇게 말 안 해요. "야, 빨리 가!" 이렇게 말해요. "점심 잘 먹었습니까?" 대신에 "야, 점심 먹었어?" 이렇게 말하잖아요. 이걸 배운 다음부터는 뭐든 알아들을 수 있고, 한국 사람하고 말이 통했어요. 이렇게 되는데 5-6개월 정도 걸린 것 같아요.

-배운 말이 경상도 사투리라 힘든 점도 있었을 것 같아요. 경상도 사투리는 이 지역에서만 쓰잖아요.

맞아요. 회사에 전라도 아저씨 두 명이 왔는데… 아이고, 진짜 알아듣기 어려워요. 그때는 아저씨들 말 중에 일할 때 필요한 말 딱 몇 개만 외웠어요. 한국 살다 보니 한국어를 꼭 배워야 되겠더라고요. 그 생각에 매주 일요일 12시부터 3시까지 희망웅상 이주민 한글교실에서 한국어 공부를 했어요.

한국에 오기 전에 들었어요. 같은 회사에서 4년 10개월 일하면 3개월 만에 재입국해서 4년 10개월 더 일할 수 있다고요. 그걸 생각해서 회사를 한 번도 안 바꿨어요. 2015년도에 재입국하면서 생각했어요. 나는 한국 좋아하고, 한국에서 계속 일하고 싶었어요. 5년 후에 비자가 끝나면 불법 체류가 되는데 E9(비전문 취업)에서 E7-4(숙련기능인력) 비자로 변경하면 장기적으로 한국에 머물 수 있었어요.

비자 변경할 때 한국어능력, 연간소득, 자기 나라의 학력을 봐요. 이것 외에도 몇 가지 조건을 충족하면 비자변경을 할 수 있어요. 사통(사회통합프로그램-KIIP)은 5단계까지 합격했어요. 사통 5단계까지 합격하기 진짜 어려워요. 사통 시험은 2년 동안 준비했고, 2020년에 E7-4 비자로 변경할 수 있었어요.

-사통 5, 6단계 교재는 제가 보기에도 엄청 어렵더라고요. 제가 아는 분은 한국에 10년 넘게 살았고 한국말도 잘하는데 5단계 시험을 통과 못했어요. 이걸 회사 다니면서 준비하신 거잖아요.

너도 사람, 나도 사람이잖아요

우리 회사는 바빠서 일요일에 일할 때도 많았어요. 과장님이 일요일 날 나와 달라고 해서 미안하지만 공부하러 가야 된다고 했어요. 나 그때 욕 많이 먹었어요. "이 새끼야, 너 한국에 공부하러 왔어? 일하러 왔잖아. 너 공부하러 가면 나는 일 누구랑 하냐?" 그때 얘기했어요. "과장님, 나 왜 공부해요? 공부해서 합격하고 비자변경하면 나 이 회사에서 오래오래 일할 수 있어요. 그러면 과장님도 엄청 편하잖아요? 오래 일해서 일 다 알아,

한국말도 다 알아. 내가 비자 못 따고 방글라데시 가면 과장님 힘들어요, 안 힘들어요? 내가 있으면 과장님도 좋잖아요? 그러면 이 정도는 참아야죠." 그랬더니 "알았어, 괜찮으니 공부하러 가."라고 했어요. 지금은 많이 편해요. 비자 기간 끝날 때쯤 다시 등록만 하면 체류기간을 연장해 줘요. 가족들도 데려올 수 있고요.

라작 님은 일요일에 공부하러 가는 과정에서 생긴 일을 설명하려 한 것이지, 과장을 비난하려는 의도로 이 얘기를 꺼낸 게 아니다. 나는 과장의 '이 새끼야'가 마음에 걸렸다. 욕설을 했다는 자체보다 욕설을 하는 것에 대한 문제의식이 전혀 없다는 게 불편했다. 이 욕설은 심각한 갈등상황에서 나온 것이 아니다. 이주민에게 이 정도 말쯤은 욕설도 아니라고 생각하는 것이다. 라작 님이 과장에게 '이 새끼야'라고 했다면 과장은 자연스럽게 받아들일 수 있었을까?

라작 님은 노력이 몸에 밴 사람이다. 한국 사회에 적응해 살아남기 위해 입에 안 맞는 음식을 먹고 공장일을 익혔다. 얼마 안 되는 자유시간을 쪼개가며 필사적으로 한국말도 배웠다. 그래서 한국말로 인터뷰까지 할 수 있게 된 것이다.

나는 라작 님이 한국에 적응하는 과정에서 부지불식간에 익힌 것이 또 있다고 생각하는데 그것은 웬만한 부당함과 웬만한 폭력에 대한 체념이다. 한국인들은 성장과정에서 자연스레 익히는 그것을 라작 님은 한국에 오고부터 익혀야 했을 것이다. 한국의 학교, 군대, 병원, 회사에는 일상적인 폭력의 문화가 있다. 이것은 사람들의 말과 행동에 알게 모르게 배어 있어서, 하나하나 딴지를 걸기 시작하면 사회생활 자체가 어려워진다. 이주노동자인 라작 님은 일상적으로 겪는 폭력의 수위가 한국 사람들보다 높았을 것이다. 회사상사의 '새끼'정도는 별일 아닌 듯 넘겨야 하는 것이다.

-이주민들이 E9에서 E7으로 변경하는 게 엄청 힘들다고 들었어요. 시간이랑 품은 많이 들어가는데 일은 일대로 다 하면서 준비해야 하니까.

제가 비자 준비할 때는 한 달 내내 일하고 첫째, 셋째 일요일만 쉬었어요. 요즘은 우리 회사도 일요일은 일 안 해요. 다른 이주민 직원들한테 많이 얘기해요. "너는 얼마나 다행이냐, 나는 예전에 일요일에 공부하러 갈 때 욕 엄청 먹었어. 지금은 욕은 안 먹잖아?"

회사에서 비자 바꾸려고 두 명이 공부하고 있어요. 예전에는 공부하는 사람이 저밖에 없었어요. 모르는 게 있어도 물어볼 사람이 없잖아요. 이 사람들은 공부하다 이해 안 되면 나한테 물어봐요. 욕도 안 먹지, 일요일에 일도 없지, 선생님도 있지. 얼마나 좋아요.

한국말을 잘 못할 때 같이 일하던 한국 아저씨가 실수를 했어요. 사장님이랑 과장님이 누가 이랬냐고 물었을 때 아저씨가 "나는 몰라, 라작이 했는데?" 이러면서 잘못을 떠넘기는 거예요. 그때는 말을 모르니 그냥 "네, 네."이러면서 넘어갔죠. 한국말공부를 하고부터는 그런 일이 없었어요. "이거 아저씨가 잘못한 거야, 내가 한 일 아니에요."라고 말할 수 있어요. 말 못 한다고 외국 사람에게 자기 잘못 떠넘기는 한국 사람들이 있어요. 이거 진짜 비겁해요.

우리 회사는 배 부품 만드는 회사예요. 자재가 엄청 무거워요. 자기가 일할 때 필요한 자재는 자기가 옮겨와야 하잖아요. 근데 자기가 하기 싫다고 저를 부려먹으려는 거예요. "야! 이리 와 봐. 이것 좀 들어봐. 이 새끼 빨리 안 해? 니가 좀 해!" 그런데 한국말할 줄 알면 나한테 그런 소리 못해요. 그렇게 얘기하면 내가 따질 수 있다는 걸 아는 거예요. "나도 바빠요. 내 거 내가 해요. 아저씨 거 아저씨가 하세요." 혼자 들기 힘든 건 도와줄 수 있어요. 그런데 자기가 할 수 있는데도 외국인이라고 시켜 먹으려면 안되죠.

한국 사람하고 싸운 적이 있어요. 용접하는 사람이었어요. 나는 사상(그라인더로 철판을 갈아내는 일)을 해요. 용접사가 용접을 하면 이 자재가 사상 하는 사람한테 가요. 용접을 잘하면 사상하는 사람도 편해요. 근데 용접을 엉망으로 해놓으면 사상하는 사람은 너무 힘들어요. 혼자 하는 일이 아네요. 뒤에 사람 일할 거 생각하며 일해야 돼요, 맞아요? 뒷사람이 힘 안 들이고 빨리빨리 일할 수 있으면 회사에도 좋아요.

이 용접사는 빨리빨리 하려다 철판에 구멍도 내고 스패터(용접불똥)도 많이 남겨요. 스패터가 많이 남을수록 그라인더로 많이 갈아야 돼요. 용접을 잘하면 사상도 한 번 딱 갈면 끝이거든요. 왜 이렇게 엉망으로 하냐면 이 사람은 매달 용접한 만큼 돈을 받아가요. 그래서 용접을 빨리, 많이 하려고 해요. 나는 일한 시간만큼 돈을 받아요. 자기가 돈 많이 벌려고 이렇게 엉망으로 해놓으면 나는 얼마나 힘들겠어요? 40짜리 앵글 용접 할 때랑 100짜리 앵글 용접할 때는 다르게 해야 해요. 내가 "앵글마다 다르게 해 주세요, 너무 힘들어요." 부탁해도 똑같이 하는 거예요. 계속 가서 말하니까 이 사람이 "야 이 새끼야, 니가 뭔데 이래!" 하고 소리쳤어요. 저도 같이 화를 냈어요.

"니가 돈 많이 벌고 싶어서 계속 그런 식으로 일하면 내가 얼마나 힘든지 몰라?"

"나는 몰라."

"모른다고? 왜 몰라? 넌 알아야 돼!"

"야 이 새끼야, 나는 한국 사람이야!"

"난 상관없다. 니가 한국 사람이라고 해도 상관없어. 왜? 너도 사람, 나도 사람이잖아요. 너는 편하게 일하면서 돈 버는데 왜 나는 너 때문에 힘들어야 돼? 대답해 봐!"

"야, 니가 나한테 그딴 식으로 말해?"

"그래, 그렇게 말해. 나는 몇 번을 좋게 얘기했어. '형, 잘 부탁해요. 이렇게 하면 나는 엄청 힘들어요.' 몇 번을 얘기했어. 아무리 얘기해도 내 말 안 듣고 마음대로 작업하면 어떻게 해? 니가 내 자리에 가. 내가 용접할 테니 니가 사상해라!"

주먹 안 쓰고 그냥 말로만 싸웠어요. 그러고 나서 사무실에서 사장님,

과장님하고 부장님, 우리 두 명 앉아서 누가 뭘 잘못했는지 하나하나 얘기했어요.

"이 물건 내일 납품해야 돼요. 이렇게 엉망으로 용접하면 사상을 다 못 해요. 다 못하면 이 물건이 납품 못 가요. 납품 못 하면 우리 사장님은 돈 못 받아요. 사장님은 돈 못 받으면 우리 월급이 안 나와요. 맞아요, 안 맞아요?"

사장님이 내 말을 듣고 그 사람에게 "야! 너 왜 그랬어!" 혼냈어요. 이 사람이 그다음부터는 진짜 잘해줬어요.

한국인이 갑질을 하고 이주민 노동자가 일방적으로 당하는 이야기만 숱하게 들었다. 내 생각의 틀에서 이주민 노동자는 억울하고 서러워도 꾹꾹 참는 존재였지 반박하고 싸우는 사람이 아니었다. 라작 님과 이야기를 나누며 이주민도 한국인에게 반말하고 소리칠 수 있다는 당연한 사실을 새삼 깨달았다.

이주민들은 일터에서 불합리한 일을 당해도 참는 경우가 많다. 부당한 일에 맞서려니 심장이 쿵쿵 뛰고 두렵다. 한국말이 서툴다 보니 조목조목 의사를 전달할 자신도 없다. 괜히 따졌다가 찍힐까 봐, 회사생활이 고달파질까 겁도 난다. 체류자격이 불안정할수록 아무 분란도 안 일으키고 조용히 생활하려는 경향이 있다. 당사자들의 대응이 없다 보니 무례와 차별이 일상적으로 이어진다.

겁이 나도 부당한 일은 부당하다고 말해야 한다. 싸울 일이 있을 때는 맞서 싸우기도 해야 한다. 이건 초등학교 교실에서부터 직장 내 관계에까지 한결같이 적용된다. 괴롭힘에 시달리는 사람들이 숨죽인 채 견디기만 하는 건 괜히 저항했다가 상대를 자극해 더 심한 괴롭힘을 당할까 봐 두렵기 때문이다. 역설적으로 그런 무저항이 상대의 오만불손과 폭력을 지속시킨다. 타인에게 못됐게 구는 사람들은 저항 못할 거라고 짐작되는 유약한 사람을 표적으로 삼게 마련이다.

자기주장을 하지 않으면 상대는 나를 뚜렷하게 인식하지 못한다. 부당한 대우에 이의를 제기하고 화를 내는 건 감정과 욕구와 자존심을 지닌 사람이 여기에 있음을 알리는 일이다. 나도 혈관에 피가 도는 인간이란 걸 상대에게 인식시키는 일이다. 자기 존재를 오롯이 드러내는 사람과 맞서는 건 누구에게나 부담이 된다. 부당한 일에 목소리를 내야 상대도 나의 목소리를 통해 자기 행동을 돌아볼 여지가 생긴다.

이게 다 말을 할 수 있으니까 가능한 일이에요. 말을 못 하면 아무것도 모르는 채로 살아야 돼요. 말을 잘하면 물건 값도 깎을 수 있고요. 그러니까 한국에 살려면 한국말 진짜, 진짜 배워야 돼요. 어떤 사람은 한국에 산 지 5년, 10년 됐어도 '알았어', '몰라요' 이런 말밖에 못 해요.

8년 전쯤에 아저씨 한 명이 새로 들어왔는데 "야, 너는 외국인이고 나는 한국인이니까, 내가 말하면 너는 시키는 대로 해." 이러는 거예요. "내가 왜 시키는 대로 해요? 나는 회사일 잘 아는데 당신은 한국 사람이라도 일 모르잖아요." 사장님도 새로 사람 들어오면 나한테 일 시키라고 했거든요. 우리 회사는 일하는 시간에 담배 피우고 커피 마시고 화장실 가고 이러면 안 돼요. 그런데 그 사람은 일하다가 자리 비우고 담배 피우고… 이러면 안 된다니까 짜증을 내요. "야, 나 한국 사람이야, 이렇게 할 수 있어.", 일을 시키면 "새끼야, 나는 한국 사람이야. 니가 뭔데 이렇게 말해!" 이런 식으로 나와요. 한국 사람이 외국 사람보다 우월하다고 생각하는데 그런 건 아니잖아요.

일할 때 외국 사람이 한국 사람을 많이 도와줘요. 우리 눈에 이상해 보이는 건 한국 사람은 외국 사람을 그만큼 안 도와줘요. 이 사람은 외국인, 우리는 한국인 이렇게 구분지어요. 이 생각은 진짜 바뀌어야 돼요. 일할 때 외국인, 한국인이 무슨 상관인가요?

왜 우리에겐 혜택을 안 줘요?

한국 사람들은 돈 벌면 한국 정부에 세금 내잖아요. 우리 외국인들도 세금 내요. 그런데 혜택은 한국 사람들처럼 못 받아요. 예를 들면 올해 1월 1일부터 한국 여성이 출산하면 한 달에 70만 원씩 받고 일 년 후에는 35만 원씩 받아요. 그런데 우리 외국인은 못 받아요. 왜 그런 거예요? 한국이 점점 발전하는 건 한국에 사는 사람들이 열심히 일해서잖아요. 우리도 한국 사람들처럼 일하잖아요. 그러면 왜 한국 사람한테만 혜택 주고 우리에겐 안 줘요?

제가 외국 사람인 건 알아요. 한국 사람은 죽을 때까지 한국에서 일하고 세금도 많이 내잖아요. 우리는 몇 년만 살다가 고향 갈 수도 있어요. 그렇다면 한국 사람이 받는 혜택의 50%라도 줘야 되잖아요? 나는 이게 진짜 이상해요. 우리 사장님이 1년에 세금을 천만 원 냈다 쳐요. 우리 회사는 한국 사람이 5명, 외국 사람은 15명이에요. 그런데 5명은 복지혜택을 100% 받고 15명은 빵점 받아요. 15명이 일 안 하면 한국은 세금 천만 원을 못 받잖아요. 맞아요? 이거 진짜 바꿔야 돼요. 나는 보통 사람이에요. 높은 자리에 있는 사람들이 어떻게 생각하는지 모르겠지만 내 생각은 이래요.

애기 공부하는 어린이집하고 유치원도 외국인 아이보다 한국 사람 아이가 혜택을 많이 받아요. 버는 돈은 같은데 혜택이 적으면 살아가기가 어렵잖아요. 이게 해결이 돼야 한국 사는 외국인들도 잘 살 수 있어요. 작년에는 많은 외국인들이 한국을 떠나서 다른 나라에 갔어요. 한국에서는 비자받는 게 많이 어려워요. 나는 한국에서 일한 지 13년 됐잖아요. 호주, 미국, 캐나다 같은 나라에서 이 정도 머물렀으면 체류자격을 얻을 수 있었을 거예요. 근데 한국에서 체류자격 얻기가 많이 어려워요. 비자받기가 이렇게 어려우면 외국인들이 오기를 꺼려할 거예요.

까다로운 한국 체류조건

한국에 올 때 방글라데시 사람 두 명이 저랑 같이 왔어요. 5년이 지났을 때 저는 체류조건을 맞춰서 비자를 연장할 수 있었는데 두 사람은 비자 변경을 못 해서 방글라데시로 돌아갔어요. 출입국법이 자주 바뀌어요. 몇 년 전만 해도 E7-4를 취득하고 1년 있으면 바로 F2(거주비자-영주권 취득 및 취업에 E7비자보다 유리함)로 갈 수 있었어요. 조금 지나니까 기간이 1년에서 5년으로 바뀌었어요. 법이 자주 바뀌면 혼란스러워요. 체류조건 맞추는 게 보통 일이 아니잖아요.

지금 나는 E7-4 비자예요. E7-4에서 F2로 변경하려면 한 달에 월급을 350만 원 이상 받아야 되고 사회통합 프로그램도 4단계를 이수해야 해요. E7-4 비자를 취득한 지 5년 이상 지나야 되고요. 다른 나라들은 조건이 이렇게까지 까다롭지 않아요. 나는 월급이 많아서 조건을 맞출 수 있지만 보통의 경우는 이런 조건을 맞추는 게 지나치게 어려워요. 외국인들이 오래오래 일할 수 있으려면 이 조건을 좀 쉽게 고쳐야 해요.

한국사장님들이 외국 사람 왜 뽑는지 알아요? 어떤 일은 한국 사람은 못해, 하기 싫어해요. '너무 힘들어, 너무 더러워, 일하는 시간이 너무 길다'라고 해요. 이런 상황에서 한국 사람이 안 하는 일은 외국 사람이 해야 해요. 맞아요? 이렇게 머물기 어렵게 해 놓으면 외국인들은 몇 년 일하다 떠나요. 이건 한국에 손해예요. 외국 사람 그만둔 일자리에 어떤 한국 사람이 일하려고 하겠어요? 법을 쉽게 만들어서 계속 일할 수 있게 되면 나라경제도 발전하잖아요.

몇 년 전 공공근로를 함께 하던 50대 중반의 아저씨에게 '외국인 노동자들이 일자리 다 뺏어간다, 한국인들이 일할 자리가 없다'는 말을 들었다. 이주민들이 한국인들의 일자리를 뺏어간다는 생각은 이주민에 대한 잘못된 편견 중 하나다. 현실은 그와 반대다. 이제 한국공장은 이주민들 없이는 돌아가지 않는다. 라작 님은 한국의 공장에서 이주민 노동자들을 쓰는 이유를 정확하게 이해하고 있다. 작업환경은 위험하고 더러우며 일은 고돼서 한국인들은 일하길 꺼리는 것이다.

한국에서 별다른 자격요건을 요구하지 않는 일자리는 노동강도가 지나치게 높다. 노동상담소를 찾은 분들 중에는 일의 고됨을 호소하는 분들이 많았다. 근무하는 동안 체중이 10킬로 빠진 분, 퇴근하면 진이 빠져서 아무것도 할 힘이 없다는 분도 있었다. 이윤에 초점을 맞춘 작업환경은 노동자의 육체를 한계까지 밀어붙인다. 일의 힘듦이 일정 한도를 넘어서면 일은 그저 억지로 견디는 것이 돼 버린다. 앞선 세대의 많은 노동자들이 인간답게 일할 수 있는 일터를 만들기 위해 싸워왔지만, 사람을 소모품 취급하는 사업장은 여전히 수없이 남아 있다. 바뀌지 않는 일터에는 이주민 노동자들과 그곳을 떠날 수 없는 한국 사람들만 남았다.

나는 방글라데시에서 태어났어요. 맞아요? 그러면 나 방글라데시 사람이죠. 한국에서 태어났으면 한국 사람이죠. 근데 내 아이가 한국에서 태어나면 어떻게 되죠? 아기가 한국에서 태어나면 한국에서 자라서 학교도 가게 되잖아요. 그런데 친구들한테 '너는 아빠가 다른 나라 사람이라 한국 사람 아니야'란 말 들으면 얼마나 슬프겠어요. 태어난 장소가 제일 중요해요. 이 땅에서 태어난 사람은 이 땅 사람이에요. 사람은 태어난 곳에서 자라게 되니까요. 호주, 미국, 캐나다는 그 땅에서 태어나면 그 나라 사람이에요. 엄마, 아빠가 어느 나라 사람이건 상관없이요. 그런데 한국은 부모님 국적을 따라가요. 한국은 인구가 점점 감소하고 있잖아요. 이 아기가 한국 사람 되면 한국에도 좋잖아요. 아기가 한국 국적이면 한국에서 열심히 일하게 될 텐데 이게 한국에 손해예요? 손해 아니잖아요.

-라작 님은 한국에 계속 머물려고 사통 시험을 준비하고 소득 수준도 유지하면서 끊임없이 애를 써왔잖아요. 저는 한국에서 지내기 위해 딱히 노력할 필요가 없어서 누군가가 이런 문제로 고민할 거라곤 생각도 못했어요. 차별받는 당사자가 아니면 차별이 있는지조차 모르고 살아갈 수도 있는 것 같아요.

한국 병원, 방글라데시 병원

2017년도쯤에 황달병에 걸렸어요. 종합병원에 입원했는데 과장님 하고 사장님이 문병 와서 잘 나을 거라고, 걱정 말라고 해줬어요. 치료가 잘 안 되면 평생 약을 먹어야 된다고 했는데 다행히 치료가 잘 됐어요. 입원해 있는 동안 한국 병원이 치료하는 방식이랑 간호사랑 의사가 환자 대하는 게 진짜 마음에 들었어요.

방글라데시는 입원기간 동안 먹을 약을 한 번에 줘요. 언제, 어떻게 먹는지 알려주면 환자나 환자 가족이 알아서 약을 챙겨야 돼요. 한국에는 밥 먹을 때면 간호사가 약을 가져다줘요. 바로 먹으라고 하고, 조금 있다 또 와서 "먹었어요? 안 먹었어요?" 물어봐요. 안 먹은 사람은 꼭 먹어야 돼요. 약은 정확하게 챙겨 먹는 게 중요하잖아요. 한국 병원은 이런 부분이 좋아요.

방글라데시에서 우리 엄마가 도시에 있는 병원에 입원한 적이 있어요. 밤이 되니까 간호사들이 그냥 자는 거예요. 다 자고 있었어요. 한국 간호사들은 잠을 안 자요. 밤에 침대에서 자다가 깼는데 간호사가 '미안해요' 하면서 혈압이랑 체온재고 있었어요. 이렇게 챙겨주니 나는 얼마나 편해요? 열나서 머리가 아프면 머리 약만 주면 되는데 방글라데시 병원은 돈을 많이 벌려고 머리 약, 배 약, 온갖 약을 다 줘요. 한국에서는 딱 필요한 약만 줘요. 장사라 생각 안 하고 병 걸린 사람을 생각해요. 그때부터 나는 한국 병원을 믿어요. 나쁜 점이 있는데 치과는 보험이 잘 안 돼서 치료비를 전부 내야 해요. 이건 좀 바뀌어야 되는데….

방글라데시 커뮤니티

-이 지역에 알고 지내는 방글라데시 분들이 있나요?

이 동네에 50명쯤 되는 방글라데시 커뮤니티가 있어요. 이주민들에게는 커뮤니티가 꼭 있어야 돼요. 방글라데시 사람이 새로 들어오면 우리가 가서 설명해 줘요. 한국말은 어떻게 배우고, 통장은 어떻게 만들고… 시간이 지나면 비자 변경에 대해서도 상담해 주구요. 우리나라에도 한국처럼 명절이 있잖아요. 회비로 음식 마련해서 명절도 같이 보내요. 커뮤니티에선 2년에 한 번씩 회장선거를 해요. 지금 회장은 저구요. 올해 말에 다시 투표를 하는데요, 한번 회장을 했던 사람은 다시 할 수가 없어서 저 말고 다른 사람들이 후보로 나올 거예요.

커뮤니티가 있으니까 여러모로 좋아요. 사람들이 페이스북을 하는데, 누군가 어려운 일을 겪을 때 페이스북에 올리면 다른 사람들도 알게 돼요. 그럴 때는 친구들 몇 명이 붙어서 문제를 같이 해결해요. 월급 제대로 못 받은 사람이 있으면 같이 회사에 가서 얘기하고, 우리가 못하면 외국인노동자지원센터 선생님께 부탁해요. 사고 나서 몸을 다쳤을 때도 같이 돕구요.

우리는 지금 오는 사람들보다 먼저 한국에 왔어요. 아무 도움 없이 생활하는 게 얼마나 어려운지 알잖아요. 그거 생각해서 이 동네에 오랫동안 있던 사람들이 커뮤니티 만들었어요. 내가 운전면허 딸 때는 어떻게 준비할지 몰라서 진짜 힘들었어요. 얼마 전에는 누가 운전면허증 따고 싶다고 해서 '필기는 이렇게 준비한다, 중고차는 어디에서 사야 된다'고 다 얘기해 줬어요.

며칠 전에 친구 한 명이 마트에 장을 보러 갔는데요. 불법주차를 해서 벌금이 3만 2천 원 나왔어요. 그 친구가 벌금고지서를 읽을 줄 몰라서 회사 사람에게 "형, 이 편지가 뭐예요?"하고 물어봤대요. "야, 주차금지구역에 주차하면 안 되는 거 몰라? 너 3만 2천 원 내야 돼." 그 친구가 벌금고지서 사진이랑 이 이야기를 페이스북에 올렸어요. 그걸 보면 다른 사람들도 불법주차에 대해 알 수 있으니까요.

화장실 못 가게 하는 회사

-라작 님은 한국어를 잘하시니까 방글라데시 분들 상담하는 경우가 많잖아요. 상담한 사례 중에서 인상 깊었던 일이 있어요?

소주공단에 있는 회사에서 우리 친구 네 사람이 일했어요. 드럼통 안에 화학약품 찌꺼기 있잖아요. 그걸 청소하는 일인데 월급은 적고 일은 너무 위험해요. 지금은 마지막 체류기간 1년만 한 회사에서 일하면 귀국했다가 다시 그 회사로 올 수 있어요. 예전에는 4년 10개월 동안 한 회사에서 일해야 다시 올 수 있었어요. 그래서 친구들은 월급 적고 힘들고 위험해도 그 회사에서 계속 일했던 거예요. 다시 돌아왔을 때 회사를 옮기려고요. 이런 회사에서 누가 일하고 싶겠어요? 나중에 회사를 옮기려니까 사장님이 사인을 안 해줬어요.(재입국 특례는 해당 기업에서 계속 일하는 조건으로 허용되는 것이므로 사업장변경시 사업주의 동의가 있어야 함)

"사장님, 월급 작게 받아도 일해줬잖아요. 우리 이제 체류기간 5년 남았어요. 그동안에 돈 많이 벌어서 집에 가야 하잖아요. 월급도 안 올려주면서 계속 여기서 일 하라면 우리는 어떻게 해요?"

"너희 사정은 상관없어! 그냥 우리 회사에서 일해!"

대사관에 전화도 하고 외국인노동자지원센터 도움도 받아서 지금은 네 명 다 다른 회사에서 일하고 있어요.

작업시간이 아침 8시부터 오후 1시까지인데 중간에 화장실을 못 가게 하는 회사가 있었어요. 누구나 일하다가 급할 때는 '오줌 싸러'가야 되잖아요. 우리도 화장실은 쉬는 시간에 가야 되는 거 알아요. 그런데 일하다 중간에 가야 될 때도 있잖아요. 화장실 갔다 오는데 2분 걸려요. 맞아요? 못 가고 계속 일하면 아프잖아요. 아파서 일 못하면 회사 손해잖아요. 그냥 갔다 와서 재밌게 일하면 일도 빠르게 할 수 있어요. 이런 회사는 신고하거나 그만두고 다른 데 가야 돼요. 외국 사람이니까 화장실 가지 말란 말을 쉽게 할 수 있는 거죠. 한국 사람한테 이렇게 얘기할 수 있어요? 없잖아요? 요즘 세상에 누가 이렇게 일해요? 사장님들 생각이 좀 바뀌어야 돼요.

-한국인들이 이주민들 함부로 대하잖아요? 근데 한국은 같은 한국 사람끼리도 함부로 대합니다. 돈을 적게 받거나 고생스러운 일을 하는 사람들은 한국 사회에서도 무시를 당해요. 한국 사람들이 기를 쓰고 더 좋은 직장에 들어가려는 건 돈을 많이 벌고 싶어서이기도 하지만 한편으로는 직장이 변변치 않고 돈이 없으면 푸대접받고 무시당하기 때문이기도 해요. 그게 너무 고통스럽거든요.

다른 사람을 돕는 이유

-본인 일도 바쁘신데 다른 방글라데시 분들 어려운 일 생기면 상담하고 통역도 해 주시잖아요. 근무시간이 길어서 쉴 시간도 별로 없을 텐데 이렇게 하시는 이유가 있나요?

처음에 한국 왔을 때는 곤란한 일이 생겨도 도와줄 사람이 없었어요. 나는 그게 얼마나 막막한지 알아요. 지금은 누가 전화해서 "형, 나 이거 못 알아듣겠어요, 어떻게 하는지 몰라요." 이렇게 도와달라고 하면 아무리 바빠도 꼭 가야 돼요. 그럴 때마다 처음 왔을 때 기억이 나요. 나도 많이 힘들었는데 이 사람은 얼마나 힘들까 하구요.

어제도 전화가 왔어요. 한국에 들어온 지 한 달 된 사람들인데 월급이 생각보다 적었나 봐요. 와이프 병원에 데려다주고 바로 그 사람들한테 갔어요. 며칠 일했는지, 잔업은 몇 시간 했는지 물어보고 계산해서 적어줬어요. 나중에 사장님한테 임금명세서 요청하라고 하구요. 임금이 왜 이렇게 나왔는지 알고 나니까 안심하더라고요. 그 사람들이 편해지니까 내 마음도 편해지고요. 이것 때문에 바빠도 다른 사람들을 도우려고 해요.

오늘 방글라데시 축구팀 경기가 있었는데요. 저는 선수가 아니라 안 가도 상관이 없어요. 다른 사람들도 별 말 안 해요. 근데 사람들이 와달라고 해서 휴일인데도 안 쉬고 축구장에 갔어요. 밥 같이 먹고 사진도 찍었어요. 사람들이 같이 찍은 사진을 페이스북 페이지에 올려요. 제가 그래도 방글라데시 커뮤니티 회장인데 사진에 없으면 좀 부끄럽잖아요. 내가 방글라데시 사람들에게 인기가 좋아요. 내가 가면 많이 좋아해요.

휴일에 한 시간 자면 몸은 진짜 편해요. 그런데 그 한 시간을 다른 사람 도와주는 데 쓰면 그 사람은 평생 저를 좋은 사람으로 기억해요. 저한테는 어려운 상황에 있는 사람을 돕는 게 한 시간 자는 것보다 훨씬 중요해요. 몸은 조금 힘들어도 다른 사람이 좋아하면 마음이 편해요. 다른 이유는 없어요. 사람은 언제든 죽을 수 있잖아요. 보통 사람 죽으면 끝, 거기까지죠. 한국에 온 지 13년 됐어요. 내가 10년 후에 방글라데시로 돌아갔을 때 이 지역에서 '라작은 어려운 일 생기면 바로 와서 도와줬어. 이제는 라작 같은 사람이 없어.' 이런 이야기가 나오면 기쁠 것 같아요.

-내가 예전에 괴로웠어도 그건 그때 일이고 저 사람 힘든 건 저 사람 사정이고… 이렇게 생각하는 사람들도 많을 것 같아요. 내가 힘들었다고 다른 사람 힘든 사정까지 헤아려 주는 사람은 흔하지 않은 것 같아요.

라작, 눈이 진짜 정확하다!

방글라데시 공동체에는 나보다 돈 많이 버는 친구들도 있어요. 자기네 회사에서 같이 일하자고 몇 번 권하기도 했고요. 안 가겠다고 했어요. 나한테는 돈이 다가 아니거든요. 예를 들어 지금 회사에서 350만 원, 다른 회사는 400만 원 받는다고 쳐요. 지금 회사에 있으면 마음 편하게 일할 수 있어요. 다른 데로 이사 가면 주말에 축구랑 크리켓도 못하고 아는 사람도 몇 명 없어요. 나한테는 50만 원 보다 이게 더 중요해요.

우리 부장님은 다른 사람이 일 생겨서 회사 못 나온다고 했으면 틀림없이 "지금 말고 쉬는 시간에 말해!" 하면서 화냈을 거예요. 제가 와이프 출산 때문에 일주일 동안 못 나온다고 하니까 "괜찮아, 잘 갔다 와. 돈 필요하면 전화해." 해요. 퇴근 전에 사무실에 가니까 부장님이 봉투를 주는데 20만 원 들어있었어요. 사장님 딸이랑 아들도 봉투를 주고요. 이건 사랑이죠. 단순한 돈이 아니라 사랑이 있는 돈이잖아요. 다른 회사 가서 50만 원 버는 것보다 이 관계가 더 소중해요.

-라작 님이 일도 열심히 하고 사람들한테 싹싹하게 대하니까 회사 사람들도 좋아하는 게 아닐까요?

같이 일하려면 그렇게 해야 돼요. 우리 사장님이 그렇게 얘기했어요. "라작, 너 두 손으로 일하지? 같이 일하는 사람이 다섯 명이면 손이 열 개잖아? 다른 사람들에게 일하는 방법을 잘 알려줘. 너 혼자 열심히 하는 것보다 다른 손 열 개가 빨리 움직이는 게 이익이 많이 남아. 회사가 돈 많이 벌면 너에게 월급도 많이 줄 수 있어."

우리 사장님 작은 아들이 취부(두 부재를 조립할 때 부재의 면이 맞닿는 부분을 조립하는 작업)를 해요. 취부하고 용접해서 그다음에 나한테

와요. 내가 사상하고 나서 큰아들하고 나하고 물건을 납품해요. 앞사람이 작업을 하는데 물건이 이상해 보였어요. 위쪽에 구멍 뚫는 표시가 없으면 아래쪽으로 작업을 해야 되거든요. 근데 물건이 잘못된 걸 취부 하는 사람도, 넘겨받는 사람도 몰랐어요.

내가 가서 그런 식으로 하면 안 된다고 했어요. 어떻게 아냐, 확실하냐 물어봐서 이 물건 여러 번 작업해 봤다고, 확실하다고 했어요. 사무실에 도면을 가져 다 달라고 해서 확인해 보니까 내 말이 맞아요. 큰아들하고 작은아들 둘 다 '라작, 눈이 진짜 정확하다!'고 감탄했어요. 저는 자재들이 눈에 익어서 잠깐만 봐도 물건이 정상인지, 이상한지 다 알아요. 어떤 과정에서 누가 잘못했는지, 나중에 어떤 부분이 작업하기 까다로울지 다 알 수 있고요. 회사 사람들도 용접하기 전에 라작하고 먼저 의논하라고 해요. 그러면 일이 훨씬 수월하다고요. 이런 사람 있으면 회사에서 얼마나 믿음이 가겠어요?

-저 같아도 엄청 믿겠어요. 이게 평소에 자세하게 관찰하고 이래저래 생각도 많이 해봐서 한번 보고 딱 아는 거지, 무조건 오래 한다고 되는 건 아닌 것 같아요.

이 물건이 어떤 공정을 거쳐서 나오는지, 각 공정마다 어떤 식으로 작업하는지 다 알아야 돼요. 사상도 그냥 하면 안 되고 물건마다 구멍을 몇 개 뚫는지, 구멍크기는 7인지, 10인지 하나하나 알아야 돼요. 그렇게 일에 대해서 자세하게 알면 사장님이랑 직원들이 많이 좋아해요. 한국 사람은 일을 많이 사랑하잖아요.

우리 아빠는 돈 안 줘

한국은 어떤 점이 좋은지 아세요? 우리 사장님 아들, 딸도 직원들처럼 월급 받고 일해요. 아침에 우리랑 같이 출근해서 출근카드 찍어요. 나는 이거 한국에 들어와서 처음 본 거예요. 방글라데시에서 우리 아빠가 사장이었으면 나는 외제차 타고 놀러 다니지, 일 안 했을 거예요. 우리 사장님 아들 진짜 힘들게 일해요. 아빠가 돈이 많은데도 일을 엄청나게 해요. 취부 하죠, 쓰레기 태우죠, 고철도 하죠….

밥 먹을 때도 우리 사장님은 우리랑 똑같은 밥 먹어요. 우리나라 하고 파키스탄, 인도, 네팔 이런 나라에선 사장님 가족이랑 직원들이 따로 먹어요. 음식도 보통 근로자들보다 더 좋은 거 먹고요. 사무실에 일하는 사람들은 직급이 더 높잖아요. 사무실 사람들이 생선 먹으면 공장 사람들은 계란 먹어요. 한국에서 근로자하고 사장님이 똑같이 먹는 거 보고 많이 놀랐어요.

-그 사장님은 아들, 딸에게 힘들게 일을 시키잖아요? 아마 자녀들을 독립적으로 키우려는 분 같아요. 안 그런 사장님도 많을 거예요. 부모님이 돈이 많거나 커다란 건물을 갖고 있으면 자식들이 띵가띵가 놀고먹는 경우도 많다고 들었거든요.

사장님 작은 아들이 결혼할 거래요. 결혼 준비 어떻게 하고 있냐니까 아파트 사고 차도 사려니 돈이 많이 필요하대요.

"왜 사? 아빠한테 돈 달라고 하면 되잖아?"

"안 돼~ 우리 아빠는 돈 안 줘. 결혼식 때 축의금 조금 주는 게 다야"

와 진짜… 이게 얼마나 멋져요?

-너무 건강하죠. 부모 지원이 없어야 자기 힘으로 뭔가를 해보려고 하고 그러면서 성장하잖아요.

사장님 아들은 자기가 힘들게 일하니까 아빠가 얼마나 힘들게 돈 모았는지 알잖아요. 아빠 돈 그냥 가져가서 쓰면 잘 모르잖아요. 자기가 버는 사람은 쓰기 전에 많이 생각해서 꼭 필요한 데 써요. 맞아요? 그냥 받은 돈은 얼마나 힘들게 모았는지 모르니까 너무 쉽게 써버리게 돼요. 사장님은 이런 걸 다 알아요.

내가 번 돈은 살아있을 때 다 써야 돼요

우리 사장님은 머리가 진짜 똑똑해요. 사장님은 원래 사우디아라비아에서 일했어요. 내가 처음 왔을 때 우리 사장님은 한 달에 200만 원씩 월세 내면서 공장을 빌려 썼어요. 1년 동안 번 돈으로 용당에 공장을 샀고 그곳에서 5년 동안 있었어요. 다시 고연공단에 돌아왔을 때는 용당에서보다 훨씬 큰 공장을 지었고요.

현진중공업 있잖아요. 현진중공업에 납품하는 회사 중에서 우리 회사가 1등이에요. 우리처럼 납품하는 회사들이 또 있잖아요. 사장님 친구들을 아는데 그 사람들은 우리 사장님만큼 돈을 못 벌어요. 왜냐하면 우리는 일을 맡으면 정해진 기간 안에 바로바로 납품을 할 수 있어요. 다른 회사들은 정해진 기간을 계속 넘겨요. 그러니까 현진중공업은 다른 회사들 줄 일을 우리에게 다 주는 거예요.

우리 사장님이 똑똑한 건 우리 외국인들하고 사무실에 일하는 네다섯 명만 월급 받으면서 일해요. 용접사는 다 개인사업자라 용접한 만큼 돈을 받아요. 그러면 용접사는 자기가 사장이에요. 맞아요? 취부 하는 사람도 그렇고요. 자기가 사장이면 일한 만큼 돈을 받아요. 그러니까 그 사람들은 아침 7시에 나와서 밤 10시까지 일해요. 우리 직원들은 아침 8시에 시작해서 밤 8시까지 일하고요. 용접에 하자가 있으면 자기가 현진중공업에 가서 직접 AS를 해야 하니까 일을 철저하게 해야 돼요. 다른 사람들은 이런 생각 못하는데, 우리 사장님은 이렇게 해서 돈을 많이 벌었어요. 사장님이 나한테 얘기했어요.

"라작, 너 한국에 일하러 왔잖아. 나는 사우디에서 일할 때 한국에 돌아가면 어떻게 살지 미리 생각해 뒀어. 어떻게든 돈을 많이 모아. 너희 나라에서 어떤 일로 돈 벌 수 있는지 생각해 뒀다가 돌아가면 그걸 해."

한국에서 많이 벌었어도 돌아가서 다 써버리면 옛날이랑 똑같잖아요. 사장님이 해준 말을 생각해서 수도 다카에 땅을 샀어요. 처음 살 때는 2천만 원이었는데 지금은 1억으로 올랐어요. 왜 땅을 샀냐면 지금이야 나도 힘이 있지만 앞으로 10년 후에는 이만큼 힘이 없잖아요. 그럼 집에 갔을 때 뭘 하겠어요?

내가 예전보다 돈을 많이 벌잖아요. 씀씀이도 지금 버는 돈에 익숙해졌고요. 방글라데시 갔을 때 지금만큼 못 벌면 힘들잖아요. 그걸 생각해서 수도에 땅 사고 건물도 지은 거예요. 건물 두 개, 세 개 더 지으면 한국에서 월급 받는 것처럼 방글라데시에서도 월세 받을 수 있어요. 집에 가서 대책 없이 모아 놓은 돈 쓰면 안 돼요. 돈 나올 장소가 있어야 돼요. 그러려면 방글라데시 가기 전에 준비해 둬야 돼요. 방글라데시에서 돈 벌려면 장사해도 되지만 땅 사고 건물 짓는 게 편해요. 우리나라에서는 장사로 돈 벌려면 싸게 사서 많이 비싸게 팔아야 돼요. 거짓말도 많이 해야 되고요. 이런 게 마음이 불편해서 장사는 안 하고 싶어요.

-한국에 계속 사실 생각은 없나요?

아마 그러진 않을 것 같은데… 한국에 있으면 죽을 때까지 계속 일해야 돼요. 앞으로 15년 정도만 더 일할 생각이에요. 우리나라 돌아가서는 일 안 하고 싶어요. 계속 일하면 언제 쉬겠어요. 남자가 돈을 왜 벌어요? 돈 벌어서 나이 들었을 때 편하게 살려는 거잖아요.

사람이 일을 하는 이유는 무엇일까? 돈을 벌어 생계를 꾸리는 건 물론 중요한 부분이지만 그것만으로 부족한 느낌이 든다. 먼 옛날부터 사람들은 노동을 통해 자신의 쓸모를 느끼고, 삶에 의미를 부여했다. 벽돌공, 요양보호사, 용접공, 보모, 농부, 전기기술자, 방문판매원, 소매상인, 유도사범, 보안요원, 뷔페요리사… 다양한 직종의 사람들은 일을 통해 살아가는 이유를 찾고, 정체성을 만들고, 몰랐던 자신을 발견했다.

이주노동자들이 한국에서 일하는 까닭은 본국에서보다 많은 돈을 벌 수 있기 때문이다. 이들은 연장근무, 야간근무를 가리지 않으며 이곳에 머무르는 동안 한 푼이라도 더 벌어두려 한다. 많은 이주노동자에게 일은 '힘들고, 안 하고 싶지만 돈을 벌기 위해 해야만 하는 것'이다. 사람은 빵만으로 살 수 없다. 이들은 한국의 직장에서 돈 이상의 것을 얻고 있을까? 보람을 느끼고 의미를 찾고, 정체성을 만들어가고 있을까?

한국에 온 이주노동자들에게 우선시되는 건 '의미'보다 '생존'이다. 돈을 벌어야 본국 가족들을 먹여 살릴 수 있다. 깜깜한 새벽에 출근해서 종일 고된 노동에 시달리는 일상은 그것만으로도 벅차서 다른 생각을 할 여유가 없다. 이런 상황에선 고상하게 의미와 보람을 논하는 것보단 형편없는 노동조건을 개선하는 게 훨씬 시급하지 않은가? 실제로 노동단체들의 이주노동자 지원은 노동상담과 법률구제에 초점이 맞춰져 있다. 최소한의 권리조차 보장받지 못하고 있으니 급한 불부터 꺼야 한다는 의식이 강하다.

돌아보면 나는 노동상담소를 찾은 이주노동자들에게 5인 미만 업체인지, 근로계약서를 작성했는지, 어떤 일을 하는지는 물었지만 보람을 느끼는지, 일이 본인에게 어떤 의미인지는 한 번도 물은 적이 없었다. 어쩌면 이주노동자들은 거친 환경에서 고되게 일할 수밖에 없으므로 '일의 의미' 같은 건 추구할 수 없다는 통념이 이미 내 안에서 강력하게 작동하고 있었는지도 모르겠다.

노동조건이 일정한 수준 이상으로 개선되기 전에는 노동의 의미를 찾을 수 없는 걸까? 나는 한 가지를 먼저 달성해야 하는 것이 아니라 두 가지가 동시에 진행돼야 한다고 생각한다. 노동여건의 개선이 일에서 느끼는 보람을 보장해주지는 못하기 때문이다. 흔히들 근무여건이 나아지면 삶이 만족스러워질 거라 기대하지만 두둑한 임금과 안락한 근무여건이 보장되는 직장에서도 일의 의미를 못 찾고 공허해하는 이들은 많다. 그 이유는 일의 의미는 외부의 조건에서 저절로 생겨나는 게 아니라 의미를 부여하려는 개인의 주체적인 시도에서 조금씩 모양을 갖추어가는 것이기 때문이다. 사회가 진정으로 변화하려면 사회구조와 개인의 의식이 함께 변화해야 하는 것처럼, 일터가 진정으로 변화하려면 노동조건개선과 함께 일의 의미를 찾으려는 개인의 노력도 병행돼야 하지 않을까?

내가 죽었을 때 재산을 많이 남겼다고 쳐요. 그 돈 누가 써요? 죽은 다음에 남은 돈은 나랑 상관없잖아요. 내가 번 돈은 살아있을 때 다 써야 돼요. 누군가는 아들, 딸에게 물려준다고 하지만 나는 그렇게 안 해요. 아들, 딸 인생은 아들, 딸이 알아서 생각해야 돼요.

-자기 인생은 자기가 책임진다?

그래요. 나는 부모에게 땅이나 돈이 얼마나 있던지 관심 없어요. 진짜로요. 내가 돈 벌어서 땅사고 건물 지은 것, 그게 제 거예요. 사람은 자기를 생각해야 돼요. 자기가 돈 벌어서 먹고 싶은 거 먹고, 좋은 옷 입고 싶으면 입고요. 나는 내 옷은 중고옷 입고, 딸은 새 옷 입히는 그런 사람 아니에요. 내가 하고 싶은 거, 나 그거 꼭 해야 돼요. 나 죽으면 이 돈 누가 가져요? 이런 얘길 하면 어떤 사람은 나를 나쁜 사람으로 봐요.

-아니, 왜 나쁩니까? 자기 인생이고 자기가 번 돈이잖아요.

이거 우리 사장님 생각이에요. 나 처음에 한국 왔을 때 사장님 SM3 탔어요. 지금은 아우디 타요. 그래도 더 좋은 차 타고 싶어 해요. 처음에는 컨테이너를 회사 사무실로 썼어요. 지금 우리 사무실 건물을 보면 얼마나 멋진지 몰라요. 옛날에는 우리랑 일을 같이 했어요. 처음엔 사장님 인지도 몰랐어요. 앞치마 입고 토시 껴서 보통 근로자랑 똑같았죠. 다른 직원이 사장님이라고 알려줬는데 '그래도 사장인데 이렇게 돈이 없나?' 생각했죠. 지금은 아이고! 아침에 아우디에서 내리는데 양복 입고 구두 신고 얼마나 멋있어! 10년 동안 점점점 올라가는 걸 눈앞에서 본 거예요. 남자라면 진짜 이렇게 해야 돼요. 우리 사장님 계획은 앞으로 5년, 10년 후에 은퇴해서 노는 거예요. 계속 사장으로 있긴 하지만 일은 자식들에게 맡기고요. 돈은 많이 벌어놨으니까요.

아들, 딸을 위해서 돈 모으겠다는 친구들 보면 이런 생각이 들어요. '걔들은 너 죽고 나면 아빠 있었단 거 1년에 한 번도 생각 안 할걸?' 어렸을

KIA

때 작은할아버지가 정말 힘들게 일했어요. 돈을 악착같이 모았어요. 시장에 가면 좋은 건 아무것도 안 사요. 가장 싼 음식을 사서 조금씩 먹었어요. 그러다 병 걸려서 죽었는데 모아놓은 돈이 많았어요. 작은할아버지 죽자마자 삼촌은 그 돈으로 여자친구랑 결혼해서 여기저기 놀러 다녀요. 그 돈 다 작은할아버지 거잖아요. 정작 작은할아버지는 어떤 음식 먹고 어떤 옷을 입었나요? 삼촌은 별로 감사하게 생각도 안 해요. "재산을 더 물려받았다면 사는 게 더 나았을 텐데." 그런 소리나 하죠. 에이 진짜.

나는 고등학교 다닐 때 아빠한테 돈 안 받았어요. 학비랑 생활비랑 다 과외해서 벌었어요. 나는 그때부터 내가 할 수 있는 건 알아서 한다는 생각이 있었어요. 아버지한테 돈을 줄 순 있어도 받지는 않아요. 나는 그런 사람이에요. '라작은 이 사람 아들'이라는 소리보단 '이 사람은 라작 아버지'라는 말을 듣고 싶어요. 무슨 말인지 알아요?

사장님이 얘기했어요. "라작, 남자가 잘 생겨봤자 소용없어. 남자라면 주머니에 돈이 있어야 돼. 그게 중요해." 한 사람은 헬스클럽에서 운동해서 울끈불끈 식스팩이 있어요. 다른 사람은 배는 볼록 나왔는데 자동차가 여섯 대 있어요. 헬스클럽 가는 대신 일해서 돈을 벌었거든요. 식스팩 있는 남자, 여자들이 많이 좋아하죠? 그런데 둘 중 한 명이랑 결혼해야 되면 누구를 선택해요? 식스팩 아니잖아요. 차 여섯 대 있는 사람, 그 사람하고 결혼해요. 남자는 겉보기에 멋진 것보다 돈이 더 중요해요. 사장님은 항상 얘기해요. 라작, 남자는 돈이 먼저야, 돈이 먼저.

니 돈은 니 통장에 모아

방글라데시에선 자식들이 외국 나가서 번 돈을 아버지한테 줘요. 그 돈으로 땅 사고 건물 지어도 다 아버지 소유예요. 아버지가 죽고 나면 자식들이 재산을 따로따로 나눠가지고요. 한국에는 이런 관습이 없어서 좋아요. 한국 온 지 몇 년 안 됐을 때 우리 사장님이 물었어요.

"라작, 너 돈 번거 어떻게 하냐?"

"우리 아버지한테 줘요."

"야, 너 바보야? 그렇게 하면 안 돼. 왜 아버지한테 줘? 아버지, 어머니한테는 30만 원, 50만 원 꼭 필요한 만큼만 줘. 나머지는 네 통장에 모아. 나중 되면 너 돈 없다?"

곰곰이 생각해 보고 부모님께 필요한 만큼만 드리겠다고 말씀드렸어요. 사장님 말이 진짜 좋은 방법이라고 믿었거든요. 예를 들면 내가 13년 동안 돈 벌어서 다 아버지한테 주면 돈의 주인은 내가 아니라 우리 가족 네 명이죠. 100만 원 벌어도 내 몫은 25만 원이에요. 얼마나 이상해요? 그때부터 아버지랑 동생한테 돈 조금 주고 나는 많이 가졌어요. 지금은 아버지가 필요하다고 한 그만큼만 줘요. 내 돈을 모아두면 우리나라에 들어가서도 잘 먹고 잘 살 수 있어요. 안 그러면 나도 다른 사람들처럼 모아놓은 돈이 없어서 일해야 할 수도 있어요.

나는 한국 오는 사람들에게 내 생각 그대로 말해줘요. "한국에 들어왔으면 우리나라 관습은 잊어. 아버지한테 돈 다 주지 말고 니 돈은 니 통장에 모아." 방글라데시에 가족들이 몇 명 있다고 쳐요. 남동생 학비 대야 돼, 여동생 결혼해야 돼, 식비 줘야 돼, 명절 때면 옷도 사줘야 돼, 돈 버는 사람은 한 명인데 쓰는 사람은 다섯 명. 끝없이 달라고 해요. 그럼 어떻게 해요? 10년을 일해도 나중에 집에 가면 돈이 없어요. 당사자는 얼마나 억울하겠어요? 우리나라도 앞으로는 점점 바뀔지도 몰라요. 많은 사람들이 한국생활을 경험했잖아요. 제가 예전에 아버지한테 땅 사주고 건물도 하나 지어줬어요.

-그 수도에 있다는 건물 말인가요? 땅값이 많이 올랐다는?

그건 내 거예요. 아버지한테 사준 건 따로 있구요. 집 지어줄 때 돈이 많이 들었어요. 아버지 돌아가시면 그 집은 나랑 동생이 주인이죠. 맞아요? 동생이랑 나눠가질 걸 알면서도 돈을 많이 썼어요. 내 동생이니까요. 그런데 나중에 돈을 모아서 내 건물을 따로 지으니까 동생이 왜 혼자 가지냐면서 화를 냈어요.

-화를 냈다고요? 그건 라작 님 돈이잖아요.

우리나라 관습은 그래요. 저는 한국에서 돈을 많이 벌고 있지만 동생은 다른 나라에서 돈을 얼마 못 벌었어요. 나 땅 사고 집 살 때 부모님이랑 삼촌들이 나를 많이 혼냈어요. 동생은 이것 때문에 마음이 상해서 지금은 나랑 말도 별로 안 해요. 그래도 나는 마음먹은 대로 했어요. 나는 갑자기

다쳐서 집에 가야 할 수도 있어요. 그때 돈 없으면 어떻게 해요?

예전에는 다른 사람들처럼 우리 관습을 당연하게 생각했어요. 한국에 안 왔으면 이런 걸 몰랐을 거예요. 나도 한국에 와서 4년 동안은 번 돈을 다 아버지 통장에 입금했어요. 중간에 퇴직금 받은 것까지 전부 다요. 지금 생각하면 얼마나 바보였는지 몰라요.

-사람이 자기가 나고 자란 사회의 통념에서 벗어나는 건 어려워요. 너무 절대적인 법칙처럼 느껴져서 다른 방식대로 할 수 있다는 걸 생각하기가 어려운 거예요.

우리나라 이런 사람 진짜 많아요. 이걸 사우디 같은 곳에 가는 사람들은 잘 모르고 한국에 들어오는 사람만 알아요. 10년 일한 돈을 전부 아버지한테 줘버려서 필요할 때마다 용돈처럼 타 쓰는 사람도 있어요.

한국에서 좋은 점 또 하나는 결혼하면 독립해서 따로 사는 거예요. 우리나라에는 아직까지 10%만 따로 살고 90%는 부모님하고 같이 지내요. 부모님하고 같이 지내는 게 쉽지 않잖아요. 예를 들면 와이프하고 부모님하고 같이 사는데 돈 벌어서 와이프한테만 주면 엄마가 얼마나 화나요. "내 아들이면 나한테 돈을 줘야지, 왜 아내한테 다 주고 있어!" 와이프는 "아이고, 당신이 돈 벌어 오는 걸 왜 어머니한테 줘요?" 이럴 거구요. 둘 사이에서 나는 얼마나 힘들어요? 한국은 결혼하기 전에 집 따로 준비해서 두 사람만 살아요. 나는 이게 마음에 들었어요. 첫 번째 가족은 와이프

하고 아들딸, 두 번째는 아버지 어머니, 세 번째는 동생, 여동생. 맞아요? 이 순서대로 가야 되잖아요. 나 이거 한국에서 배웠어요.

이성태 아저씨

-한 공장에서 13년을 일하다 보면 많은 사람들을 만났을 것 같은데요. 기억에 남는 분들이 있나요?

한국 아저씨 한 명이 있었어요. 이름은 이성태. 예전에 사우디아라비아에서도 일했어요. 일하는 걸 많이 힘들어했어요. 승용차를 놔두고 걸어 다녔는데 그래도 아침마다 일찍 나왔어요.

-아저씨 연세가 어떻게 되세요?

아마 60살이 넘었을 거예요. 지금은 죽었어요. 죽었으니까 기억이 많이 나요. 아저씨가 나를 많이 좋아했어요. 나랑 두세 번 싸우기도 했어요. 아저씨는 취부사인 데요. 취부일을 하려면 물건 들어올 때 종종 지게차를 운전해야 해요. 아저씨가 지게차 운전을 잘 못해요. 철판을 나르다 내 무릎에 딱 부딪쳤는데, 부딪친 데가 너무 아픈 거예요.

"아저씨, 이렇게 운전하면 안 돼요. 운전할 때 사람 있는지 잘 봐야 돼요."

"야, 한국 사람도 아니면서 왜 이래라 저래라야?"

그때는 나도 진짜 화가 났어요.

"한국 사람 아닌 게 무슨 상관인데요? 외국 사람이면 지게차로 막 쳐도 돼요?"

다음 날에 아저씨가 먼저 와서 사과했어요.

"어제는 내가 잘못했다. 나 때문에 많이 아팠지? 진짜 미안하다. 앞으로 날 아버지처럼 대해주라."

"이렇게만 말해주면 돼요. 어제처럼 그렇게 말하면 진짜 안 돼요. 아저씨."

몇 달 뒤에 아저씨 아들 한 명이 우리 회사에 나왔어요. 아저씨가 아들을 바로 나한테 맡겼어요.

"라작, 내 아들에게 일 좀 가르쳐줘. 너는 회사가 어떻게 돌아가는지 잘 알잖아. 니가 가르쳐주는 게 가장 나을 것 같아. 이제 혼자 일하기는 힘들어서 아들이랑 같이 했으면 좋겠어. 내가 딸은 없고 아들만 두 명인데, 작은 아들은 돈을 잘 벌어서 먼저 결혼했어. 큰아들도 이제 결혼을 해야 되는데 돈을 잘 못 벌어서 결혼을 못해. 니가 일을 잘 가르쳐주면 돈 많이 벌어서 결혼도 할 수 있어. 잘 좀 부탁해."

그때부터 아저씨 아들에게 사상 어떻게 하는지, 스패터 어떻게 제거하는지, 패킹은 어떻게 하는지… 회사에 여러 가지 철판이 있어요. 두께에 따라 40, 50, 60, 70, 80, 200, 300 다양하게 있어요. 철판은 어떻게 자르는지, 지게차는 어떻게 운전하는지 다 알려줬어요. 아들이 일 잘하게 됐을 때쯤 아저씨가 암에 걸렸어요. 암 걸려서 두 달 있다가 죽었어요.

아저씨랑 나눴던 이야기가 자꾸 떠올랐어요. 아저씨는 죽자 살자 일만 했거든요.

"아저씨 그렇게 힘들게 일만 하면 안 돼요. 마음 편하게 살아야지. 입고 싶은 옷 입고, 먹고 싶은 거 먹고, 가고 싶은 데 가고… 그래야 마음이 편해요."

"라작, 난 돈이 많이 없어. 힘들어도 돈 벌어야 돼."

아저씨가 내 머릿속에 있어요. 아직도 아저씨가 앉아있던 자리 지나갈 때면 아저씨가 기억나요. 술을 많이 마셨어요. 차도 너무 오래된 거 타고 다니고… 너무 불쌍하게 살았어요. 회식하러 갈 때마다 식당에서 돼지고기, 닭고기 나오면 엄청 먹어요. 평소에 고기를 못 먹는 사람일수록 회식 같은 데서 많이 먹으려고 해요. 그거 보고 아저씨한테 "아저씨 많이 먹어, 더 먹어." 얘기했어요.

그러니까 남자는 돈 벌어서 하고 싶은 거 다 해야 돼요. 먹고 싶으면 먹고 놀고 싶으면 놀고… 내가 돈 벌었으면 내 마음대로 써야 돼요. 나중에 아들딸 주려고 은행에 저축하고… 난 그렇게 안 해요. 18살까지 키워줬으면 다음은 자기가 알아서 해야 돼요. 성태 아저씨는 자식들한테 재산을 남겨주려고 했어요. 아무도 안 나오는 일요일에 아저씨만 혼자 나와서 일해요. 아저씨는 개인사업자라 매달 자기가 만드는 만큼 돈 받아가요. 그러니까 일요일도 안 쉬고 일하는 거예요.

아저씨 죽고 난 다음에 큰아들은 우리 회사에서 더 이상 일을 안 하고

싫어 했어요. 아버지 돌아가신 곳이라 마음이 불편하다고… 다른 곳으로 갔어요. 나도 장례식장은 못 갔어요. 가고 싶었는데 그때는 일이 많았고 장례식장이 너무 멀기도 해서… 사장님이 자기가 대신 갔으니까 나는 안 가도 괜찮다고, 그냥 하나님한테 기도하라고 얘기했어요.

라작 님의 기억에 깊게 새겨진 한국인은 사장님과 성태 아저씨다. 나는 라작 님이 두 사람에 대한 기억에 자신의 바람과 안타까움을 투영하고 있다고 느꼈다.

사장님은 땅바닥부터 높은 봉우리까지 자신의 발로 차근차근 올라갔다. 자신만의 수완과 처세로 직원 몇 명 안 되던 작은 공장을 수십 명이 일하는 사업장으로 키워냈다. 13년 전에는 허름한 작업복 차림이었지만 이제 몸에 딱 맞는 고급양복을 입고 아우디를 탄다. 타지에서 빈손으로 시작한 라작에게 사장님은 동경의 대상이기도 하고, 닮고 싶은 모습이기도 하고, 돈 다루는 법을 알려준 멘토이기도 하다.

성태 아저씨는 라작 님에게 친근하면서도 안쓰럽고 불쌍한 사람이다. 아저씨는 지독하게 근면성실했다. 피곤이 깊게 밴 얼굴로 무거운 쇳덩이를 옮기며 쉬는 날 없이 일했다. 이 공장에 오기 이전에도 별반 다르지 않았을 것이다. 그렇게 혹사하며 번 돈을 자신을 위해서는 쓰지 않았다. 헐한 음식을 먹고 낡은 옷을 입고 오래된 차를 탔다.

라작 님은 성태 아저씨가 얼마나 힘들지 누구보다 깊게 공감했을 것이다. 그 자신이 매일같이 노동강도를 몸으로 느끼는 일이니까. 하루 12시간, 주 6일을 회사에 있는 그는 하루 15시간, 주 7일 일하는 아저씨가 얼마나 힘들지 누구보다 잘 알았을 것이다. 그런 아저씨가 암에 걸려 갑자기 죽었을 때 라작 님의 충격은 컸을 것이다. 아저씨의 삶은 일만 하다 죽은 방글라데시의 작은할아저지와도 비슷했지만 자신의 삶과도 어느 정도 닮아있었으니까. '삶은 일회적이고 생의 시간은 한정돼 있다. 아저씨처럼 살고 싶지는 않다'는 생각이 은연중에 들었을지도 모른다. 이 사건은 번 돈을 스스로를 위해 저축하고 적당한 나이에 은퇴해 삶을 즐기겠다는 결심에 힘을 실어줬을 것이다.

라작 님은 어떻게 살아갈지에 대해 생각할 때 사장님의 조언을 떠올리기도 하고 성태 아저씨의 삶을 떠올리기도 했을 것이다. 어느 정도는 성태 아저씨처럼 살아갈 수밖에 없는 자신의 입장과 사장님이 이룬 번쩍이는 성취 사이에서 자신은 얼마만큼 이루고 누릴 수 있을지, 그러기 위해 무엇을 감당해야 할지를 가늠했을 것이다. 나는 라작 님의 바람과 두려움과 결심과 회한이 우리들의 그것과 무척 닮아있다는 생각을 했다.

방글라데시로 돌아가면...

-10년 정도 더 일하다 방글라데시 돌아갈 생각이시잖아요. 그때 건물에서 나오는 월세로 생계가 보장이 된다면 꼭 돈을 안 벌더라도 하고 싶은 일이 있나요?

약국을 하고 싶어요. 약은 누가 사요? 아픈 사람들이 약 사잖아요. 방글라데시에선 나쁜 사람들이 약을 비싸게 팔아요. 나 이런 일을 여러 번 봤어요. 예전에 아는 사람이 약 파는 걸 봤어요. 환자가 왔는데 약값을 원가보다 훨씬 비싸게 부르는 거예요. 아픈 사람 입장에선 비싸도 사 먹을 수밖에 없잖아요. 내가 도둑 사람, 나쁜 사람이라고 하니까 자기는 돈만 벌 수 있으면 나쁜 사람이든 좋은 사람이든 상관없대요. 내가 약국 하면 이윤을 조금만 남기고 팔고 싶어요. 원가가 5천 원이면 5천100원에 파는 식으로요. 나는 백 원만 있으면 돼요. 장사로 돈을 벌기보다 사람들을 도와주고 싶어서요. 약국 차려서 아침이면 나와서 신문 읽고 약도 팔고 불쌍한 사람들 도와주고 월세 받으면서 행복하게 살고 싶어요.

내 삶이 아이들이에요

| 구술 김구민 + 글 정나무 |

구민 님은 우리 마을에 살고 있는 분이다. 상냥하고, 상대 입장을 헤아릴 줄 알고, 주변 사람들을 선의로 대하는 분이라 초등교사란 걸 알게 됐을 때 정말 딱 맞는 사람이 선생님이 됐다고 생각했다. 생각이며 말이 선하고 사려 깊어서 얘기하다 보면 내가 얼마나 세상 때 묻은 인간인지 새삼 깨닫는다. 틈날 때마다 텃밭을 돌보고 토종벼농사도 지으시는데 버려진 모도 하나하나 모아 다시 논에 심는, 생명을 귀히 여기는 분이다.

구민 님은 수년째 아이들과 글쓰기를 해오고 있다. 아이들과 글을 쓰는 선생님은 흔치 않다. 정규 교과목과 별개로 글쓰기를 해가려면 품도 많이 들 것이다. 그녀는 정해진 업무를 수행하는 것을 넘어 교사란 직업을 자기만의 방식으로 만들어가고 있다. 구민 님은 어떤 인생경로를 거쳐 교사가 되었을까? 글쓰기를 교사란 직업에 어떻게 녹여내고 있을까? 구민 님의 삶과 교사일에 대한 얘기를 들어보고 싶었다.

나를 예뻐하던 할아버지

저는 1980년생이에요. 부산 문현동에서 태어났는데 저희 아빠가 장남이어서 제가 9살 때까지는 할머니, 할아버지, 아빠 형제들까지 대가족 11명이 다 같이 살았거든요. 그래서 유년 시절은 그때 기억이 많아요. 아빠는 술을 많이 드셔서 주로 할머니 할아버지, 엄마랑 고모가 주 양육자였어요.

아빠가 8형제니까 동생이 7명이란 말이에요. 그중에 2명이 결혼해서 나갔고 나머지 형제들이랑 같이 살았거든요. 집에 늘 싸움이 많았어요. 우리 가족은 술을 많이 드셔서 가족 간의 다툼도 격렬하게 주먹질, 피, 유리 깨지고… 다툼은 많았지만 지나고 나서 생각해 보니까 좋았던 장면, 장면들이 있더라고요.

저는 우리 할아버지가 늘 마음에 남아요. 할아버지가 변호사 사무실에 일하는 직원이었거든요. 퇴근할 때 늘 술을 드셨는데 식구들은 다 싫어했어요. 11명 중에 할아버지만 왕따 당하는 느낌. 할아버지가 오면 방에 있던 식구들이 다 나가고, 고모들도 자기 아버지를 엄청 싫어하니까. 저랑 제 동생이 그 집에 유일한 아이들이었잖아요. 할아버지가 첫 손녀인 저를 되게 예뻐해서 퇴근할 때 간식을 늘 사 왔어요. 그때 생각했던 게 밖에서 일하는 사람은 들어올 때 식구들 먹을 거를 사 오는 거구나. 늘 과일을 까만 봉다리에 싸서 오신 게 기억에 남아요.

할아버지가 일요일 되면 술 드시러 가는 집이 몇 군데 있었거든요. 당시에 켄터키 후라이드 치킨, 미니 슈퍼, 그다음에 우동집이 있었는데 늘 저를 데리고 갔어요. 혼자 술 먹으러 가면 눈치 보이니까. 그래서 냄비 우동도 할아버지랑 처음 먹어보고, 미니 슈퍼 가면 의자 2개 놓고 앉아서 저는 과자 먹고 할아버지는 술 드시고… 켄터키 후라이드 치킨도 저만 먹었죠. 할아버지가 장손인 동생보다도 저를 더 예뻐했어요. 그 집에 첫 아이이기 때문에, 그리고 자기랑 닮아서 똑똑하고 두뇌가 명석하다고. 근데 늘 미움받던 할아버지가 안 됐다고 생각했어요.

중고등학교 시절과 대학진학

중고등학교 시절에는 좋은 기억보다 안 좋은 기억들만 생생해요. 폭력적인 교사들이 제일 기억에 남아요. 맞았던 장면들이 되게 생생한데 제가 제일 크게 느끼는 감정 중에 하나가 무안함이거든요. 어떻게 보면 수치심 같은 건데 모두가 있는 데서 혼나거나 맞을 때 크게 잔상이 남나 봐요. 옛날에는 출석부 세워서 머리 때리고 이런 거 많았잖아요. 그때 그 교사 얼굴이 기억난다거나 중3 때 우리 담임이 말귀 못 알아듣는다고 막 소리친 거, 고등학교 때 반장인데 조용히 안 시킨다고 회초리로 목 때린 거… 이런 것들이 다 기억에 남아요.

시키는 대로는 했지만 너무 굴욕적인 느낌들… 근데 이게 싫다면서 몸에 배어 있잖아요. 새내기 교사 시절에는 학교에서 나도 모르게 이런 거

발견할 때가 많았어요. 아이들한테 소리를 지른다거나… 여중여고 나왔으면 친구들과 추억이나 재미있는 무용담도 있을 법하잖아요. 근데 저는 이런 게 많이 기억에 남아요. 친구 한두 명 말고는 거의 교류를 안 해서….

중고등학교 때는 우리 엄마를 너무 좋아했는데 엄마한테 기쁨을 줄 수 있는 게 공부밖에 없어서 공부만 했어요. 정말 다시는 돌아가고 싶지 않은데 그때는 친구들이랑 관계 맺는 거 그렇게 중요하게 생각 안 하고 공부만 해서… 특징적인 사건으론 전교 1등 해서 아빠가 자전거 사준 거예요. 학교에서는 말을 잘 안 했어요. 고등학교 때도 체육시간에 커튼 뒤에 숨어서 공부했거든요. 그게 지나고 나니까 너무 부끄럽더라고요. 전 중고등학교 때 친구가 한두 명밖에 없어요. 그땐 공부에 대한 강박이 너무 심하고 경쟁심도 강했어요.

고등학교 때 우리 반에 내가 되게 좋아하는 부잣집 애가 있었는데 어떻게 공부하는지 너무 궁금해서 아무도 없는 교실에서 걔 책상 안을 봤던 기억이 나요. 영어공부를 무슨 문제집으로 하는지 보려고… 전 토, 일요일에도 나가서 공부했거든요. 걔한테 많이 미안해서 이 사건이 기억에 크게 남아 있어요. 그러다 정신적으로 너무 힘들어서 고 3 때 결정적으로 공부를 안 했어요. 고등학교 때 아빠랑 갈등이 심해서 엄마가 서울로 대학교를 보내줬고요.

-중고등학교 때 인간관계를 덜 중요시하고 공부만 했다고 했는데, 혹시 이 일로 이후에 사람들을 만날 때 어려움은 없었나요?

제 생각에는 대학교 때 인간관계 공부를 처음 한 것 같아요. 원래는 중고등학교 때가 사람 사귀고 지내는 법을 한창 익힐 때잖아요. 근데 초등학교 때까지 하고 그다음 6년은 공부한다고 사라지고… 대학교 2학년까진 지내기가 어려웠어요. 중고등학교 때 인간관계에서 받을 상처들을 대학교 때 다 경험한 것 같아요. 남자애들이랑 지내는 것도 힘들었어요. 여중 여고에서 여자애들과도 관계가 없었으니까, 남자애들이 너무 낯설고 힘든 거예요. 걔들은 표준말을 쓰니까 제 말을 못 알아들을 때도 수치심을 많이 느끼고… 대학교 1학년때 손짓사랑이라고 수화동아리를 했어요. 저는 자취했는데 밤에 우리 집에 남자아이 한 명이 찾아와서 '니가 걱정돼서 말해주는 건데 아이들이 니 욕한다, 사투리 말투가 거칠고, 관계도 잘 못 맺는 것 같다' 이런 얘기도 한 적이 있어요. 인간관계가 참 힘들었던 것 같아요.

저는 남들보다 6-7년 늦되다고 생각해요. 천천히 관계 맺는 성격이기도 하고. 이제 어색한 티 안 내고 자연스럽게 행동하기도 하는데 연기가 숙달된 거죠. 아직도 잘 모르는 사람이랑 단둘이 얘기할 때는 전날 시나리오를 어느 정도 준비해 갈 때도 많아요. 지금은 나이가 들어서 좀 나아진 것 같아요. 그래도 수화 동아리 애들은 대학교의 봉사동아리잖아요. 아이들도 순하고. 거기 가서 진짜 우정이 뭔지도 알게 됐는데 그 친구들이랑 지금은 연락 안 해요. 교대 친구들도… 제가 관계를 오래 이어가는 게 잘 안 돼요. 상대방이 엄청 노력해 주면 관계가 이어지지만 일단 졸업하면 끝나게 되는 경우가 많아요. 중고등학교 동창이 없는 게 옛날에는 스트레스였는데 억지로 관계를 길게 끌고 가는 것도 아니다 싶어서 지금은 좀 가볍게 생각하고 있어요.

-중고등학교 때 공부만 하셔서 반작용으로 대학 때 하고 싶은 게 많았을 것 같은데요. 자취하던 시절, 주로 무얼 하면서 시간을 보내셨나요?

고등학교 때 공부만 하다 보니까 대학교 때 진짜 공부 안 했거든요. F학점 나온 적도 제법 있고. 대학교 성적은 부모님이 안 궁금해하잖아요. 성적이 위태위태했어요. 근데 한 번쯤 못해보는 경험, 그게 되게 좋더라고요.

대학교 1~2학년 때 수업 안 들어가고 멍하니 아무것도 안 하고 시간을 죽일 수 있다는 거, 이게 너무 좋았어요. 자취해서 혼자 살았는데 진짜 방이 조그맣거든요. 방 한 칸에 세면대 달랑 있고, 화장실도 2층 주인집이랑 같이 쓰긴 했지만 독립적인 공간이었어요. 염리동이라고 완전 달동네였는데 거기 방이 아직도 기억나요. 그다음에 엄마가 돈이 좀 모였을 때 바로 옆에 두 칸짜리 연립 주택으로 옮겨주셨거든요. 되게 습한 공간이었는데 그 집에서 7년을 살았어요. 그 집은 골목길까지 하나하나까지 다 기억나요.

혼자 있는 게 익숙해지니까 외국 나가는 것도 두렵지 않고. 혼자 있는 거, 혼자 밥 먹는 걸 좋아했거든요. 아빠랑 사이가 안 좋아서 늘 집을 나가고 싶어 했으니까, 혼자서 해보는 시도들이 너무 자유로웠죠.

구민 님에게 학창 시절은 그저 견디고 버텨내는 시기였을 것이다. 경쟁, 좋은 성적을 내야 한다는 부담, 술 마시고 가족들을 힘들게 하는 아버지와의 갈등으로 늘 신경을 곤두세운 채 지냈을 것 같다. 구민 님은 섬세하고 감수성이 풍부한 사람인만큼 이런 환경이 더욱 괴롭게 느껴졌을 것이다. 공간적으로 쉴 곳도 마땅찮았다. 학교는 끝없이 공부해야 하는 곳이고, 집은 언제 아버지의 질책과 비난이 쏟아질지 모르는 불안한 장소였으니까. 집과 멀리 떨어진 대학에 진학해 독립적인 공간에 살게 된 건 구민 님에게 감옥을 출소한 것 같은 해방감을 주었을 것이다.

구민 님은 자취를 하면서 과외 아르바이트로 생계를 꾸리며 이십 대 초중반을 보낸다. 이 자취생활은 구민 님의 정체성 형성에 큰 영향을 주었을 것이다. 자식에겐 부모에게 인정받고픈 욕구가 있고, 함께 사는 이상 부모가 자식의 가치관 형성과 진로선택에 알게 모르게 영향을 줄 수밖에 없다. 떨어져 사는 순간부터 부모의 영향력에서 벗어나 자기 세계를 만들어볼 여지가 생긴다. 설거지하고 빨래하고 생활비를 벌기 위해 애쓰다 보면 여태껏 부모가 나 대신 나를 먹여 살려왔다는 당연한 사실을 새삼 실감하게 된다. 독립생활은 내 인생은 나 아닌 누구도 책임져줄 수 없다는 삶의 기본전제를 온몸으로 느끼게 한다.

대학교 인문관 앞에 삼민광장이 있었는데 수업시간에 나와서 거기 그냥 앉아있었어요. 이때 '선禪'에 대한 숭산스님의 책을 많이 읽었어요. 원래는 영문학과로 들어갔는데 저희가 복수 전공이 됐거든요. 종교학을 복수 전공했는데 재밌었어요. 종교학과 교수님 중에 좋은 분들이 많았어요.

천주교 수업에서는 수녀님이 명상을 가르쳐 주시기도 하고요. 템플스테이 한다고 혼자서 전라도, 경상도의 절을 여기저기 찾아다니기도 했어요.

여행의 기억

인도는 어학연수 프로그램이 파격적인 가격에 나와서 가게 됐어요. 인도 사람들이 힌디 발음이 있긴 하지만 영어를 잘하니까. 그전에는 여행을 안 다녔어요. 해외여행 한 번도 안 갔고. 영문학과다 보니까 당시 친구들 보면 한 번씩은 외국 영어권 나라로 어학연수를 다녀왔단 말이에요. 우리 집 형편에 그건 안될 것 같고 제 과외비로는 겨우 생활만 하는 수준이고. 제가 알바는 과외밖에 안 했거든요. 한 번에 과외를 일곱 개 정도씩 했어요. 일주일에 내가 찾는 아이가 일곱 명인 거죠. 시간표를 짜서 주 2회씩 14번 가는 거예요. 초등학생부터 고3까지 있었는데 주로 영어, 수학을 가르쳤어요. 제가 19살 때부터 10년 넘게 과외를 했거든요. 인도에 있다 보니 그냥 여행 다니는 게 낫겠다 싶어서 3개월만 어학연수 프로그램 참여하고 3개월은 여행 다니고… 너무 좋아서 그다음에 또 가고.

-어떤 점이 좋았어요?

편했어요. 아무도 나를 모르니까. 인간관계 고민 안 해도 되고 복닥복닥 안 거려도 돼서요. 인도는 물가가 싸고 저는 음식으로 탈이 잘 안 나서 즐거워서 10kg 쪘어요. 이때가 대학교 3학년 때였는데 돌아왔을 때 애들이 깜짝 놀라더라고요. 그때부터 별명이 살구였어요. 살찐 구민. 그 뒤부터 혼자 베트남, 네팔에도 배낭여행을 계속 갔죠. 인도에는 29살 때 또 갔는데 그때는 캘커타에 마더 테레스 하우스에만 있다 왔어요. 인도에 여행 오는 한국 사람들 보면 엄청 자유롭거든요. 나랑 같이 살던 언니들이 다 담배를 피웠는데 너무 멋있는 거예요. 새로웠죠. 언니 따라서 처음으로 노란색으로 염색도 해봤어요.

제가 처음 인도 여행 갔을 때는 게스트하우스에서 외국친구한테 이런 얘기도 들었거든요. '너 이렇게 지내면 여행 못한다. 사람들이랑 어울려야지 혼자서 맨날 방 안에만 있고. 사람들이랑 얘기를 나눠야 배낭여행 온 의미가 있지 않겠냐.' 제가 어느 정도였냐면 처음에 뭄바이에서 캘커타까지 가는데 2박 3일 기차 안에 있는데요. 기차 안에 여러 인종이 있잖아요. 첫 여행 때는 누군가와 말을 해야 한다는 게 너무 두려워서 침대에서 2박 3일 동안 안 내려왔잖아요. 화장실도 안 가고 안 먹었어요. 기차 타기 직전에 누고 그다음부터는 물도 안 먹고 음식도 진짜 조금씩만 먹고 간 거예요. 영어로 말하는 것도 겁났고… 막상 캘커타에 가서는 사람들이랑 편하게 어울려 다녔어요. 몇 달 살다 보니까 영어가 편해진 것도 있고… 여행 다니면 이동하지 않고 한 군데에 보름씩, 한 달씩 있었거든요. 그때 만났던 사람들은 다 기억나요. 근데 연락을 오래 하지는 않았어요. 저는 친해지거나 낯이 익어서 편하게 느낄 때까지 오래 걸려요.

-20대 때 앞으로 뭐 하며 살아갈지, 진로나 적성에 대한 고민은 안 해보셨어요?

인도 여행하던 중에 날개라는 친구를 만났어요. 한국에 와서도 쭉 만나왔는데 어느 날 날개가 '출판아카데미'에 다닐 거라는 거예요. 원래 책을 좋아했는데 책 만드는 직업이 너무 좋아 보이는 거예요. 사계절출판사에 1318문고 시리즈처럼 감동적이면서도 깊이 있는 청소년 책을 만들고 싶었어요.

제일가고 싶었던 사계절출판사는 떨어졌고, 대기업이랑 출판사 몇 군데 붙었어요. 제가 선택했던 데가 여름방학 때 인턴 몇 달 다녔던 삼성출판사… 제가 정에 약하잖아요. 여기 여자 선배가 사람이 좋아서 그냥 가기로 한 게 희대의 실수였죠. 거기는 그림책 아니면 학습지였거든요. 취업하면 그림책은 만들 수 있겠지 생각했는데 가서 1년 동안 한 일이 마우스 움직여서 스티커 북 만들 때 자리 배치하는 거였어요. 기획하는 건 좋아했는데 여기선 기획을 해도 잘 팔리는 책 위주로 기획을 하니까, 출판아카데미에서 꿈꿨던 거랑 완전 달랐죠. 원래는 예술적인 책, 어린이 문학에 관심이 있었어요.

–출판사를 그만두고 교사가 되기로 마음먹은 계기가 있었나요?

출장 나갔다가 교보문고에서 임길택 선생님 책 『나는 우는 것들을 사랑합니다』를 보게 됐어요. 선 채로 다 읽어버렸는데 교사가 이런 글을 쓸 수 있구나 싶어서 충격을 받았죠. 옛날에는 회초리 많이 때렸잖아요? 그 선생님도 애들한테 화낸 적도 있고 회초리 때린 적도 있어요. 근데 그 교실 일기를 보면 때리고 나서의 마음이 적혀 있어요. 공부 못한다고 혼낸

애가 터덜터덜 걸어가는데 그 뒷모습을 보면서 아이한테 마음을 보내는 장면이 있거든요. 그 선생님이 애들이랑 사진 찍으면 항상 애들 키에 맞춰서 앉아 계세요. 그걸 보면서 내가 아는 폭력적인 교사가 다가 아니란 걸 알았죠. 안정적인 것도 영향을 미쳤겠죠. 교사인 아빠를 보니까 문제가 좀 있어도 직장생활은 하더란 말이죠.

선생님 책을 12월 초에 보고 나서 한 달 만에 회사를 그만뒀어요. 6월까지 노량진 다니면서 공부하다가 혼자서는 생활관리가 안 되겠다 싶어서 본가에 내려와서 공부했죠. 혼자서 밥 해 먹고 빨래하고 다 해야 되니까 공부할 시간이 모자라서요. 처음에는 말 안 하고 준비했고, 대입 수능 준비한다고 말하고부터 아빠랑 갈등이 다시 시작되죠. 고3 때처럼 새벽에 나오고 밤 12시에 들어가면 아빠 얼굴 안 보니까 그렇게 공부했죠.

대학생이 된 구민 님은 삼민광장에, 좁은 자취방에 하릴없이 앉아 시간을 보냈다. 뭔가를 하지 않는 게 구민 님에게 정서적으로 꼭 필요한 행위였단 생각이 든다. 이전까지 구민 님은 수십 킬로를 제한 시간 안에 주파해야 하는 마라톤 선수처럼 피로한 다리를 억지로 내딛으며 쉼 없이 달려왔다. 생각조차 하지 않고 멍하니 보낼 수 있는 시공간이 그녀에겐 필요했을 것이다.

구민 님은 하고 싶은 활동을 하며 대학시절을 자유롭게 보냈다. 수화동아리 활동, 종교학 공부, 인도여행은 취업을 위한 스펙 쌓기가 아니라 스스로 끌려서 한 활동이었다. 이 시기는 특정한 목적성 없이 다양한 경험을 하며 스스로가 무엇을 좋아하고 불편해하는지, 어떤 삶을 살고 싶은지, 자신이 어떤 형태와 질감을 갖춘 사람인지 가늠해 보는 시기였다. 아무것도 하지 않아도 되고, 무엇이 되지 않아도 되는 이 시간이 이후 구민님 인생의 자양이 되었으리라. 출판사 입사와 퇴사, 교대입시준비 등의 의사결정은 이십 대의 시간을 통해 형성한 자기 이해와 자기 신뢰를 밑바탕으로 이루어졌다.

나는 이십 대 중반에 되도록 빨리 안정적인 직장에 취업해야 한다는 강박에 시달렸다. 번듯한 직장만 잡으면 인생의 문제가 상당 부분 해결되리라 믿고 스펙 쌓기에 골몰했다. 여름방학 때 강원도로 여행 가자는 친구들의 권유를 뿌리치고 도서관에서 토익공부를 한 적도 있다. 그때의 나는 내가 어떤 사람인지, 무얼 하고 싶은지도 모르는 채 그저 남 보기에 그럴듯한 사람이 되기 위해 앞뒤 안 살피고 달렸다. '너 자신을 알라'란 말은 떠올려 볼 생각조차 못했다. '나'에 대한 성찰 없이 '남'의 시선만을 의식해 만들어낸 목표에 쏟아부은 노력은 몸과 마음을 갉아먹기만 했을 뿐 아무런 도움이 되지 않았다.

먹고살기가 어려워질수록 안정적인 일자리를 얻어야 한다는 사회적 압력이 강해진다. 대중매체는 전문직과 고연봉 직장에 대한 선망을 부추긴다. 서둘러 무언가가 되려 하면서 자신이 어떤 인간인지 시험해 볼 시간을 못 가지는 청년들이 많다. 이십 대의 시간은 특정 직업인이 되기 위해 준비하는 시간이 아니라 구체적인 경험을 통해 스스로를 알아가는 시간이 돼야 하지 않을까. 취업을 하더라도 자신이 어떤 사람인지 모르고,

어떻게 살아갈지에 대한 생각을 만들지 못한다면 이후의 삶에서 반복적인 혼란을 겪을 수 있다.

-출판사를 그만두고 다시 교대를 간다는 게 보통 일이 아닌데 중요한 의사결정을 큰 망설임 없이 하신 것 같아요.

굵직굵직한 일은 누가 보면 저래도 돼? 할 정도로 빨리 결정하는데요. '결혼해야겠다, 애를 낳아야겠다' 이런 큰 결정은 크게 고민 안 하고, 어느 출판사 들어갈지 같이 자잘한 것들을 결정할 땐 보기를 많이 둬요. 출판편집자는 나한테 맞는다기보다 너무 재미있어 보였고, 교대입시는 임길택 선생님 책이 너무 충격적이었고요.

-단순히 끌리는 수준이 아니라 충격적이었군요.

모퉁이를 확 돌듯이. 누구나 살다가 모퉁이 한 번 크게 돌 때가 있잖아요. 대학교 다닐 당시에도 졸업하고 뭐 할지 큰 고민은 안 했어요. 졸업하고 입사지원했던 데가 두산동아 출판사거든요. 면접준비하던 시기에 두산중공업에서 투쟁하던 노동자가 자살을 했단 말이에요. 이게 충격적이었던 게 같은 두산 계열사잖아요. 제가 면접을 4차까지 봤는데 그때 면접관이 사장이었을 거예요. 합격 꽃다발 받고 우리 집 어른들도 너무 좋아했거든요. 면접 본 회사에서 사람이 죽은 것에 충격을 받아서 여기는 가면 안 되겠다 싶어서 포기했어요. 친구들처럼 대기업은 못 들어가겠구나 싶었죠. 삼성출판사는 삼성계열이 아니고 중소기업이었거든요.

-선생님은 인생의 중요한 국면마다 공부 능력이 큰 도움이 되는 것 같아요. 공부해 본 깜냥이 있으니까 시험 도전하는 데 두려움도 없고요. 임용시험은 어떤 식으로 준비하셨나요?

공부는 학창 시절에 한번 해봤잖아요. 인도 여행할 때 기차 2층 칸에서 2박 3일 동안 안 내려왔잖아요. 그 정도로 한 번 앉아 있으면 안 일어서는 거는 할 수 있어요. 특별히 체력이 좋은 건 아니에요. 근데 끈기라 해야 되나? 자더라도 앉아서 졸고 꾸준히, 끝까지 앉아 있는 거는 잘하거든요. 교대입시 준비하면서 사하도서관 다닐 때는 점심밥 먹고 10분 쉴 때 말고는 계속 앉아 있었어요.

제가 중고등학교 때 경쟁심이 많았거든요. 이건 나쁜 건데 '옆에 있는 아이보다 내가 더 앉아 있겠다. 도서관에 제일 일찍 오겠다. 제일 오래 앉아 있겠다.' 늘 이렇게 남이랑 비교하는 습관이 있었던 것 같아요. 공부할 땐 도움이 됐는데 나중에는 이거 떨쳐내는 게 힘들었어요. 독서실 책상에 쪽지가 놓여있을 때도 있었어요. 옆에 공부하던 여자애가 '정말 대단하셔요. 독서실 다니면서 이런 사람 처음 봤어요'라면서. 남자한테는 한 번도 못 받았는데.

또 늦게 수능을 치면 좋은 게 생각이 유연해지잖아요. 수능 지문이 엄청 길었는데 요령껏 풀 수 있는 거예요. 그동안 독서한 것도 있으니까 빨리 이해하는 거죠. 두 번째 수능 쳤을 때는 점수가 제법 좋았어요. 이런 얘길 편하게 하는 게 웃겨요. 옛날에는 내 자랑 같아서 부끄러웠는데 지금은 자랑이 아니라는 걸 알고 나니까 말하기가 훨씬 쉬워요.

-구민 님은 선생님이 되고 싶은 동기가 남들보다 뚜렷했잖아요? 막연하게 안정적이고 사회적으로 인정받는 직장이라 교직을 준비하는 사람들이랑 달랐다는 생각이 들어요. 그래서 더 열심히 공부할 수 있지 않았나 싶고요.

교대가 목적이 아니고 선생이 목적이었기 때문에, 공부할 때 수험서 옆에 놓인 책들이 임길택 선생님 책들이었어요. 임길택 님이 동화랑 시도 쓰셨거든요. 임용고시 때도 시험 고득점이 목적이 아니고 빨리 글쓰기 선생님들이랑 애들 글로 공부하는 게 목적이어서 우리 글쓰기 선생님들 교실 일기가 항상 있었죠. 쉬는 시간에 그런 거 읽으니까 마음을 가다듬는 데도 좋았어요. 또 수능은 대학서 공부할 수 있는 자격이 있는지를 보는, 써먹을 수 없는 공부잖아요. 임용은 내가 선생 되면 실제 수업에서 해야 되는 것들이니까 훨씬 가치 있고 재미있게 느껴졌어요.

교육대학 시절

교대 공부는 재미없었거든요. 학교 다니는 것보다 일주일에 한 번씩 글쓰기회 선생님들 만나는 게 좋았죠. 이오덕 선생님 책 공부하는 게 즐거웠어요. 선생님들이 수업한 얘기랑 아이들 글공부한 얘기도 들려주시고, 저 보라고 책도 많이 사주시고요. 그분들은 선생님이시고 저만 교대생이잖아요. 제 발로 찾아 간거다 보니까 너무너무 예뻐해 주셨어요.

-교대 다니면서 글쓰기교육연구회에 관심 가진 학생이 그렇게 많지는 않았을 것 같아요.

맞아요. 그때 임용 경쟁률이 너무 높았거든요. 교대에서도 내신 성적이 엄청 중요한 거예요. 거의 고등학교 같았어요. 같은 학년 동생들에게 미안했던 게 저는 대학교 한번 다녔으니까 보고서 쓰는 게 어렵지가 않잖아요. 근데 동생들은 입학하자마자 고등학교 공부에 대학교 공부에 막 뒤범벅된 느낌.

- 선생님께서 언니, 누나의 마음으로 동기들을 돌봐주셨겠네요. 남편분이랑은 어떻게 만나게 됐나요?

교대에 한울타리라고 지역아동센터에서 자원봉사하는 동아리가 있었어요. 거기에 영어과 애들은 없었거든요. 실과, 체육과, 윤리과 아이들이 많이 들어왔는데 선배가 영어과가 한 명 있다는 거예요. 교실 뒤에서 '한울타리 들어간 사람~' 이렇게 부르니까 도엽 씨가 딱 나오는 거예요. 친해지고 1년 반을 짝사랑하다가 제가 고백해서 사귀게 됐어요. 남편이 저보다 두 살 어려요. 봉사활동 같이 다니는 편한 누나였는데 부산 하단에 오뎅집에서 사귀자니까 엄청 당황해하던 기억이 나요. 한 3년 반 사귀었나. 결혼도 제가 하자고 했어요.

저희 남편은 우리 아빠랑 완전 반대예요. 화내지 않아요. 도엽 씨는 감정 변화가 크지 않아요. 너무 좋은 것도 없고 엄청 화나는 것도 없어요. 시댁 식구들이 다 그래요. 저는 시아버지 보고 충격받았거든요. 어머님이 일하고 들어오시면 아버님이 제일 먼저 하는 게 가방 받아주는 거였는데 전 그런 거 처음 봤거든요. 저 연배에 저럴 수가 있나 싶고. 그런 배려가 너무 자연스러웠어요. 그다음에 밖에서 일어난 일로 짜증 내지 않는 거. 우리 집 식구들은 쓰레기통처럼 아빠 감정을 받아내야 했는데 그러지 않은 거. 남자가 잘난 척하지 않는 것도 처음 봤어요. 남편이 저처럼 잔정이나 측은지심이 많지는 않아요. 어떨 때 보면 냉정해 보일 정도인데 늘 평온해요. 그게 부러운, 자랑이라기보단 부럽죠.

노력해도 안 되는 일

–살면서 일이 뜻대로 안 되고, 괴롭고, 방황하던 시기가 있었나요?

사는 게 뜻대로 안 되는구나 느꼈던 건 아빠와의 관계… 부모는 내가 선택할 수 없으니까 성장기 내내 괴로웠어요. 그 뒤로 뜻대로 안 된다 여겼던 게 보민이 낳고 나서… 아프기 전까진 괜찮았는데 아토피로 아프고 나서부터 내가 진짜 오만했구나 싶었어요. 아빠 일 말고는 인생이 크게 불행하다 느낀 적이 없었는데, 이거는 내 힘으로 할 수 있는 게 아니더라고요. 노력하는 건 자신이 있었는데 내가 노력해서 안 되는 일은 처음이었거든요. 그때 되게 괴롭고 방황했죠.

보민이랑 단 둘이서 오키나와, 제주도, 강원도에 한 달씩 살러 들어갔거든요. 공기랑 물을 바꿔 보면 다 낫는다고 해서. 남편이 일주일에 한 번씩 식재료를 갖다 주는 식으로 강원도 산속 황토집에 3주 살았어요. 자연치료를 고집했는데 그게 나 때문이었거든요. 제가 그때 약 안 쓰고 아이 키우기를 하고 있었어요. 그렇게 낫는 애들을 봤으니까. 아토피는 한 번 약 먹기 시작하면 끝이 없더라고요. 약을 안 쓰다 보니까 아이가 괴로운 시간이 길었어요. 몇 년 동안 밤에 잠을 못 잤으니까. 애가 아프면 같이 못 자니까 정신적, 육체적으로 너무 힘들잖아요.

육아휴직을 원래 1년 할 생각이었거든요. 근데 아토피 생기고 3년 동안 육아휴직을 하게 됐고 간병휴직을 1년 더 했어요. 그 후엔 남편이 1년 반 휴직하고. 이때 진짜 사는 게 뜻대로 안 된단 걸 느꼈어요. 부모는 내가 싫으면 떨어져 나오면 되는데 아이는 내가 돌봐야 되는 책임이 있으니까. 죄책감 때문에 방황을 했던 것 같아요.

열심히 하면 보통 속세의 일들은 다 되잖아요. 제가 뭘 한번 하면 죽을 둥 살 둥 했으니까. 고등학교 3년은 네다섯 시간만 자면서… 제가 아침 6시에 도서관에 도착했거든요. 도서관 문을 처음으로 열고 끝날 때까지 있었어요. 이 정도로 노력을 하니까 그래도 어느 정도는 됐단 말이에요. 서울대 까지는 안 돼도 서울에 있는 대학 정도는 갔잖아요.

근데 보민이 일은 그게 안 되더라고요. 내가 암만 밤잠 안 자고 전국에 약초를 구하러 다니고, 된장 간장 다 담아 먹고, 바깥음식 일절 안 먹여도… 이건 진짜 노력해도 안된단 걸 느꼈죠. 아이 낳으면 제일 하고 싶었던 게 오소희 작가처럼 둘이서 여행 가는 거였거든요. 근데 이 아이는 공기와 물과 음식의 영향을 가장 크게 받는 아이인 거예요. 자리를 뜨고 여행하는 게 치명적인 거잖아요. 이렇게 말하는 게 지금은 너무 미안해요. 내가 아이 낳으면 이렇게 해야지 했던 계획에 얘를 끼워 맞춘 거잖아요. 보민이 키우는 게 진짜 큰 공부가 되는 것 같아요. 내가 이렇게 욕심이 많았구나 싶고….

교사가 하는 일

- 사회적 시선, 정년보장, 경제적 안정등을 이유로 교사직에 도전하는 사람들도 있는 것 같아요. '아이들 가르치는 일'이라고 단순하게 생각하는 분들도 있고요. 교사일을 실제로 해보니 생각했던 것과 어떤 점이 달랐나요?

안정적이어서 교사를 하는 게 나쁜 건 아니죠. 왜냐하면 직업이니까. 우리 남편만 봐도 교사를 하는데 경제적인 이유도 있었으니까요. 남편은 아이들을 싫어하지 않고, 같이 공부하는 걸 좋아하니까요. 아이들과 어느 정도 선을 지키고 제대로 공부할 수 있게 도와주는 역할, 그걸 잘하시는 선생님들도 많아요. 오히려 그런 분들이 학교생활을 더 기복 없이 하는 편이구요. 그분들은 거의 수업 전문가, 생활지도 전문가죠. 저는 아이들과 거리를 두는 게 잘 안되는데 교사 생활뿐만 아니라 어떤 직업을 택했었더라도 이랬을 거예요. 출판편집일을 계속했더라도 작가님하고 언니, 동생하고 있었을 거예요.

초등 교사의 업무는 크게 세 가지로 나뉘는데 교육청 일, 학교 일, 아이들 일이에요. 세 가지가 이상하게 범벅돼 있을 때가 문제죠. 주로 교육청에서 공문으로 업무하달을 많이 하거든요. 저는 아이들과 같이 사는 걸 꿈꿨잖아요. 교사가 되고 보니까 공문이 어마어마한 거예요. 예전 학교 교감 선생님이 언젠가 통계를 냈는데 1학기 중간인데 공문이 몇 천 건이 와서 충격받았다고 얘기하신 적이 있어요.

그리고 교육청에서 예산 배분을 잘해야 될 것 같아요. 쓸데없는 부문에 예산이 간다는 느낌도 많고 우리가 목소리를 내면 제대로 반영되지도 않고. 복지 예산이 많긴 한데 사각지대에 놓인 아이들을 제대로 도와준다는 느낌은 못 받을 때가 많거든요. 개별학습반 아이들, 특수 지원이 필요한 아이들 같은 경우에도 활동사들이 아이당 한 명씩 붙으면 좋잖아요. 늘 예산이 모자라서 특수교육 전공한 담임, 활동사들이 부족해요. 교육 예산을 더 줄인다고 하는데 행정실에도 사람이 부족하거든요. 행정전담팀 같은 경우에는 채용을 늘려야 된다고 봐요.

관리자들에 비하면 일선 교사들 업무가 너무 많죠. 요새 내부 공모형 교장 같은 경우엔 일반 교사 업무를 똑같이 가져가는 학교도 있더라고요. 직접 수업을 하기도 하고요. 『짜장 짬뽕 탕수육』이란 책을 쓴 김영주 작가님은 교장 선생님이거든요. 아이들이랑 글쓰기 수업을 하시는데 이건 진짜 드문 일이죠.

아직까지는 교장, 교감의 권한이 큰 학교들이 다수예요. 인사위원회가 있지만 결국에 그 판을 관리자가 다 엎고 다시 짜는 경우도 많구요. 만약에 3학년 담임을 맡고 싶은 선생님이 여럿이면 다 같이 모여서 조율하는 게 아니라, 관리자가 자기 판단으로 그 선생님은 이 일 못한다면서 다른 곳에 배정해 버리는 거죠. 저 같은 경우에는 어린이회 이끄는 거나 기획하는 거, 텃밭 가꾸기는 좋아하거든요. 근데 저한테 딱딱한 서류업무 맡기면 부담이 되잖아요. 세게 말 못 하는 선생님들한테 과중한 업무를 맡기는 일도 생기고요. 아직까지는 시키면 시키는 대로 다 해야 한다고 생각하는 권위적인 관리자도 많아요.

새내기 선생님들한테 큰 업무를 주는 경우가 있거든요. 이럴 때 잘게 쪼개서 나누자고 말할 수 있는 제대로 된 선배가 있는 학교도 있고, 자기 일 아니니까 뭘 잘 모르는 신규교사한테 넘기는 경우도 있고. 이게 되게 부당한 게 신규 선생님들은 학교가 어떻게 돌아가는지 모르니까 말할 통로가 없잖아요. 시키는 대로 하는 수밖에 없는 거예요.

-신규라서 기본적인 업무도 부담스러운 시점인데 큰 업무까지 떠맡으려면 죽을 맛이겠네요.

그래도 우리 웅상 지역에는 신규 선생님이 오면 무난한 4, 5학년을 맡게 하고 되도록 아주 작은 업무부터 시작하게 하는 학교들이 있어요. 이

건 배려해 준다고 말하면 안 되잖아요. 배워가는 중이니까 당연히 그래야죠.

제가 작년에 5학년 부장을 맡았어요. 부장 자리는 5학년 다섯 반의 웬만한 업무는 다 해야 되고 체험학습 일정도 짜야하는데 수당은 한 달에 7만 원을 더 받아요. 업무가 과중해서 다들 안 하려고 하거든요. 계속 사양했는데 관리자가 자꾸 부탁하는 통에 결국 맡게 됐어요. 작년에는 다섯 반 부장에다 맡고 있는 업무랑 쥐고 있는 예산이 많아서 힘들었어요.

반 아이들도 25명이나 됐고요. 외국에 비해서 한 반에 아이가 너무 많아요. 신도시에는 30명 넘는 데도 있고요. 교사 한 명에게 학생 25명은 지나치게 많아요. 얘네 말 다 못 들어줘요. 요새는 다양한 가정이 있기 때문에 애들마다 편차도 심하고요. 어떤 날은 얘기 한 번 못하고, 등 한번 못 만져주고 헤어지는 애도 있거든요. 제 생각에 15명에서 20명 사이면 그나마 감당할 것 같아요. 발표도 한 번씩 시켜보고 목소리도 듣고요. 수업이 40분인데 25명이면 1분도 얘기 못해요. 주말 지낸 이야기도 못 하거든요.

작은 학교일수록 선생은 얼마 안 되는데 업무는 다 해야 되는 게 힘들죠. 지금 학교는 행복학교인데 작년보다 업무가 많이 줄었어요. 예전학교는 CCTV 관리까지 교사가 했어요. 체험학습 가면 음주 측정이나 돈 계산은 기본으로 하고 교사들 안에서 특수업무가 니 거니 내 거니 다툴 때도 있었어요.

선생님은 그때 뭐했어요?

개인적으로는 교육지원청이 도와준다는 느낌은 크게 안 받아요. 지금까지 학부모든 아이든 민원 처리는 거의 일 터지기 전에 교사 스스로 해결한 경우가 많았으니까요. 요새는 교사들 태도가 바뀌어서 학교폭력 같은 일이 생기면 일단 관리자한테 먼저 얘기하고 필요하면 교육청에도 미리 알리거든요. 일단 말은 해둬요. 사건이 터졌을 때 상급자도 알고 있어야 되니까요.

이번에 서이초 선생님 추모집회에 갔거든요. 한 선생님이 모두 발언 때 '선생님은 그때 뭐 했어요?'란 말을 되게 자주 듣는다니까 계신 선생님들이 다들 공감했어요. 쉬는 시간에 애들 싸우거나 다쳤을 때 학부모든, 관리자한테든 제일 먼저 들었던 게 '그때 뭐 했어요?' 거든요.

우리가 아이들한테 했던 말이 생각도 못한 데서 큰 문제로 돌아오는 걸 많이 봤기 때문에 작년까지만 해도 집에 오면 잔상들로 너무 힘들었어요. 혹시라도 실수해서 무슨 일이 생길까 봐 불안이 심했죠. 뉴스에 늘 그런 사건사고가 나오니까요. 올해 기점으로 내가 스스로 떳떳하면 된다는 식으로 마음을 바꿔먹었는데 늘 불안하긴 하죠.

-사소한 실수도 까딱하면 큰 죄가 돼버리네요. 이런 상황에 있으면 선생님들도 아이들 교육에 집중하기보다 책임을 회피하고 난처한 상황을

모면하는데만 전전긍긍하게 될 것 같아요.

사건 사고가 많이 일어나다 보니까 제가 자율적으로 기획해서 진행하던 활동들도 상당 부분 축소했어요. 교실에서 놀이할 때도 늘 아이들 안 다치는 것만 신경을 쓰게 돼서 뭘 하고 싶어도 못하는 경우가 많죠. 얼마 전 뉴스에서 아이가 교실에서 페트병 자르다가 실수로 자기 팔을 그은 사건이 있었잖아요. 그 일로 선생님이 학부모한테 한 달에 50만 원씩 입금했다고 하고요. 아이랑 1년을 생활하는 선생님이라면 사건이 일어난 것만으로 충분히 죄책감, 책임감 느끼거든요. 지금은 곧바로 소송이나 민형사상 처벌 대상이 되니까 무서워요. 그게 바로 옆 반에서 일어나는 일들이니까.

교육청에서 처벌받는 것보다 부모님이 무섭고, 큰 사건 사고 일어나는 뉴스를 자꾸 들으니까 무섭고. 교실에서 칼 안 쓴 지도 오래됐어요. 옛날에는 조각칼도 쓰고 칼이 필요할 땐 다양하게 썼어요. 안전 교육을 시켜도 아이들이기 때문에 어쩔 수 없이 다치는 수가 있는데 진짜 드물게 일어나는 사건들이 너무 크게 보도되니까요.

-요새는 방송국들도 그런 자극적인 보도를 경쟁적으로 하는 것 같아요. 기사가 유튜브로 업로드되면서 뉴스의 목적도 정보전달이 아니라 조회수를 올리는 게 돼버리니까요.

저는 아무 말도 할 수가 없어요.

이렇게 되면 아이들과 선생님, 부모가 얘기해서 풀어나갈 시간이 없이 일이 걷잡을 수 없이 커지거든요. 예전에 아이들끼리 싸웠을 때는 아이들 앉혀놓고 얘기하고 다음 날 또 얘기하면서 천천히 풀어갈 시간이 있었는데 지금은 그럴 시간이 없어요. 부모님들이 학교폭력 신고한다고 할 때 우리가 말리면 안 되거든요. 예전에 어떤 부모님이 저보고 질문을 하셨어요. '선생님, 너무 고민이 되는데 이거 학교 폭력 신고해야 될까요?' 아무 말도 할 수가 없다고 대답했는데 말하고 나니까 스스로도 어이가 없는 거예요. 아이를 1년 동안 맡기로 한 담임이 애 엄마한테 어떤 말도 할 수 없다는 게….

-조언을 하면 선생님께 책임을 묻나요?

만약 내가 학교폭력 걸으라고 해도 부모님한테 과중한 책임을 지우는 거고, '애들 싸움인데 그냥 넘어가세요.' 이 말했다가는 바로 소송감이에요. 일을 무마시키려고 그랬다고 오해할 수 있거든요. 부모님 마음이 언제 바뀔지 몰라요. 어느 쪽으로든 공격받을 수 있기 때문에 학교 폭력이 일어나면 교사도 스스로를 지켜야 돼요.

학교폭력이 일어났을 때 관리자들도 그래요. 옳고 그름을 판단하지 마라. 무조건 부모님 편에 서서 공감하고 위로해 줘라. 이게 서비스직밖에 안 되는 거예요. 원래 그 아이가 잘못했으면 가해자든, 피해자든 '어머니, 이거 얘가 잘못한 거예요'라고 말해줘야 되잖아요. 일방적인 싸움은 없거든요. 근데 저는 이런 말조차 못 했어요. 몇 년 뒤에도 연락 오거든요. 담임 한 지 1년 반 지나고 휴직 중에 전화받아본 적도 있어요.

보통 학교 폭력 사건이 터지면 학교폭력 담당 선생님이 조서를 받고 그 다음에 학교 안에서 학교장 종결이 될지, 교육청 넘어갈지가 결정되는데 요새는 학교장 종결 잘 안 해요. 교육청으로 넘어가면 그때부터는 장학사가 관장하고 형사, 민사소송으로 가기도 하고요.

예전에 대안학교에서 아이들끼리 다퉜을 때는 사건이 천천히 흘러갔거든요. 길게 보고 선생님이랑 부모님들이랑 같이 모여서 얘기하고, 아이랑도 얘기하고… 절차 문제를 떠나서 얘기를 계속했단 말이에요. 결론을 내기까지 많은 소통이 있었는데 초등학교에서는 그게 안 되는 거예요.

요새는 학교 업무가 분절적으로 나눠져서 학교 폭력이 일어나면 상담교사, 보건교사, 담임, 인성부장이 동시다발적으로 일을 맡아요. 성적인 요소가 조금이라도 있으면 보건교사가 개입하고, 정신적인 피해를 입었다면 상담교사가 같이 들어가는 식인데, 정작 아이와 생활을 같이 하는 담임은 배제돼요. 담임은 그냥 전달자 역할? 뭐를 어디까지 해야 하는지 알 수 없고 무력감이 들죠. 학교 폭력 사건이 생기면 교사는 위축이 돼요. 아무것도 못하니까 자존감도 낮아지고. 저처럼 소심한 사람들은 마음이 회복되는데 오래 걸려요.

-저는 학교 폭력을 애들 문제로만 생각했는데 교사분들이 이렇게 무력감을 느끼고, 오랫동안 괴로워할 거라곤 생각을 못했네요

애들만의 문제는 아니에요. 오히려 아이들은 더 빨리 회복할 수 있어요. 부모님이 회복이 안 되는 게 큰 걸림돌이죠. 어떤 부모님들은 화낼 준비가 돼 있는 시한폭탄 같아요. 화가 안 풀리면 어디든 풀려고 하거든요.

교사를 지켜줄 안전장치가 없다

교육이 너무 경쟁 구조로 가다 보니까 애들 공부는 학원에서 시키는 거고, 학교는 즐겁게 시간 보내는, 서비스해주는 곳으로 여기는 부모들도 있어요. 부모들이 최소한의 예의조차 안 지키는 경우는 너무너무 많아요. 전화해서 폭언도 하구요. '선생님, 내가 교장실 가서 엎으려고 그랬어요' 라고. 부드럽고 교양 있게 얘기하지만 위협이죠.

애가 어디 다쳤을 때도 부모님이 왜 안 알렸냐, 전화 한 통 안 주냐고 민원 넣는 경우도 많아요. 옛날에는 아이가 학교에서 좀 어지럽다고 했으면 저녁에 진짜 걱정돼서 전화했거든요. 지금은 걱정되어서 전화하는 거랑 책임질 게 두려워서 전화하는 거랑 반반이에요.

이렇게 되면 모든 행동을 조심해야 되는데 어떻게 애들이랑 편하게 마음을 주고받겠어요. 내 솔직한 마음을 얘기하면 나를 공격하는 화살이 될

수가 있는데. 교직생활 하면서부터 그 불안감이 계속 키워졌는데 올해 폭발한 거죠. 정신과 가봐야겠다는 생각을 그때 처음으로 했어요. 주위에 약 먹는 선생님들이 진짜 많거든요. 상담받는 사람도 많고. 갑자기 가슴 조이고 숨 쉬기 힘든, 공황장애증상 겪은 분도 많아요. 전화만 울려도 가슴이 떨린다는 분도 있구요. 얘기 들어보면 다 트라우마가 한 가지씩은 있어요.

-선생님의 권위를 인정해주지 않고, 말 한마디, 행동 하나가 큰 파장으로 돌아올 수 있고, 선생님을 위한 어떠한 보호망도 없으면 도대체 어떻게 교사 생활을 하라는 건지 의문이 들어요.

학교 안에 교사들을 지켜줄 안전장치가 없어요. 회사는 정문 앞에 경비라도 있잖아요. 물리적으로라도 지켜주는 사람. 여기는 여자가 많은 편이고요. 어떤 엄마들은 선생님 겁 주려고 애 아빠 부른다고 할 때도 있거든요. 저도 키 190되는 아버지가 우리 반으로 온다고 할 때는 두려운 마음이 든단 말이에요. 같은 학년에 있는 선생님들이 서로를 지켜주고 힘이 되지, 관리자는 너무 멀어요. 선배라는 느낌도 안 들고, 그렇다고 나를 지켜줄 수 있는 사람인 것 같지도 않고. 교권보호위원회가 있긴 한데 실제로 열려서 지켜준 적은 없어요. 저는 후배들한테 전교조 아니어도 되니까 무슨 단체든 하나는 가입하라고 해요.

얼마 전까지만 해도 아동학대 혐의만 있어도 교사는 조사기간 동안 즉시 분리 조치되고, 출근도 못하게 했어요. 학교에서 내일부터는 학교 나

오지 말고 집에서 대기하라는 연락이 온대요. 이유는 안 알려주죠. 관리자조차도 말을 안 해줘요. 그럼 내가 당장 내일부터 우리 반 애들 못 만나는 거죠. 아이들도 선생님이 왜 안 나오는지 몰라요. 도움을 받으려면 노조처럼 단체 하나는 가입되어 있어야 된다는 거죠. 그러면 교사 혼자 변호사 안 알아봐도 진상조사 정도는 도와줄 수 있거든요. 혐의를 풀려고 소송하면 최소 몇 달은 걸리잖아요. 이런 경우가 되게 많아요.

교사들은 여태껏 어떻게 견뎌온 걸까? 교사들은 몰리고 몰려 막다른 골목에 서 있다. 인력을 충원하지 않아 생기는 과중한 업무부담, 교실에서 발생하는 모든 사건의 책임, 몰염치한 학부모의 횡포까지 학교는 모두 교사 개개인이 감당하게 하고 있다. 과중한 압박감을 견디다 못해 몸과 마음이 병들면, 그것조차도 '정신력이 약한' 교사 개인의 문제로 돌린다.

사실 학교는 오래전부터 자본의 논리로 움직여 왔다. 교사도 노동자라는 너무 당연한 사실을 교직에 대한 사회적 환상으로 가려온 게 아닐까? 인건비를 절감한다고 사람을 뽑지 않고, 넘치는 업무와 학교가 감당해야 할 책임과 위험, 학부모 민원까지 일선 교사에게 떠넘기는 건 악덕기업의 행태와 다를 게 없다.

나의 어린 시절, 삭막한 교실을 그나마 살만하다고 느끼게 해 준 건 아이들을 따뜻한 마음으로 대해주던 몇 안 되는 선생님들이었다. 교사를 행주 짜듯 쥐어비트는 시스템과 관습은 교사들의 열정과 진정성을 짓뭉개고 체념하게 할 것이다. 이 상황을 개선하지 않으면 아이들은 따스한 눈길과 너른 품을 지닌 한 사람의 어른과 교감하는 경험을 더 이상 할 수 없게 될 것이다.

교육 현실 자체가 어린이 학대

-2~30년 전에는 지금이랑 달랐잖아요. 교사가 교실에서 절대적인 힘을 가지고, 교사가 시키면 무조건 해야 되고, 때리면 맞아야 되고… 뭔가 접점이 없이 극단에서 극단으로 온 느낌이에요. 서로를 배려하는 쪽이 아니라 교사가 갑인 학교에서 학부모가 갑이 되는 쪽으로 변질돼 온 것 같아요.

옛날에는 학교가 군대 같았고, 교사가 무소불위의 권력이었잖아요. 신이었죠. 저도 많이 맞았고 인격적으로 수치스러웠던 적도 많거든요. 그런데 아이들 인권이 잔인하게, 무섭게 짓밟히는 건 변함이 없어요. 다른 식으로 짓밟히지. 그때는 물리적으로 맞았는데 지금은 정신적으로 맞고 있잖아요. 애들이 집에서나 학교에서나 학대당하는 건 똑같은 것 같아요.

진짜 학대가 뭔지는 생각해 봐야 되는 게 저는 한국 교육 현실이 모든 어린이들한테 학대라고 생각하거든요. 숙제 안 했다고 엄마가 머리 쥐어박고, 등짝 때리는 건 학대 아닌가요? 학원에서 80점 이상 맞기 전에 집에 못 가는 거, 이게 학대잖아요. 그리고 애들이 놀 데가 없어요. 주로 가는 곳이 노래방 아니면 오락실이에요. 편의점 가고, 탕후루 먹고, 마라탕 먹으러 가고. 이게 학대죠. 그나마 학교에서 먹는 급식이 밥 같은 밥이고요. 부모님들이 바쁘단 이유로 아침밥 안 먹고 오는 애들도 많고, 학교 마쳐도 태권도 학원이든 줄넘기 학원이든 자꾸 뭘 하는 애들이 많아요. 요새는 9시에 태권도 가는 애도 있거든요. 계속 차에 실려 다니니까 아무것도 안 하는 시간이 없어요. 그래서 애들이 제일 좋아하는 게 아무것도 안 하는 시간이에요.

아이 곁에 있는 모든 이들이 선생님

-학부모들에게 교사는 자기 애들을 돌보는 사람이잖아요. 제가 학부모라면 일부러라도 잘 보이고 싶을 것 같은데요. 왜 어떤 학부모들은 선생님께 함부로 대할까요?

부모님마다 생각하는 게 다른 것 같아요. 교사들을 아이 교육에 관한 서비스를 제공하는 사람으로 보는 부모님이 있고, 스승 그림자도 안 밟는 옛날식으로 생각하는 부모님도 계시고요. 우리 아이 주위에도 엄청 많은 사람들이 있잖아요. 제가 생각하기에 교사는 동네 이모 삼촌부터 해서 그 아이 성장기에 함께해 주는 어른이라고 생각하거든요. 저는 아이와 관련된 선생님들에게 고마운 게 나 혼자 다 하지 않게 해 주잖아요. 아이들이 사람 보고 배우는 게 되게 큰데 다양한 면을 보여줄 수 있어서 고맙거든요. 아이가 나만 보고 자란다고 생각해 보세요. 아이가 볼 수 있는 세상이 제가 다라면 얼마나 부담스러워요? 이모, 삼촌들이 있는 마을은 그래서 좋은 것 같아요.

부모님들이 잘못 알고 계신 게 학교에서 진짜 선생님은 그 아이를 뺀 모든 사람들이거든요. 형과 동생들까지도요. 이렇게 하면 진짜 공동체잖아요. 한 아이를 둘러싼 세상이고. 이렇게 보기가 쉽지 않은 것 같아요. 개별적이고 분절된 서비스를 제공하는 사람으로 보기 때문에 '왜 네가 할 일을 안 해? 독서교육은 어떤 식으로 할 거야?' 이런 말이 나오는 것 같아요. 제도를 바꿔야 된다고 생각하면 맨날 집회 나가고 다른 노조들처럼 격렬하게 투쟁할 수도 있겠죠. 저는 교권 회복이 아니라 교육 개혁으로 가야 된다고 생각해요. 923기후위기선언처럼 교육개혁선언을 하고, 입시 위주의 교육에서 벗어나야죠. 단순히 교권 회복을 목표로 아동학대법 개정 정도로 멈추면 안 될 것 같아요. 사실은 조금 회의적이기도 해요. 30년이 지났는데 어떻게 학교가 나 다닐 때랑 똑같은지. 너무 천천히 바뀐다는 느낌이에요. 아직도 책상은 네모낳고, 수업은 40분이고.

아이들끼리 풀어보는 연습

이 제도에 지지 않으려면 애들한테 기회를 만들어줘야겠다고 생각했어요. 우리 반은 갈등이 생겼을 때 아이들끼리 풀어보는 연습을 해요. 사건이 일어나서 행정절차로 진행되기 전에 내가 최소한의 시간과 공간은 벌어주겠다고 마음먹었어요. 며칠 전에 우리 반 여자애 두 명이 싸웠어요. 여자애들 싸움이 학교폭력으로 가는 경우도 많거든요. 왜냐하면 과거 얘기가 자꾸 나와요. 대여섯 반밖에 안 되니까 아이들이 옛날에 쌓인 일이 많은 거예요. '니가 나 괴롭혔지 않냐, 왕따 시켰지 않냐' 이런 얘기들이 나오면 그때부터 일이 커지거든요.

내 직업이 중간에서 누가 잘못했는지 말해주는 판사, 경찰이 아니잖아요. 보통은 내가 동석하고 애들끼리 얘기하게 해요. 둘이 얘기할 때 사람의 기운이라는 게 있어서 한쪽이 기가 세면 한 아이한테는 두려움의 자리가 될 수 있어요. 그럴 때를 대비해서 앉아 있는 거죠.

처음에는 교실 안에 같이 앉아 있다가 아이가 저보고 나가달라고 하더라고요. 그때부턴 복도에 서서 창문으로 봤어요. 제가 듣기는 듣고 있었거든요. 몇 년간 쌓인 일을 그 40분 동안 애들이 다 얘기하는 거예요. 그러고 나니까 다시 풀어져서 놀더라고요. 인간 안에는 어울려 지내고 싶은 욕구가 있는 것 같아요. 인간은 사회적인 동물이잖아요. 주체성을 발휘할 수 있는 시간과 공간만 마련해 주면 애들끼리 잘 풀어가더라고요.

-학교폭력이 생겼을 때 학부모, 학폭위원회, 경찰처럼 외부의 어른들, 기관이 개입하고 조치를 취하는 게 아이들을 수동적인 대상으로 만든다는 느낌이 들어요. 사람끼리 풀어야 할 일을 법과 제도로 처리하는 것 같아요.

행정 절차가 너무 빨리 착착착 진행돼요. 남자애가 지나가다가 여자애 가슴에 스치거나 고의로 만지는 사건이 생기면 몇 시간 안에 보고해야 되고, 경찰이 출동하고… 이런 절차들이 있거든요. 보고를 안 한 사람도 사건에 책임을 져야 해요. 아동학대도 마찬가지예요. 정황이 발견됐으면 몇 시간 안에 신고를 해서 경찰이 조사하고 가야지, 안 그러면 방조죄가 되거든요. 이 호흡이 아이들이 따라가기에는 너무 가쁜 거예요.

애기할 시간을 벌어주고 지켜보면 회복력이 놀라워요. 애들은 싸워도 몇 시간 지나면 다시 놀잖아요. 그럼 그 일이 값진 경험이 되는 거예요. 마음에 치명적인 상처를 입거나 트라우마 생길 정도로 아니라면 심지어 몸에 생긴 상처보다도 금방 아무니까요. 예전에는 사소한 다툼은 우리끼리 해결할 시간과 여지가 있었거든요. 이제는 등교하다 아파트 앞에서 투닥 돼도 학교폭력이 돼버려요. 학교에서 일어나는 문제의 근본적인 이유는 서로 못 믿어서라고 생각해요. 아이들과 교사, 교사와 교사, 교사와 부모 사이의 믿음의 부재. 못 믿으니까 다 알아서 해주려고 하고 못 믿으니까 절차부터 찾고 못 믿으니까 소송부터 걸고 이런 게 안타까워요.

내가 어릴 때 누나랑 싸우면 아버지는 우리 둘을 혼낸 뒤 무릎 꿇고 손을 들게 했다. 초등학교 2학년 때 담임선생님은 반 아이 둘이 싸웠을 때 한 명 한 명의 얘기를 듣고 서로의 잘잘못을 가려주었다. 당사자인 아이들의 감정이나 생각과 별개로 어른들의 판단에 따라 갈등이 정리됐다. 당시의 나는 뭔가 찝찝하다고 느끼면서도 따르는 수밖에 없었다. 어른들이 시키는데 뭘 어쩌겠는가?

내가 만난 어른들은 아이는 미숙한 존재이니 어른이 대신 시비를 가려줘야 된다고 생각했고, 그런 환경에서 자란 나는 나도 모르게 어른들의 생각을 내면화했다. 같은 생각을 가진 어른들이 만든 학교폭력대응제도 또한 아이를 스스로의 힘으로 갈등을 해결할 수 없는 미숙한 존재로 규정

한다.

구민 님은 기존의 어른들과 다르게 아이를 자기 결정권을 가진 존재로 보았다. 아이들이 소통할 수 있는 장을 마련했고 본인의 역할은 일방적인 소통이 되지 않게 지켜보는 정도로 제한했다. 당사자인 아이들을 사건을 풀어가는 주체로 세운 것이다. 아이들은 제도라는 외부의 힘에 주도성을 빼앗기지 않고 자신들의 힘으로 갈등을 해결하는 소중한 경험을 할 수 있었다.

모든 마을 사람이 아이가 죽었다며 통곡할 때 예수는 '죽은 것이 아니라 잠든 것'이라고 한다. 아이는 이내 일어나 걷게 된다. 내게는 이 성경의 일화가 사람을 바라보는 관점의 문제로 읽혔다. 일화 속 아이의 생사가 주변 사람들의 믿음에 따라 달라진 것처럼, 아이들 또한 고정불변의 존재가 아니라 어른과의 상호작용에 따라 변할 수 있는 유동적인 존재다. 아이들의 주체성과 내면의 힘을 억누르고 있는 건 '아이들 스스로는 문제를 해결할 수 없다'는 어른들의 선입견이 아닐까?

학원 안 다니는 애들은 눈빛부터 다르다

-구민 님 반 아이들 하루 일과는 어떻게 되나요?

학교가 2시 40분에 마치잖아요. 3시 10분에 학원 수업이 있어요. 애들

이 어느 정도냐면 20분을 알차게 놀고 남은 10분 동안 달려서 학원에 가요. 놀 시간이 없으니까요. 학원 차가 2시 40분부터 교문 앞에 서 있다가 빨리 안 온다고 전화가 오기도 해요. 학원은 적게 다니면 한두 개 다니고 공부방도 많이 가요. 옛날처럼 전 과목 문제를 풀어요.

보통은 학원 차로 두세 군데 옮겨 다니다 마지막은 태권도 피아노로 끝나요. 빠르면 6시쯤 돼요. 학원 숙제가 매일 있어서 집에서도 숙제를 하고요. 10시쯤이면 자야 되는데 애들은 그때부터가 자유시간이잖아요. 그럼 새벽 1시까지 유튜브 보고 있는 거예요. 아침에 학교 오면 밥도 안 먹었으니까 피곤해서 엎어져 있고… 고학년은 무기력한 애들이 많아요. 얘네는 어딜 가든 선생뿐인 거예요. 좌절감을 느끼는 건 이런 상황을 알아도 부모님한테 학원 그만두게 하라고 말할 수가 없다는 거예요.

교사 초년생일 때는 패기에 가득 차서, '어머니, 얘는 지금 학원이 문제가 아니라 실컷 놀아야 돼요. 마음에 병이 생겼어요'라고 말씀드리기도 했어요. 그때는 결혼도 안 했는데 뭘 아냐고 하더라고요. 결혼하고 나서는 애도 안 낳아봤으면서 무슨 얘기냐고 하고, 지금은 '선생님 애는 대안학교 보내지 않냐, 직접 가르치지 않냐'고 해요. 대신 애가 너무 힘들어하면 어머니한테 학원 하나만 빼면 안 될까요? 한 달 정도만 쉬게 하면 안 될까요? 하고 제안은 해봐요. 얘기해도 안 통하는 경우가 대부분이지만요. 우리 반에서 제일 행복하고 수업 시간 집중력도 뛰어난 아이들이 학원 안 다니는 두세 명이거든요. 걔네는 눈빛이 달라요. 수업시간에 발표도 제일 많이 하고 친구들이랑도 잘 지내고요. 놀아봤기 때문에 친구랑 노는 법을 알아요. 제가 그 애들 어머니 만나면 진짜 잘하고 계시다고, 흔들리지 말라고 말씀드려요.

-그 부모님들은 왜 학원을 안 보내신 겁니까?

아이 뜻을 존중하니까요. 얘들은 밥도 잘 먹고 몸도 건강해요. 아이들이 다른 사람을 사랑하고, 믿고… 이것까지 바라는 건 욕심이라고 생각해요. 그냥 행복하게 자랐으면 좋겠어요. 행복한 것도 능력이더라고요. 부모님들이 학원 공부시키면서 다 미래를 위해서라고 말하잖아요. 그거 말고 지금 이 순간 행복하면 될 것 같아요. 요즘 독서교육 얘기 많이 하는데 대학 갈 때 도움 돼서 책을 읽는 게 아니라 지금 책 읽는 게 재미있으면 되거든요.

내가 할 일은 아이들이랑 글 쓰며 사는 것

-교사생활을 10년 넘게 하셨는데요. 처음 교사를 시작했을 때랑 비교해 보면 성장하고 달라졌다고 느끼는 부분이 있나요?

제가 조금 자랐구나 느끼는 건 옛날에는 정색하면서 '어디 감히'했을 상황도 지금은 '오늘 기분 안 좋은 일 있나, 내한테 왜 그러노.' 이럴 수 있는 여유가 생긴 거죠. 이게 안 들키는 거거든요. 화가 안 나면 제일 좋겠지만 화가 났어도 이제는 안 들킬 수 있다는 거, 조용히 얘기를 풀어나갈 수 있다는 거. 이게 눈에 띄게 바뀐 점이에요.

학교생활하면서 제 약점이 욱하는 거라고 생각했어요. 초임 때는 바닥에 분필을 던진 적도 있어요. 화내고 사과하는 게 늘 힘들었고요. 사과가 힘든 게 아니라 사과하기까지의 죄책감이 너무 힘들었거든요. 그런 밤엔 잠이 안 오는 거예요. 애한테 치명적인 상처를 줬다는 생각에서 벗어날 수가 없었어요. 근데 애들은 사실 상처를 잘 안 받아요. 제가 사과하면 왜 사과를 할까 의아해할 정도로 애들은 딱 순간만 살기 때문에… 그런 게 많이 나아졌어요.

-조금 달라졌다고 하시는데 큰 산을 넘은 것처럼 들리기도 하네요.

사실 올해 학기를 시작하면서 내가 뭘 해야 되는지 몰라서 무기력했어요. 잠이 안 오고 자꾸 우울해져서 힘들었는데 교직생활하면서 쌓여온 불안이 터진 것 같아요. 그 시기를 넘어오는데 도움이 된 건 글쓰기워크숍하면서 성장 과정에서 마음에 남았던 사건을 갈무리한 게 있고, 학부모 민원이나 징계를 두려워하지 않고 아이들이랑 내 기조대로 살면 된다고 마음을 굳건히 먹은 것도 있어요. 이제는 어떤 일도 두렵지 않다, 아이들을 믿고 아이들이랑만 잘 지내면 된다고요. 마음이 편해지니까 화가 놀랍도록 가라앉았어요. 방학 때 작년 아이들 문집 만든 것도 큰 힘이 됐어요. 내가 할 일은 애들이랑 글 쓰면서 그냥 사는 거란 걸 많이 느꼈어요.

구민 님이 교사가 되기로 마음먹은 건 아이들이 건강하고 구김 없이 자랄 수 있도록 곁을 지키는 이 일이 참 귀하게 느껴져서였다. 구민 님은 본인과 시간을 보낸 아이들이 지금 행복한 아이, 속 마음을 대면할 수 있는 용기 있는 아이, 솔직한 아이, 주변 사람들과 어울려 살아갈 수 있는 아이로 자라길 바랐다.

교직생활을 시작한 후 구민 님은 현실에서 이러한 바람을 실현하는 게 만만찮은 일이란 걸 절실하게 느낀다. 교사 일은 아이와 만나는 것이라 생각했는데 수업 외에도 처리해야 할 행정업무가 지나치게 많았다. 교사로서 존중받기는커녕 수시로 관리자와 학부모의 눈치를 살펴야 하는, 최소한의 자존심조차 지키기 어려운 상황이 이어졌다. 한 해 한 해 지날수록 이러한 경향은 심해졌다.

담임을 개인과외선생 정도로 여기는 걸까? 학교 진도가 학원 진도랑 안 맞다고 따지는 학부모가 있다. 학교 마친 후 아이를 곧장 학원을 보내야 하니 종례를 빨리 마쳐달라는 학부모도 있다. 이 정도는 양반이다. 사건, 사고라도 발생하면 부모의 원망과 화는 고스란히 담임교사가 받아내야 한다. 어떤 교사는 교실에서 있었던 일로 학부모가 소송을 걸어 오랫동안 고통을 겪었다. 아이한테 한번 화낸 걸로도 밤잠을 못 이루는 여린 구민 님에게, 무심히 했던 말과 행동 하나하나가 화살로 돌아올지 모르는 상황은 얇은 얼음장 위를 걷는 듯 위태롭게 느껴진다. 말실수하는 게 아닐까. 오해받지 않을까. 때로 압박감이 심해질 때면 아무리 숨을 내쉬어도 갑갑함이 사라지질 않는다.

분명 우리 반 애들 문제인데 학폭위원회가 사건을 이끌어간다. 학년주임이 오고, 상담교사가 오고, 경찰이 온다. 담임교사의 일은? 보고를 제때 하는 것. 이런저런 전문가들에게 상황을 전달하는 것. 아이들과 1년을 지내는 교사인데 교실에서 할 수 있는 게 없다. 아이들, 학부모에게 말 한마디 솔직하게 못 한다. 조용히 입 다문 채 문책만 받을 뿐이다. 나는 왜 교사일을 시작했지? 왜 애들 앞에 있는 거지? 투명인간이 돼가는 것처럼 나란 사람의 윤곽과 형체가 점점 희미해진다.

그럼에도 마음을 다잡고 아이들과 잘 지내려 해 보지만 제멋대로인, 자꾸 문제를 일으키는, 변하지 않는 아이들 앞에선 속수무책이다. 아이와 한 교실에 있으면 시한폭탄을 옆에 둔 것처럼 불안하다. 이런 아이를 어떻게 사랑하란 말이야? 이오덕, 임길택 선생님 말씀은 50년 전에나 통했던, 훌륭한 그들에게나 가능했던 얘기 아닐까? 나름 진정성 있는 교사라고 생각했는데 나의 사랑은, 내가 생각하는 사랑은 이 아이에게 닿지 않는 것만 같다.

교사로서 할 수 있는 게 없다고 느꼈을 때 거대한 장벽에 길이 막힌 듯 암담했을 것이다. 구민 님은 우울과 무력감을 느끼면서도 교사로서의 정체성을 포기하지 않고 상황을 어떻게 타개해 나갈지 치열하게 고민했다. 자신이 어쩔 수 없는 부분, 학부모 민원이나 징계에 대해서는 될 대로 되란 식으로 마음을 정리했다. 아이들과 진솔하게 소통하는 것은 교사로서 포기할 수 없는 부분이었기에 이걸 추구하는 과정에서 일어나는 문제는 감수하기로 한 것이다. 교실에서 일어나는 갈등도 아이들을 믿고 아이들과 함께 해결해 보리라 마음먹는다.

삶을 가꾸는 글쓰기

1학기 중반부터 자꾸 저랑 마음이 어긋나는 아이가 있었어요. 올해 얘한테 쓴 편지가 10통이 넘는 것 같아요. 근데 아이가 점점 달라지는 게 보였어요. 아이 주머니 안에 제 쪽지가 있었는데 빨래하다가 다 찢어졌나 봐요. 얘가 학교 와서 그걸 다 말리고 A4용지에 다시 붙여서 원상복구 시켜놓은 거예요. 이럴 때 한고비 넘어가는 거예요. 교사생활하면서 느끼는 불안을. 글쓰기는 저한테 믿음을 회복하는 방법인 것 같아요. 문제 해결을 떠나서 무엇보다 재밌어요. 글 읽고 같이 쓰는 게.

애들이랑 글 쓰면서도 계속 장애물은 있죠. 저 같은 경우에는 너무 잘해왔잖아요. 저는 운전면허 시험 빼고는 떨어진 적이 없거든요. 회사면접 볼 때도 1차에서 낙방한 적이 없어요. 지원하는 회사는 다 됐으니까요. 마음 안에 '잘하고 싶다'는 생각이 자리 잡고 있죠. 글쓰기 할 때 내가 잘하고 싶은 마음이 생기면 아이들 글이 '글짓기'가 되는 거는 순식간이에요. 왜냐하면 아이들은 제 마음에 들고 싶어 하거든요. 곁에 있는 어른 누구에게나 정을 주기 때문에 잘 써야 한다는 내색을 살짝만 비춰도 제 마음에 들기 위해서 글을 쓰니까요. 이 마음을 버리는 게 저한테는 가장 큰 과제였어요.

올해는 조금 편하게 하고 있어요. 애들한테 뭘 해선 안 된다는 자기 검열도 저를 옭아매거든요. 너무 개입해서도 안 되겠지만 안 할 수도 없어요. 아이들이 미디어를 많이 접하니까 마냥 놔두면 글이 자극적으로 흘러간단 말이에요. 웃기려고 예능처럼 쓰는 애들도 많아요. 올해는 일단 써보고 지나치다 싶으면 글 고칠 때 완급을 조절하는 식으로 해가고 있어요.

-무슨 시간에 글을 쓰세요?

8시 40분 등교하면 9시까지 아침 활동 시간에는 늘 썼고요. 그때는 팍팍 세게 쓰는 게 아니라 재미로 가볍게. 다음에 국어 시간하고 창의적 체험활동 시간이 있거든요. 국어 시간 아니어도 도덕, 과학시간에도 쓸 수 있어요. 어디 갔다 와서 쓰면 그게 자연스럽게 기행문이 되고, 텃밭에 간 일로 쓸 수도 있고… 우리 반은 생활이 그냥 글쓰기인 거예요. 무조건 갔다 와서 '앉아요, 글 쓰세요' 이러는 게 아니라 먼저 잡담 나누듯이 얘기를 충분히 해요. 아이들한테는 말이 먼저거든요. 그다음에 글로 넘어가면 훨씬 쉬워요.

-글쓰기가 아이들이랑 소통하는 도구가 되기도 하고 아이들에게는 생활을 되돌아보는 계기가 되기도 하는 것 같아요. 오랫동안 해왔으니 이제 글쓰기 수업에는 도가 트셨을 것 같은데요?

편해진 건 있는데요. 너무 선수처럼 숙련되면 위험한 거라 경계하려고 하죠. 우리 교사들 중에도 책 내고 강의 다니는 스타 강사가 많거든요. 그게 나쁘다는 건 아닌데 저한테는 되게 위험한 자리예요. 저처럼 자기한테 잘 취하는 사람, 잘 해온 경험이 많은 사람은 밑도 끝도 모르고 달릴 수 있기 때문에 숙련되는 게 위험한 것 같아요. 저 같은 사람은 늘 서툴러야 계속 재미있게 할 수 있는 것 같아요. 초등교사는 매해 다른 반, 다른 애들을 맡으니까 매해 서투를 수밖에 없는 게 좋아요. 제가 교사 일을 좋아하게 된 데는 글쓰기 수업 영향이 있었을 거예요. 저도 계속 교실 일기를 쓰고요.

글쓰기는 스스로의 마음을 돌보는데도, 아이들과 소통할 때에도 핵심적인 도움이 됐다. 구민 님은 마음이 캄캄할 때조차 글쓰기로 스스로와 끈질긴 대화를 이어갔고 아이들과 함께하는 글쓰기 활동을 놓지 않았다. 글쓰기로 언뜻언뜻 엿보이는 아이들의 마음은 환하고 순진무구하고 따뜻해서, 그 빛에 의지해 어두운 밤길을 한걸음한걸음 걸어올 수 있었을 것이다. 아이들은 글쓰기를 통해 제 생활과 관계를 고스란히 드러냈고, 이것은 아이들의 마음을 정확히 아는 데 큰 도움이 됐다. 마음을 정확히 아는 구민 님은 아이들과 제대로 얘기 나눌 수 있었을 것이고 막연하고 모호하지 않은 정확한 애정을 줄 수 있었을 것이다. 이런 일련의 노력은 흐릿해지던 교사의 정체성을 다시 또렷하게 해 주었을 것이다.

아이들에 대해서도 입장을 분명히 했다. 최대한 이해하려 애쓰고, 아이 자신도 모르는 아이의 마음을 읽어주려 노력하되 변하리란 기대를 내려놓는 것. 그리고 끝까지 아이 곁을 지키는 것. 구민 님은 교실에서 자주 문제를 일으키는, 마음이 엇나가는 아이에게 편지를 10번 넘게 썼다. 반 아이가 스물다섯인 교실에서, 할 일이 산더미인 교사가 한 아이에게만 편지를 10번 넘게 쓴 것이다. 마음을 닫고 주변 사람과 소통하지 않던 아이는 결국 선생님에게 마음을 열었다. 구민 님은 처참한 교육현실에서도 아이를 이해하려는 노력을 포기하지 않았고 이것은 아이의 생에 변화를 만들어냈다. 구민 님은 아이들을 꾸준히 사랑하는데 탁월한 재능이 있고, 이건 교사에게 가장 소중한 자질일지도 모른다. 황량한 사막에 나무를 심는 사람처럼 매년 수십 명 아이들의 마음에 작은 묘목을 심고 있다. 그 나무들은 지금 이 순간에도 저마다의 속도로 무럭무럭 자라고 있다.

쓰지 않으면 사라진다

-애들만 쓰게 하는 게 아니라 선생님도 쓰시는군요.

학교생활의 한 장면을 쓰기도 하고, 아이가 한 말이 재밌다, 감동적이다 싶으면 까먹기 전에 빨리 받아 적기도 하고요. 요즘에는 2~3일에 한 번씩 쓰는데 옛날엔 거의 매일 썼어요. 수업 일지라기보단 삶의 한 장면을 쓰는 거예요. 아이들한테도 이걸 써보라고 해요. '어린 시절 기억이 그렇게 오래 안 간다. 쓰면 그 일이 살아나는데 쓰지 않으면 사라진다'고요. 내가 써보니까 자꾸 쓰다 보면 삶이 빛나는 순간들로 가득하더라고요.

기본적으로 글쓰기 공책이 3권이에요. 일기, 시, 아침 공책. 아침 공책에는 아침에 학교 오면서 보고 듣고 느낀 걸 써요. 글쓰기 수업하면서 애들이랑 관계가 좋아졌어요. 글쓰기를 안 했더라면 아이가 그렇게 내 마음 깊숙이는 들어오지 않았을 것 같아요. 걔가 말한 걸 받아 적으면 내가 그 아이의 하루하루를 기록하게 되잖아요. 제가 딴 거는 잘 까먹는데 아이들이 얘기한 건 잘 기억하거든요. 그래서 애들이 쓸 거 없다고 할 때 '너 어제 이런 말 했잖아, 이런 일 있었잖아.' 이렇게 한 명당 대여섯 가지는 말해줄 수 있어요. 애들이 싫다싫다 하지만 쓰다 보면 글 쓰는 재미를 알게 되거든요. 지금까지 글쓰기 하면서 2학기가 끝날 무렵까지 글쓰기를 싫어하는 아이는 못 봤어요.

글 쓰는 게 제일 싫다는 애들이 제법 되거든요. 작년에 희석이란 아이는 글쓰기 싫다고 아침 글쓰기를 제일 성의 없이 냈어요. 1년 내내 적었는데 매일 두세 줄이 다고, 그나마 적는 게 '오늘도 쓸 게 없다'인 거예요. 얘가 2학기 때 밤 열 시 반에 저한테 카톡으로 시를 길게 적어 보냈어요. 평소에 엄한 아버지인데 그날 저녁에 따뜻한 얘기 하면서 안아준 거예요. 이 일을 지금 안 적으면 까먹을 것 같다면서 시를 쓴 거죠. 그때가 10월 말이었는데 1년이 거의 저물 무렵이잖아요. 얘가 언제 글을 써야 되는지 알게 됐구나 싶어 큰 감동으로 다가왔어요.

-교사가 된 첫해부터 10년째 글쓰기 수업을 해오셨는데요. 그동안 구민 님의 글쓰기교실은 어떤 모습으로 변하고 성장해 왔나요?

처음에는 특별한 일 있을 때 주로 썼거든요. 국어 시간, 글쓰기 수업 시간에 주로 했다면 지금은 전 과목에 녹여낼 수 있어요. 국어 교육과정 재구성한 지는 2년 됐어요. 2단원이 글쓰기고 4단원이 토론이라면 말하기

다음에 글쓰기로 가면 효과적이니까 4단원을 먼저 하는 식이죠. 글쓰기랑 교과서 진도를 맞출 수 있으니까 살아있는 공부가 되고 훨씬 안정적으로 수업이 꾸려져요. 블로그를 운영하면서 글쓰기 지도자료도 모아놓고요.

일반화할 순 없겠지만 유형별로 이런 아이는 이런 식으로 쓰면 좋겠다는 지도요령도 생기고요. 아예 쓰기 힘들어하는 아이는 말할 때 받아 적는 식으로 대신 써줘요. 자기 말을 안 쓰고 어려운 말, 멋진 말로만 생뚱맞은 시를 쓰는 아이한테는 '너 어제 이거 했잖아'라고 걔 일상의 사건을 기억해 뒀다 말해주는 거예요. 글쓰기에 질린 아이들은 조금 쉬게 해 주고요.

기본적으로 애들이 글 쓰면 대단하다, 고맙다고 무조건 칭찬해요. 사람이 글을 쓰는 게 귀한 일이잖아요. 아이들이 글을 주면 귀하게 읽고, 기회 있을 때마다 애들 전체한테 읽어줘요. 애들도 자기 글 읽어주는 시간을 엄청 좋아해요. 글 나누기라고 하는데 자기들도 다양한 글을 들어보면서 내 글에 솔직하지 못했던 점을 알게 되잖아요. 그게 진짜 공부예요. 제가 읽어주기도 하고 돗자리 들고나가서 애들끼리 서로 읽어주기도 하고. 제가 이름 붙였죠. 전체로 하는 건 동그라미 글방. 밖에 나가서 하는 건 돗자리 글방.

-선생님 아이디어가 반짝반짝 빛나네요.

애들이 밖에 나가면 엄청 좋아하거든요. 녹음기 딱 켜놓고 자기들끼리 얘기하는 거예요. 그러면 일기를 공개하는데 두려움이 없어져요. 글을 같이 쓴다는 건 삶을 나누는 거잖아요. 옛날 애들이 자기 가정사까지 다 얘기했다면 지금 애들은 부모님이 이혼했다던가 이런 걸 숨겨요. 왜냐하면 완전히는 못 믿으니까. 저한테 얘기 안 하는 경우도 많고요. 글은 공개를 원하지 않으면 안 해요. 일기 쓸 때도 공개하기 싫은 부분은 별표 3개를 하라고 하거든요. 우리 반 안에서 읽은 글은 밖에서 함부로 얘기하면 안 된다고 얘기해요. 자신에게 솔직한 건 좋지만, 글에 다른 사람 얘기가 있을 때는 공개할 때 고민이 필요한 것 같아요.

최근에 글쓰기 워크숍에서 자라온 이야기를 썼는데요. 쓰면서 내 마음은 가벼워졌지만 너무 큰 상처들이 있기 때문에 우리 엄마한테는 보여줄 수 없잖아요. 끝까지 안 밝히는 애한테 이 얘기는 해줘요. 올해 나랑은 안 써도 되는데 언젠가는 그 얘기 꼭 써보라구요. 그때 글 쓰는 게 어렵지 않게 지금은 글 쓰는 근육만 키워 놓고.

글 쓰기 전에 일단 말을 많이 해야 되거든요. 글쓰기 시간만큼이나 많은 게 말하는 시간이에요. 주말 지내고 나서 말하기, 일주일에 꼭 한번 학급 회의하기, 애들이 다퉜을 때 무조건 이야기 시간 마련하기. 말을 먼저 하게 하면 글이 훨씬 편해져요. 애들이 말을 못 하는 경우가 많거든요. 보통 아이들이 얘기하면 니가 뭘 아냐고 하잖아요. 입 다물라는 부모님도 있고.

-일대일이든 다수 간 소통이든 아이들에게 지속적으로 말할 수 있는 기회를 제공하는 게 중요하다는 생각도 들어요. 말을 하면서 자기 안에 무슨 생각이 있었는지 알게 되잖아요. 말을 안 하면 자기를 모르니까요.

선생님들이 아이들이랑 글쓰기 할 때 힘들어하는 것 중에 하나가 말할 때는 느낌이 좋았단 말이에요. '지금 말한 게 바로 시야. 그걸 그대로 적어'라고 하면 '그래서, 그랬습니다'하고 갑자기 문어체로 바뀌어요. 이게 학교 교육의 영향이 크거든요. 종이에 적는 순간부터 부담되는 거예요. 사투리나 입말을 그대로 적으면 안 된다고 생각해 왔기 때문에 이런 걸 적어도 시가 되냐고 물어보거든요. 우리는 이걸 뛰어넘는 게 목적이에요. 자기 말이 귀해지면 자기 삶이 귀해지잖아요.

어떻게 써야 된다고 설명하는 것보다 보기 글 한 토막, 바로 옆에 있는 아이가 쓴 글이 훨씬 도움이 많이 돼요. 욕심을 내서 많이 설명하면 오히려 감을 못 잡으니까 요 정도만 얘기해요. '한 가지 일을 생생하고 깊게 파고든다, 주고받은 말을 반드시 살리고 내 입말을 적는다' 이게 되고 나면 2학기 중반 넘어서는 문단나누기를 알려주고 맞춤법은 끝날 때까지도 얘기 안 해요. 틀리는 게 더 좋다, 지금 마음껏 틀릴 수 있는 기회가 얼마나 아름답냐고. 애매한데 진짜 알고 싶은 글자는 동그라미 치라고 해요.

올해 목표는 안 해본 거 하기예요. 아이들 글에 과감하게 개입해 봤어요. 제가 뜯어고치는 게 아니라 어떻게 다듬을지 얘기를 나누는 거죠. 어떤 아이는 글 고치는 게 기분이 좋았대요. 옥석을 다듬는 느낌이 들었나

봐요. '선생님, 나 오늘 너무 잘 쓴 것 같아요'라는 애도 있었어요. 자기 작품이 마음에 든다는 거예요. 축구에서 첫 골을 넣었는데 빛나는 그때의 감정을 잘 잡았다는 거죠. 자기 글을 사랑하는 작가는 진짜 멋지잖아요. 자기 글에 취하면 안 되겠지만, 애들은 그래도 된다 생각하거든요. 밥 먹다가도 아이들끼리 '어제 니가 쓴 시 말이야' 이런 얘길 나누니까 나도 기분이 좋은 거예요.

-글쓰기 수업하면서 교실에 달라진 점이 있나요?

얘기 나누고 글을 쓰면서 저를 믿어주는 거, 그다음에 친구를 믿어주는 거. 그러면서 너그러워진다고 할까요? 글을 나누는 건 삶을 나누는 거라서 글을 쓰고 말을 하게 되면 우리 반에 만두라는 이름의 강아지가 두 집에 있다는 거, 누구 언니는 6학년 몇 반에 누구더라, 재 형은 어떤 성격이라는 거를 애들이 알게 돼요. 옛날에 마을에 살 때 옆집 숟가락 몇 개인지 아는 것처럼 다 아는 거죠. 서로 알게 되면 함부로 못하잖아요. 옛날에 마을에 같이 살고 계신 상병 님이 닭 키워서 계란 줬을 때 그 계란은 상해도 못 버리겠다는 마음이 드는 것처럼요.

-진짜 중요한 말 같아요. 학교 폭력도 모르니까 일어날 수 있는 것 같아요. 누군가를 진짜로 알면 함부로 하기가 힘들잖아요.

부모님이랑 상담할 때도 도움이 돼요. '어머니 애가 글에 이렇게 적었던데 요새 괜찮으세요? 옛날에 엄마에게 혼난 얘기를 적었던데 아직까지 마음에 남아 있는 것 같아요. 얘기 한번 해보셔야 되겠어요.' 이렇게 부모

님들과 소통하기도 훨씬 편해요. 교실 일기 적은 것 중에 부모님들이 읽어도 괜찮을 내용들은 알림장 보낼 때 같이 드리기도 하고요.

학교와 학원에서 일방적으로 수업만 듣다 보면 표현할 기회가 없다. 아이들은 자라며 가정과 학교에서 괴로운 일, 고달픈 일을 겪는다. 이런 것들을 표현하지 못하고 담아두기만 하면 아이 마음은 병들고 곪는다. 글쓰기는 아이에게 속마음을 표현하고 답답했던 숨을 크게 내쉴 수 있는 자유로운 공간이 된다.

이 반에서는 멋진 글, 잘 쓴 글을 목표로 하지 않는다. 대회입상을 노리거나, 누군가의 글을 그럴듯하게 흉내 내는 대신 자기 마음을 자신의 언어로 표현하려 애쓴다. 아이들에게 글쓰기는 자신에게 솔직해지기 위한 연습이기도 하다.

자기 마음을 솔직하게 써야 한다고 하지만, 진짜 자기 마음을 알기란 쉽지 않다. 처음에는 내 생각이 뭔지도 헷갈리고, 막상 적어도 내 생각이 아닌 것 같다. 진짜 내 마음을 알려면 책상 앞에 가만히 앉아 끄적거리고 골똘히 생각하고 다시 써보는 시간이 필요하다. 그런 과정을 통해 진짜 속마음을 만나면 기쁘다. '아하, 이게 내 마음이었구나!' 하고 답답했던 마음에 시원한 바람이 통한다.

아이들은 글쓰기를 통해 생활과 마음을 돌아본다. 마음에 스쳐갔던 애정과 미움, 놀람과 우울, 재미와 심심함을 표현하며 몰랐던 자신을 알게 된다. 다른 동무들의 글을 읽으며 겉만 봐선 알 수 없었던 누군가의 내면을 어렴풋하게나마 더듬어본다. 글을 통해 말보다 더 느리고 깊게 소통하는 경험을 한다.

구민 님은 아이들이 글을 쓰면 한 명 한 명의 공책에 답글을 적어주고, 쓴 글을 반 전체에 읽어주기도 한다. 나와 소통하기 위해 쓴 글이 세상과 만나는 순간이다. 솔직한 마음을 표현한 글이 있는 그대로 수용되는 경험은 아이가 스스로를 긍정할 수 있는 힘이 되지 않을까? 아이들은 속마음을 있는 그대로 표현해도, 예쁘고 공부를 잘하지 않아도, 나인 그대로도 괜찮다는 안도감을 느낄 수 있지 않을까? 결국 구민 님 반의 아이들은 글쓰기를 통해 '한 명의 사람'으로서 존중받는 경험을 하는 게 아닐까?

쓰는 사람이 빛난다

-교사가 되기 전에도 글을 쓰셨을 것 같은데요. 글쓰기 수업을 하면서 선생님 글에도 변화가 있었나요?

초등학교 때는 있어 보이려고 어려운 말을 잔뜩 썼어요. 『장발장』을 읽고 독후감을 썼는데 '한 사나이가 있었습니다.' 이런 식으로 시작했던 것 같아요. 중학교 2학년 때 우리 반에 혜영이란 아이가 있었는데 걔가 계속 글쓰기 상을 받는 거예요. 상을 받아도 항상 제일 높은 상을 받았어요. 걔한테 글 한번 보자고 했다가 충격을 받은 게 너무 생생한 자기 얘기가 있는 거예요. 전 멋져 보이게 써도 늘 장려상이었는데… 그때 내 얘기를 적어야 된다는 걸 알게 됐어요. 영화 <비밀의 언덕>에도 이런 맥락의 이야기가 나와요.

교사되고 나서 이오덕 선생님 책을 보니까 중학교 때 내 친구처럼 자기 삶이 담긴 글을 써야 된다고 말하는 거예요. 처음에 교실 일기 적을 때는 너무 힘들어서 토해내는 글이 많았어요. 아니면 습관적으로 반성하는 글. 지금은 조금 거리를 두고 나를 비춰보는 글을 쓰게 되더라고요. 그러면 반성으로 끝나지 않아도 되거든요. 미움과 원망으로 끝나도 글에 감정이 솔직하게 담겨 있으니까. 그러면 진짜 반성이 찾아오기도 하고요. 글이 그렇게 바뀐 것 같아요.

-어떤 글이든 자기 맥락에서 출발해야 된다는 말이 참 공감이 되는 게 읽거나 들은 말은 온전하게 내 것이 될 수 없잖아요. 다른 사람 삶에서 건져낸 말이 아무리 멋지고 감동적이어도 내가 볼 수 있는 건 그 삶의 단면뿐이니까요. 내 맥락에서 끄집어낸 건 직접 겪었으니까 요쪽저쪽 입체적으로 볼 수 있고 깊게 들어갈 수도 있고 내 요령껏 다룰 수 있잖아요.

제가 애들이랑 글쓰기 할 때 글쓰기 지도책보다 더 큰 도움 받는 게 자기 고백적 글들이에요. 자기 얘기를 생생하게 쏟아내면서도 스스로를 갉아먹기보다 새로 부활시키는 글쓰기에서 힌트를 얻어요. 은유 작가랑 이슬아 작가 책도 도움이 되고요. 용접노동하면서 쓴 『쇳밥일지』, 장애운동판에서 쓴 『그냥, 사람』처럼 삶의 현장에서 쓴 글을 소개해주기도 해요.

애들한테 '사람은 어디서든 글을 쓸 수 있다, 지금 글 쓰는 거는 문집을 내거나 밖에 나가서 자랑하려는 게 아니다, 한 번 써보면 글이 진짜 필요할 때 쓸 수 있는 힘이 생긴다. 쓰는 자만이 자기 자리에서 빛나게 살 수 있다'고 얘기해줘요.

-마지막으로 초등 교사가 되려는 분들께 드리고 싶은 말씀이 있나요?

교사는 호봉제라 신규 때는 임금이 얼마 안 되거든요. 야근도 종종 하고요. 신규 선생님께 가끔 '아직 기회 많다, 이거 꼭 해야겠어요? 딴 거 잘하는 거 없어요?' 이렇게 농담처럼 물어보는데 만약 진짜 초등 교사를 꿈꾸는 분이라면 글쓰기교육연구회 들어오라는 말을 해주고 싶어요. 어떤 선배, 동지를 만나느냐가 엄청 중요하거든요.

두 번째는 사명감 같은 건 다 버리고 노동자의 마음으로 들어오셔요. 아이들과 같이 사는 뜻깊은 노동, 가치 있는 노동이잖아요. '내가 선생이니까 이 정도는 감수하고 희생하겠다'도 위험하지만 '내가 선생이니까 나한테 함부로 하면 안 되지.' 이것도 진짜 위험하거든요. 교사들은 주로 이 양극단을 오가요. 아이한테도, 부모한테도 '어디 감히 선생한테!' 이 태도가 아직은 있거든요. 반면에 교사니까 모든 생활을 똑바르고 단정하게 해야 된다는 강박이 스스로를 옭아매기도 해요. 옛날에는 스스로를 갈아 넣다 자주 소진됐어요. 밤 10시까지 전화받고 주말에 가정방문을 하기도 했으니까. 그냥 담백한 노동자의 마음으로 일해야 길게 갈 수 있는 것 같아요. 양극단 말고 딱 중간으로. 그리고 아이들 좋아한다면 해볼 만한 일 같아요. 저는 자기가 생각하는 가장 좋은 일이 농부랑 교사라는 이오덕 선생님 말이 진짜 컸거든요.

2부

노동상담소에서 만난 사람들

나는 들판을 기웃거리다가 전에는 미처 몰랐던 것을 놀라움으로 깨달았다. 사람에게 봄기운을 먼저 가져오는 것은 거루고 가꾸어준 꽃나무보다 밟고 베어냈던 잡초라는 것을. 들풀은 모진 바람 속에서도 잔설(殘雪)을 이고 자랄 뿐 아니라 그렇게 자라는 풀잎마다 아쉬운 사람들이 나물로 먹어온 것도…….

이문구의 『지금은 꽃이 아니라도 좋아라』 중에서

두 얼굴의 사업주

양산 웅상지역은 천성산과 대운산 자락에 감싸여 있다. 서창, 소주, 덕계 어느 곳에서든 사방을 둘러싼 완만한 능선을 볼 수 있다. 길을 걷다, 버스를 기다리다 언뜻언뜻 보게 되는 초록 산봉우리는 이곳에 머무는 사람들에게 은근한 위로를 준다. 웅상노동상담소는 서창시장 골목에 있다. 오일장이 서는 날이면 좁은 골목길이 행상과 행인들로 가득 차는데, 사람들과 부딪치지 않으려면 앞사람 발걸음에 맞추어 천천히 걸어야 한다. 이 지역에는 영세사업장이 대부분이고 5인 미만의 소규모 사업체도 상당수여서 노동 관련 분쟁이 심심치 않게 일어난다. 최저임금, 주휴수당 등 기본적인 노동법이 지켜지지 않는 경우도 많은데 이주민 노동자일수록 이런 경향이 심하다.

60대 아주머니 한 분이 조심스러운 발걸음으로 사무실로 들어왔다. 수수한 차림새에 다소 마른 체형이다. 실업급여를 탈 수 있는지 알아보러 왔다고 한다. 상담소를 방문하는 사람들은 대개 상황을 적극적으로 설명하고, 가장 나은 대응 방법을 찾으려 애쓴다. 이분의 태도는 다소 소극적인 데가 있었다. 혹시나 해서 찾아왔지만 큰 기대는 않는 듯 보였다. 아니, 애초부터 기대를 만들지 않으려는 것처럼 보이기도 한다. 괜히 상담하러 와서 시간 뺏는 건 아닌지 시종 미안해했다. 이분을 보니 누군가가 떠오른다. 착해 보인단 말을 자주 듣는 사람, 체념에 익숙한 사람, 폐 끼치는 게 싫어서 혼자 고생하고 마는 사람, 어쩌다 칭찬이라도 들으면 손사래를 치는 사람… 누구였더라? 나? 내가 이렇지 않나?

봉선 씨는 지난 2년간 모텔에서 객실 청소를 해왔다. 사모님과 그녀의 30대 초반 아들이 함께 운영하는 모텔이었다. 주로 아들이 모텔을 관리했다. 아침 9시부터 저녁 5시 30분까지 하루 7시간 30분 일했고 한 달에 세 번, 평일에만 쉬었다. 사업주는 식사 제공 없이 휴게실에 쌀만 비치해 두었고, 직원들은 반찬을 싸 와서 전기밥솥으로 밥을 지어 먹었다.

최근에 봉선 씨를 그만두게 하려고 사업주가 지속적으로 압박을 하는 듯했다. 원래 객실 하나를 세 명이 분담해서 청소했는데 최근 들어 봉선 씨 혼자 객실을 청소하게 했다. 어쩌다 마주치면 아들뻘 되는 사업주가 사납고 못된 말을 내뱉었다. 절차대로 해고하려면 골치가 아프니 못살게 굴어서 제 발로 그만두게 하려는 것이리라. 한국 사람들을 차례로 내보내서 남은 한국 직원은 봉선 씨가 마지막이었고 남은 다섯 명은 베트남 사람이었다. 모든 직원을 막 대해도 별 탈이 없는 이주민으로 교체하려는 듯했다. 사업주는 봉선 씨가 새로 들어온 이주민들에게 청소를 가르쳐준 뒤부터는 이주민들이 봉선 씨와 말을 못 섞게 했다. 이렇게 고립된 상황에서 일하려면 하루하루가 고역이었을 것이다. 청소일을 오래 하다 보니 허리와 무릎이 아파오는 데다 사업주가 자꾸 괴롭히기까지 하니 이참에 그만두고 구직급여를 탈 수 있는지 알아보러 온 것이다.

구직급여를 받으려면 일정 기간 이상 고용보험에 가입이 돼 있어야 한다. 봉선씨는 4대 보험 가입이 안 돼 있었다. 사업주가 인건비를 아끼려고 4대 보험에 가입을 안 한 것이다. 근무했단 사실만 입증할 수 있으면 나중에라도 4대 보험 가입이 가능하다. 이 모텔은 근로계약서를 작성하지 않았다. 출퇴근 기록도 하지 않았다. 사업주가 임금을 현찰로 지급한 데다 봉선 씨가 임금을 받을 때마다 통장에 바로 입금한 것도 아니어서 입금내역으로 근무 사실을 증명할 수도 없었다. 이 사업주는 근로기준법이나 사회보험체계에 대해 어느 정도 아는 사람 같았다. 사업장에 직원이 없었던 것처럼 눈속임하려고 여러모로 머리를 굴린 듯했다.

'이런 상황에서 회사 다니기가 힘들겠지만 제 발로 그만둬 버리면 구직급여를 탈 수가 없어요. 사직서는 절대 쓰시면 안 되고요. 사장이 사인하라고 하면 뭐든지 하지 마세요. 이제부터라도 임금 받으면 바로바로 통장에 입금하셔요. 달력에 근무일이랑 근무 시간도 기록해 두시고요.'

봉선 씨가 가시고 나서 임금을 계산해 본다. 가로대를 아슬아슬하게 뛰어넘은 높이뛰기선수처럼 최저임금을 간신히 넘는 수준이다. 어떻게 해결하면 좋을지 요리조리 머리를 굴려본다. 출퇴근 증명은 통신사 기지국에 통신기록조회를 요청해 봐야 할 것 같다. 포털 검색창에 모텔 상호를 입력해 본다. 짙은 회색과 베이지색 대리석이 어우러진 9층 건물 사진이 뜬다. 지은 지 몇 년 안 된 듯 깔끔한 외관이다. 밤에 외벽 조명을 밝히니 한층 세련돼 보인다. 조식이 맛있다, 편안히 잘 쉬고 간다, 욕실이 넓다, 침구가 깨끗하다 등 만족스러운 이용 후기도 많다.

나는 옆자리의 간사님에게 물어보았다. 모텔도 크고 장사도 잘되는 것 같은데, 손님들에게는 '불편한 점을 말씀해 달라, 진심으로 감사하다, 최선을 다하겠다'고 댓글도 다는데 왜 직원들한테는 함부로 대하는 건지? 왜 4대 보험 가입도 안 시켜주는 건지? 왜 손님들한테는 조식을 제공하면서 직원들 휴게실엔 쌀 포대만 놔두는 것인지? 간사님은 그런 식으로 살았기 때문에 부자가 된 거라고 한다. 나 또한 사업주가 되면 생각이 달라질지 모른다는 말도 덧붙인다.

봉선 씨는 근무했다는 증거를 남기기 위해 모텔 내외부 사진을 찍기도 하고, 사업주를 대할 일이 있을 때 녹음을 시도하기도 했다. 봉선 씨가 그만두지 않고 버티자 사업주가 태도를 바꾸었다. 마주칠 때면 웃는 낯으로 살갑게 대했고 이따금 30분 정도씩 일찍 퇴근시켜 주기도 했다. (이 사업주는 <배트맨-다크나이트>의 '하비-투페이스' 역할을 맡으면 잘 하지 않았을까?)

마침내 사장이 먼저 말을 꺼냈다. 출근할 때 마주친 사업주는 한 달만 더 다니고 그만두라고 했다. (해고예고수당을 지급하지 않으려고 날짜를 계산해 본 듯했다) 2년 넘게 근무했음에도 퇴직금으로 제시한 금액은 한 달 치 임금 정도밖에 되지 않았다. 사장은 퇴사 통보를 한 다음부터 봉선 씨와 마주치는 걸 피했다. 구직급여와 퇴직금에 대해 얘기를 해야 하는데 만날 기회가 별로 없거니와 겨우 마주쳐도 바쁘다며 휙 자리를 피해버렸다. 언제부터 일해왔는지만 녹음할 수 있어도 그 자체로 근무했다는 좋은 증거가 될 텐데, 뭔가를 물어도 눈을 피하고 말 자체를 않으니 환장할 노릇이었다. 작은 꼬투리도 잡히지 않으려는 사업주의 꼼수였던 것 같다.

한 번은 통화를 하다가 봉선 씨에게 다그치듯 이야기한 적이 있다. 사업주가 가져온 종이에 덜컥 사인을 해버렸다는 것이다. 얘기를 듣자마자 '아이고, 왜 그러셨어요! 상담소랑 소통하면서 진행하자고 말씀드렸잖아요'하고 말이 튀어 나갔다. 청소하는데 종이를 들고 찾아와 하도 사인하라고 닦달해 대는 통에 어쩔 수 없었다고 한다. 전화를 끊고 나니 아차 싶었다. 내가 모텔에서 의지할 사람 하나 없이 일하는 60대 여성이었다면 덩치 큰 남자 사업주가 짜증 내고 보채는데 사인을 안 하고 배길 수 있었을까? 나중에 알고 보니 문서 자체도 사인해도 별 상관이 없는 것이었다. 봉선 씨를 대할 때마다 마음 한구석에 작은 조바심이 일었는데, 나는 이분에게서 외면하고 싶은 내 모습을 보았던 것 같다. 유약하고, 쉽게 권리를 뺏기고, 부당한 일을 당해도 두려움에 참아버리는 나의 일면이 떠올라 마음 한구석이 불편했던 것 같다. 필요 이상으로 감정 섞인 말이 튀어 나간 건 그 때문일 것이다.

봉선 씨가 자기 권리를 명확히 인지하고 있단 걸 알게 된 사업주는 어쩔 수 없다고 생각했는지 처우에 관한 이야기를 꺼냈다. 봉선 씨가 요구한 대로 2년 치 퇴직금을 지급하고, 구직급여도 받을 수 있게 해주겠다고 했다. 4대 보험을 뒤늦게 가입하게 되어 근로자도, 사업자도 미납한 보험료를 정산해야 했다. 1년 치 보험료를 납부할 걸 예상했는데 봉선 씨가 근무 기간대로 2년 치를 납부하겠다고 하자 사업주 표정이 사납게 돌변했다. 고용보험 가입 기간에 따라 구직급여 수급 기간이 달라지는 데다, 원칙대로 처리하자면 다닌 기간만큼 납부하는 게 맞았다.

봉선 씨의 2년간의 모텔 근무는 이렇게 마무리됐다. 여러모로 애쓴 끝에 원래 받아야 했을 액수만큼 퇴직금을 받았고, 마찬가지로 여러모로 애쓴 끝에 진작 가입했어야 할 4대 보험에도 가입할 수 있었다. 그간 힘들게 일하셨으니 아픈 무릎과 허리를 치료하며 편히 쉬셨으면 좋겠다. 구직급여를 수령하게 된 봉선 씨가 사무실에 커다란 바나나 두 송이와 멜론, 박카스 두 박스를 두고 가셨다. 모텔에 남아있는 베트남 직원들은 사회보험에 가입했을까?

[실전대처요령]

노무관리가 허술한 회사에 다닌다면

- 사업주가 인건비를 절감하려고 사회보험에 가입시켜 주지 않는 경우가 있다. 당연적용사업장인 경우 4대 보험은 신고일 이후라도 소급하여 가입할 수 있다. (사회보험 근로자부담분은 납부하여야 한다.)

- 당장 받는 월급이 줄어들기 때문에 사회보험 가입을 원치 않는 근로자들이 많으나, 장기적인 혜택을 고려해 보면 사회보험에 가입하는 편이 유리하다.

- 회사에 다니는 동안 출퇴근시간, 근무시간에 대한 기록을 남겨두면 추후에 문제가 생겼을 때 임금계산과 대처가 수월하다.

- 질병, 육아, 사업장 이전, 친족과 거주목적으로 인한 동거 등 조건에 부합할 경우는 자발적으로 퇴직한 경우에도 구직급여 수급이 가능하다.

- 임금을 현금으로 지급 받을 경우 받자마자 바로 계좌에 입금한다.

- 구직급여를 수급하려면 비자발적 사유(권고사직이나 해고, 계약만료)로 회사를 그만둬야 한다. 내 발로 그만두면 구직급여를 수급할 수 없다. 구직급여를 수급하고 싶다면 사직서를 쓰거나, 회사에서 제시하는 사직서에 사인을 해선 안 된다.

- 교통카드 사용기록, 통신사 기지국 조회 등으로도 출퇴근 사실을 증명할 수 있다.

- 사업주 또는 관리자와 주고받은 문자와 카톡을 잘 보관해 둔다.

- 노동부에 가면 말을 바꾸는 사업주들이 있다. 사업주와 근로조건, 입퇴사 등 처우에 관한 이야기를 나눌 때 녹음을 해두면 유용하다. (휴대전화 녹음 기능을 미리 켜놓은 뒤 이야기를 하러 간다. 막상 상황이 닥치면 당황할 수 있으므로 미리 연습해 둔다.)

미안해서 그래요?

일요일이라 그런지 공단 부근에 인적이 없다. 비탈길 도로변에 차를 대고 니나 씨와 공장으로 간다. 작업장 옆에 딸린 단층 건물로 다가가자 묶여있던 개 세 마리가 우리를 향해 웍!웍! 짖기 시작한다. 옥상의 두 마리도 덩달아 컹컹대며 우리를 경계한다. 개 짖는 소리가 공장 터를 가득 메운다. 액션 게임에서 스테이지의 보스를 대면하러 온 것처럼 긴장감이 고조된다. 개들은 우리가 사무실로 들어온 다음에도 한참이나 짖어댔다. 좁은 사무실 안은 담배 냄새로 매캐하다. 담배를 사랑하는 누군가가 이 안에서 담배를 피우고 피우고 또 피운 나머지 벽지와 바닥 시멘트와 볼펜 하나하나에까지 담배 연기 입자가 스민 듯하다. 탁자로 의자를 당겨와 앉으려는데 의자 커버에 허연 먼지가 뽀얗게 덮여 있다.

미등록체류자인 태국 여성 니나 씨가 남자친구와 상담소를 방문했다. 한국어 소통이 잘 안돼서 구글 번역기를 사용했다. 회사를 그만둔 지 넉 달이 지났는데 아직까지 퇴직금을 못 받았다. 담당자에게 문자로 퇴직금

건을 이야기해도 차일피일 지급을 미룬다고 했다. 이분은 노동청 진정은 원하지 않았다.

미등록체류자들은 임금 문제가 생겨도 노동청에 진정하는 걸 꺼리는 경향이 있다. 어떤 이는 버스를 타고 노동청에 가는 것 자체를 두려워한다. 처음에 나는 이들의 두려움을 이해하지 못했다. 대중교통을 이용하다 단속에 걸릴 확률은 정말 낮지 않은가? 이들과 나는 일상을 살아가는 감각이 다를 것이다. 불법체류를 해본 적이 없는 나는 타국으로 내쫓길지도 모른다는 걱정을 해본 적이 없다. 이들은 단 한 번의 단속으로도 이곳의 삶을 박탈당하고 본국으로 추방될 수 있다. 의식하지 못한 채 살아가지만 내가 하루하루 일상을 살 수 있는 건 한국 국적이 있어서다. 미등록체류자들의 마음 한켠에는 언제든 추방될 수 있다는 두려움이 있다.

니나 씨가 스피커폰을 켜고 전화를 걸자 사업주는 '할 말 있으면 여기 와서 얘기해!' 한다. 반말투로 이래라저래라 지시하는 게 거슬린다. 한국말을 잘 못 하는 태국 노동자가 사업주를 상대로 퇴직금을 옳게 받아낼 수 있을까? 나는 통화 중에 불쑥 끼어들어 인사를 하고, 태국분이라 의사소통이 어려우니 함께 방문하겠다고 말씀드렸다. 2005년식 쏘렌토 뒷좌석에 그들을 태워 조심조심 운전해 소주공단으로 갔다.

사업장을 직접 방문할 때면 늘 부담이 된다. 나는 낯선 상황에서 긴장을 하는 편이다. 노동법이든, 사업장 돌아가는 방식이든 모르는 게 많은 내가 상황에 맞게 잘 대처할 수 있을까? 어리바리하게 실수하지는 않을까? 사업주가 나를 만만하게 보진 않을까?

사장은 오십 대 중반 즈음의 남성이다. 160센티미터 후반의 키에 체구가 말랐다. 안경 속 날카로운 눈매가 깐깐한 인상을 준다. 니나 씨 말에 따르면 2018년 12월부터 2022년 1월까지의 퇴직금을 정산받아야 한다. 사장은 2020년 7월부터 직원들 소속이 미포테크로 바뀌어 그때부터의 퇴직금은 미포테크에서 정산받아야 한다고 했다.(한 군데서 받아내는 것도 만만찮은데, 두 군데에서 각각 받아내야 하다니!!) 니나 씨는 이런 사실을 명확하게 인지하지 못한 채 미포테크 담당자에게만 연락해 온 모양이다.

퇴직금을 계산하려면 입사 일자와 퇴사 일자, 퇴직 전 3개월의 임금 내역이 필요하다. 니나 씨는 근무기간 동안 임금명세서를 한번도 받지 못했고, 정확한 입사 일자를 기억하지 못했다. 스마트폰 인터넷뱅킹의 입금내역을 살펴봤지만 몇 년 전 내역이라 검색이 쉽지 않은 듯했다. 컴퓨터 앞에 앉은 사장은 퇴직 전 3개월의 임금은 확인해 주었지만 정확한 입퇴사 일자는 수수께끼의 답을 감춘 스핑크스처럼 안 알려준다.

"사장님, 입사 때부터 퇴직할 때까지 퇴직금 정산 좀 해주실 수 있을까요? 2018년 12월부터 일했다고 하는데 정확한 날짜를 몰라서 퇴직금 계산하기가 곤란하네요."

"그거는 찾아봐야 해서, 내가 찾아보고 나중에 정리할 테니까…"

"니나 씨, 월급 언제부터 입금됐는지 찾았어요? 못 찾았어요? 계속 찾아보세요."

사장이 퇴직금을 정산해 주고 내가 맞는 금액인지 확인해 보면 간편할 텐데 어물쩍 얼버무리니 답답하다. 꼬치꼬치 따지기보단 분위기를 부드럽게 유지하는 게 상황을 풀어가는 데 도움이 될 것 같다. 할 수 없이 임의로 2018년 12월 1일을 입사일로 잡고 퇴직금을 계산했다. 상담소에서는 엑셀로 계산하면서 여러 차례 확인해 보는데, 즉흥적으로 계산하자니 틀릴까 봐 걱정이 된다.

"퇴직금은 계속근로일수로 계산하니까… 계속근로일수가 578일 나와요. 직전 석 달의 임금 더하고, 나누기 91, 이게 평균임금이거든요. 이거에 곱하기 30하고 여기다 곱하기 578하고 365로 나누면… 퇴직금이 2백30만 원 정도 나와요."

퇴직금 액수를 듣자마자 사장이 니나 씨에게 다짜고짜 묻는다.

"다 받을 거야?"

"다 주시는 게 맞죠. "

"아까 말한 대로 월급도 최저시급보다 더 쳐 가지고 주기도 했고, 내가 편의 봐준 것도 있으니까 지한테 물어볼라고. 협의를 해봐야 할 거 아니에요."

"협의를 하신다고 하는데 원칙적으로 임금은…"

"원칙적으론 계산된 임금은 있지만, 내 입장도 반영이 되야할 게 아니요."

"임금은 협의 대상이 아닌데요."

"퇴직금이니까, 애들 불법이라 애들 월급 준 게 내 소득으로 잡혀서 내가 세금도 다 내고 했으니까 감안이 돼야 되는 거 아니냐 이거지."

"웬만하면 다 주시는 게 맞다고 보여집니다."

"노동청 가봐도 협의해서 정리해라 하더라고. 다 받겠다 하면 다 줘, 지도 양심 있으면 다 받진 않을 거 아니냐… 안 그럼 한번 물어보소."

"제가 번역기로 물어볼게요."

"니나야, 니가 내한테 이렇게 하면 안 돼. 내가 니 얼마나 챙겼는데."

"이분은 퇴직금 못 받아서 오신 거지, 사장님께 나쁜 감정을 가지고 온 게 아니고…"

"직접 와서 얘기하면… 비행깃값이라도 줘 보내고 그러거든요. 니도 알겠지만 내가 너희한테 그거(차별)한 거는 없어, 한국 사람이랑 똑같이 했어. 나는 야들한테 최대한으로 편의 제공하면서 했는데 굳이 이걸 따져가지고 다 줄라카냐 이거지. 줄라카면 줄 수는 있어, 줄 수는 있는데 사, 오년 동안 같이 밥 먹고 뒹굴고 했는데 양심도 없이 이렇게 하냐…"

"제 생각에는 같이 뒹굴고 하셨으니까 챙겨주시는 게 맞지 않나…"(이 말을 했을 때 사장은 내가 얼마나 얄미웠을까?)

"챙겨주는 게 맞아. 방금 얘기했듯이 월급도 안 떼고 다 줬는데 그건 생각도 안 한다 그거지. 방금도 일하러 다니냐 물어보니까 안 다닌다 그러거든. 그러면 내가 놀지 말고 여기서 일해라 할 수도 있는 건데, 외국 사람이라고 딱 이래 끊어 뿌는 건 인간적으로 아니다… 내가 악덕 기업처럼 했으면 모르겠는데 편의 다 봐줬다고."

그와 이야기 나누는 내내 뭔가 어긋나있단 느낌을 받았던 건 사장과 내가 사안을 전혀 다른 시각으로 보고 있었기 때문이다. 퇴직금은 1년 이상 근무하면 받을 수 있는, 매달 받는 월급과 마찬가지인 임금이다. 법으로 주도록 되어 있다. 이 사장에게 퇴직금은 모른 척 안 줄 수 있는 돈이었다. 사장 입장에서 퇴직금을 요구하는 직원은 염치없는 사람이었고 그에게는 이 생각이 무척 정당한 것이었다.

니나 씨가 바뀐 회사인 미포테크에서 임금명세서를 못 받았다고 하다가 갑자기 운다. 꼭 명세서 때문이 아니라 이 상황 자체가 서럽고 힘든 것 같다.

“울지마, 또 왜 울어!”

“요즘에 계속 명세서를 못 받으셨나 봐요.”

“니나가 내한테도 얘기를 두 번이나 했어. 내가 미포테크에 ‘명세서 안 주면 일 안 한다니까 주라.’ 얘기도 했어. 그런데 그건 미포테크 권한이지, 내 권한이 아니잖아요. 야가 나갈 때도 그랬어. 얘도 어지간하면 안 나갈 앤데 ‘볼일 보고 올게요’ 하고 갔거든. 다음날 과장한테 전화 해서 ‘다른데 일하러 가요’ 그래. 일 안 한다고 가 뿌리더라니까.”

“어쨌든 퇴직금은 2백30만 원 인데…”

“다 주라카면 다 줘, 양심 없이 다 줄라카면 주겠다 그거지, 얘하고는 완전히 끝나는 거지. 여 와가 일하고 싶어도 못 하는 거지, 이젠 안 받지, 이런 식으로 하면 아무리 해도 감정이 안 쌓이겠어요? 그죠? 그래서 처음에 왔을 때 물어본 거예요. 오늘 정산하고, 미포테크에 안 가고 전에처럼 데리고 쓸까 싶어서… 그걸 물어봐 달라 그거지, 법으로 주게 돼 있으면 줘야지, 방법 없지. 니나야, 다 받을래? 내한테 다 받을래? 응?"

번역기를 쓰고 말도 하며 상황을 설명하는데 니나 씨가 휴대폰을 보여주며 뭔가를 말하려 했다. 니나 씨의 인터넷뱅킹 화면에 2018년 1월 임금 입금 내역이 있었다. 내내 못 찾다가 이제야 발견한 것이다.

"아, 아! 입사일자가 2018년 12월이 아니고 2017년 12월이구나! 이전 입금내역은 없죠? 이러면 계산이 틀려지는데? 이러면 1년이 더 붙는데? 통장에 찍힌 날짜로 다시 계산하면 퇴직금이 더 나옵니다. 재직일수가 943일이거든요? 3백75만 원 정도가 나옵니다. 아까보다 액수가 더 많습니다."

하마터면 퇴직금 1년 치를 적게 받을 뻔했다. 입사일자는 회사 컴퓨터를 찾아보면 알 수 있었을 텐데 사장이 일부러 안 알려준 게 아닐까 의심도 든다. 사장 얼굴이 딱딱하게 굳었다.

"함 물어보소, 다 받을 건지, 그것만 물어보면 되지."
"본인 의사는 돈을 다 받겠답니다."
"다 받겠다고?"
"제가 두 번 정도 의사를 확인했는데, 이 돈은 다 받으신다고…."
"너 참 양심 없다이."
"저는 생각이 다른 게, 법적으로 퇴직금은 일하는 대로 적립하는 개념이고…."

"시급이 이때만 해도 5~6천 원인데 내가 일부러 7~8천 원 줬다고. 그만큼 안 줘도 됐을 거를, 그런데 양심도 없이."

"그런데 이 퇴직금 자체가 그렇게 높게 책정된 금액이 아니라고 생각하거든요. 이 기간이 일감 없던 기간이잖아요. 퇴직금은 한국인이었다면 당연하게 받았을 건데 이분이 당연한 걸 받으면서 양심 없단 소릴 들을 이유는 없는 것 같아요."

"다른 게 아니고, 외국애라고 더 챙겨줬는데 그걸 이야기하는 거지. 예를 들어서 코로나 때 일감이 없어서 최저시급이면 백만 원, 백십만 원밖에 안 돼, 이래 몬 받아 갔다고. 그걸 알아라고. 다른 데 가면 지금 최저시급 주잖아요. 나는 최저시급보다 더 줬는데 받을 땐 그렇게 받고 그게 양심 없다 그거지. 일 없으면 쉬라 캐도 되는데 무조건 다 나오라 캐 가지고 억지로 임금 맞춰줬다고. 외국 와서 고생한다 싶어 가지고 일 시켜서 돈 줬다고…."

"어쨌든 이분 의사는 다 받는 거라서 퇴직금 정산 시기 말씀해 주시고 그날까지 정산을 해주시는 게 좋을 것 같습니다."

"물어보소, 3백만 원 내가 부치 줄게, 물어보소."

"3백만 원이요?"

"3백만 원 내가 부치 줄게. 야들한테 함 물어보소, 물어보면 되지,"

"3백만 원에 협의하자는 말씀이시죠? 사장님 제가 봤을 때 그 액수는 좀 과한 것 같습니다. 75만 원이면 거의 백만 원 돈인데, 그걸 통째로 까버리는 건 좀 아닌 것 같습니다. 협의를 하실 거면 금액을 좀 높여주는 게 맞는 거 같아요. 애초부터 뒷자리 다 잘라버리면 받는 사람 입장에서 너무 터무니없으니까요. 만약에 사장님께서 3백 50만 원 정도로 말씀해 주시면 얘기를…."

"3백 50만 원 얘기해 보소!"

사장의 목소리에 화와 짜증이 가득하다.

"3백 50만 원 정도면 괜찮다고 합니다."

"미포테크에서 안 받으면 다 줄 텐데, 이쪽에서도 받으니 3백 50만 원 부른 거예요. 3백만 원 받으면 안 돼? 내가 3백만 원 줄 테니까… 내한테 3백만 원 받고 그쪽에선 니 알아서 받고…."

"이거는 의사소통이 안 돼서 확실히 얘기해야 할 것 같습니다."

"3백만 원 적어줘 보소!"

"아니, 상식적으로…."

"아니, 가만있어 보이소."

"아니, 가만있는 게 아니고 상식적으로 3백만 원 받을 수 있고 3백 50만 원 받을 수 있는데 어떤 사람이 3백만 원 받겠어요? 사장님도 3백 50만 원 말씀하셨잖아요?"

"이래갖고 끝낼래, 어떻게 할래?"

"제가 물어볼게요. 잠깐만요… 사장님, 원래는 전액을 주는 게 법입니다. 법."

"그래서 우리가 협의하잖아요?"

지급하기로 정해진 액수를 협상하는 자체가 모순이지만 노동청에 임금체불로 진정을 넣어도 돈을 받기까지는 몇 개월이 걸린다. 진정하고 조사받고 사업주와 감정 싸움하는 게 싫어 적당한 금액에 합의하는 경우도 허다하다. 이분은 노동청에 가는 걸 원치 않아서 사업주와 협의할 수밖에 없다. 더구나 당사자 간의 임금 문제를 내 맘대로 할 수도 없는 노릇이다. 나는 종이에 '1번-3백50만, 2번-3백만'을 적어서 니나 씨에게 보이며 선택하게 했다.

"니나 씨, 원래는 3백75만 원을 받아야 돼요, 협의를 해서 돈을 낮추는 거잖아요. 받고 싶은 대로, 본인이 편한 대로 하면 돼요. 1번, 2번, 어떻게 하고 싶어요?"

"사장님, 3백20만 괜찮아요? 3백30만…."

"3백20만이라 그래 놓고 무슨…."

3백50만도 원래 액수에서 깎인 돈인데 더 낮춰 받겠다는 선택이 이해가 안 됐다.

"잠깐만요, 지금 미안해서 그래요? 사장님한테 미안해서 그래요?"

"네…."

"3백20만 원 부쳐줄게, 그면은."

"잠깐, 잠깐, 3백30만 원 말했으니까 3백30만 원 부쳐주시죠."

"지금 니나 니가 3백20만 얘기했잖아…"

퇴직금을 낮춰 받겠다는 것이 고마워서일까, 10만 원 가지고 실랑이하는 상황이 멋쩍어서였을까. 사장이 자기도 모르게 씨익 웃는다. 사납게

날 서 있던 분위기가 조금 누그러진다. 니나 씨가 또 운다.

"왜 또 우세요. 왜 눈물 나요?"

"울지마, 울긴 왜 울어, 내가 뭐 뭐라 캤나, 왜 울어."(사실 실컷 뭐라고 하긴 했다.)

"사장님 제가 볼 때는…"

"3백30만 원 줄게."

왜 눈물이 나는지 물어도 니나 씨는 울기만 한다.

"이주민 분들과 소통할 때 안타까운 게 대화가 통하면 이런 오해가 없을 건데 말이 안 통하니까."

"쟤들 말하면 다 알아들어요. 즈그한테 불리한 건 모른다 하는데 유리한 건 다 알아듣고 과장님한테 오빠오빠 그카고 다니는 아이들이에요. 외국 사람 불쌍히 여겨달라, 이 소린데. 내가 늘 모다놓고 하는 소리가 그 소리잖아. 한국 와 가지고 바짝 일해가지고 돈 벌어가라고. 영원히 여 있을 것도 아니고… 야들 같은 경우는 한 달 일하다 그만둘지, 두 달 일하다 그만둘지 몰라요. 어느 정도 챙겨주니까 계속 붙어있는 거야. 회사 바뀌고 조금 틀어지니까 나가버렸는데, 내가 데리고 있었으면 안 나갔어. 외국애들 내가 할 수 있는 건 최대한으로 해 줘요, 그걸 좀 알아달라 그거지."

***

이 분은 그간 만나왔던 사업주들 중에서는 약속을 잘 지키는 편에 속했다. 협의한 퇴직금을 제날짜에 입금했는데 이건 내 경험상 손에 꼽을 만한 일이었다. 니나 씨는 바뀐 회사인 미포테크는 싫어했지만, 이 사장님과 일하는 건 괜찮다고 했다. 이 사업주가 이주민이라고 차별하거나 인격적으로 함부로 대하지 않았기 때문일 것이다.

사업주가 퇴직금을 지급하지 않아도 된다고 생각한 건 그가 나쁜 사람이어서가 아니다. 이런 방식으로 사업체를 운영해도 별다른 제재를 받지 않기 때문이다. 동남아 이주민 노동자는 최저임금조차 못 받는 경우도 부지기수다. 사장 입장에선 최저임금보다 높은 임금을 줬을 뿐 아니라 직원들을 인간적으로 대했다. 그러니 퇴직금 정도는 안 줄 수도 있고, 퇴직금을 요구하는 사람을 비난할 수도 있다.

니나 씨가 퇴직금을 요구하며 미안한 감정까지 느낀 건 사장과 몇 년간 함께 일하며 정이 들었기 때문일까? 하지만 그것과 퇴직금은 분명 별개의 문제다. 직원을 인간적으로 대하는 사업주라면 임금부터 똑바로 챙겨주는 게 맞다.

미등록체류자들은 신분상의 문제로 임금을 떼여도 신고하지 않는 경우가 많다. 이런 경우 미지급 임금은 고스란히 사업주 차지가 된다. 사업주 입장에서는 신고를 당해도 체불한 임금만 지급하고 노동자들이 취하만 하면 별다른 처벌을 받지 않는다. 법과 제도의 허점, 임금체불을 용인하는 사회적 풍토로 1960년대에나 있었을 법한 노동착취가 2020년대에도 버젓이 일어나고 있다.

[실전대처요령]

미등록 노동자인데 임금체불을 당했다면

- 노동법은 미등록 노동자에게도 적용된다. 미등록 노동자도 최저임금 이상의 임금과 주휴수당을 받아야 한다.

- 임금채권은 3년 안에 청구하지 않으면 소멸한다. 임금을 못 받았을 경우 빠른 시일 내에 조치를 취하자.

- 임금체불시에 미등록 노동자라는 처지 때문에 임금 받는 걸 포기해 버리는 경우가 있다. 미등록 노동자라도 노동청에 진정할 수 있다. 미등록 노동자가 진정했다고 해서 노동청에서 출입국사무소로 연락하지 않는다.

- 노동청에 진정했는데도 사업주가 체불임금을 지급하지 않을 때는 국가에서 먼저 개인에게 체불임금을 지급하는 '대지급금제도'를 이용할 수 있다. 노동청 진정을 적극 활용하자.

- 노동단체는 문제를 대신 해결해 주는 곳이 아니다. 자신의 문제이므로 자신이 적극적으로 움직여야 한다.

- 본인이 미등록 노동자인 경우 가까운 노동단체나 이주민 단체에 연락해 도움을 받으면 수월하게 사건을 풀어갈 수 있다.(노무사, 변호사 선임 여부는 노동단체 상담 후 결정하길 추천한다.)

- 회사에 다니는 동안 임금명세서를 잘 모아두고 회사간판, 주소 등을 촬영해두면 나중에 요긴하게 쓰일 수 있다.

- 매월 출퇴근카드를 사진으로 찍어두면 유용하다. 회사에서 출퇴근카드를 찍지 않을 경우 달력에 출퇴근시간, 연장근로시간 등을 기록해 둔다.

- 회사를 그만둘 때는 본인이 직접 사업주에게 퇴사 의사를 전해야 한다. 말없이 그만둔 것 때문에 사업주가 마음이 상해서 임금을 지급하지 않는 경우가 종종 있다.

- 임금을 못 받은 상태에서 출국하게 됐을 경우 노무사에게 사건을 위임하는 등 조치를 취해야 한다. 본국에서 팩스나 이메일 등으로 사건을 위임할 수도 있다.

근거 없는 놈의 균형잡기

외국인노동자지원센터 명숙 님이 이주민 노동자 네 분과 함께 오셨다. 갈색 피부의 젊은 청년들이다. 외노센터에서는 고용허가제 등으로 등록된 이주민을 대상으로 상담을 하고 체류 기간이 지나 미등록이 된 이들은 우리 상담소로 안내한다. 테이블에 둘러앉은 그들에게 비타씨 드링크를 한 병씩 드린 후 얘기를 들어본다. 이주민 노동상담을 하다 보면 의사소통이 안 돼서 난감할 때가 많다. 나는 한국말밖에 못하고, 이주노동자 중에 소통이 가능할 정도로 한국말을 잘하는 사람은 흔치 않다. 평소라면 구글 번역기를 써서 상담을 하겠지만 다행히 일행 중 두 분이 한국어를 꽤 잘한다.

유학비자(D-2)로 한국의 대학에 재학 중인 스리랑카 학생들이다. 낮에는 학과 수업을 듣고 오후 다섯 시부터 새벽 두 시까지 세탁업체에서 일했다. 일주일 가운데 평일 하루만 쉬었다. 주 48시간 격한 육체노동을 하면서 학업을 병행할 수 있으리라곤 생각조차 못 했다. 신분증을 보니 나이가 22살, 23살 남짓이고 다들 얼굴도 앳되다. 학비와 생활비를 감당하려면 이렇게 일해야 한다고 했다. 어린 친구들이 타지에서 고생하며 산다 싶었다.

세탁업소를 6개월 정도 다니다 그만뒀는데 못 받은 임금이 있었다. 입사할 때 사업주가 최초 10일간의 임금은 퇴직할 때 준다고 했는데 막상 퇴직할 때는 최초 10일 치, 마지막 3일 치 임금을 안 줬다. 임금 계산을 해보니 체불임금뿐 아니라 기존에 받은 월급에도 야간수당이 지급되지 않은 것으로 보인다. 사업주에게 문자를 보내도 답이 없고 전화를 걸면 끊어버린다고 했다.

노동청에 진정하는 방법도 있다고 하자 학생들이 손사래를 친다. 학업 목적으로 체류하는 이주민들은 일을 하려면 출입국사무소에 신고를 해야 하고, 법으로 정해진 시간만큼만 일할 수 있다. 이 학생들은 정식적인 허가 없이 일을 했다. 노동청에 진정했다는 이유로 사장이 앙심을 품고 이들을 출입국사무소에 신고해 버린다면 추후에 한국에서 체류자격을 얻을 때 문제가 생길 수 있었다.

사업주에게 전화 걸기 전에는 마음이 무겁다. 돈 문제에 얽혀있는 사람은 대개 사납고 날이 서 있다. 사업주가 발뺌하거나 짜증내거나 배 째라는 식으로 나올 걸 상상하니 가슴이 갑갑했다. 연습장에 낙서를 끄적거리며 딴청을 피우고 심호흡도 몇 번 하다가 전화를 건다. 세탁업체 업주는 기가 세고 일방적이었다. 체불임금 얘기를 꺼내자 따지듯이 노동자들 때문에 손해 본 얘기를 쏟아낸다. 중간에 끼어들려 해봐도 얘기할 틈을 주지 않는다. 말끝마다 습관처럼 '예?'를 덧붙이는데 그럴 때마다 나를 다그치는 것만 같다.

"금마들이 하는 행실이 너무 나빠요. 처음에 네 명 같이 왔을 때, 내가 그 애들 안 쓸라고 했어요. 단체로 시작했다 단체로 그만두면 사람 구하기가 어려우니까, 예? 애들이 불쌍해서 받아주고 친구 두 명 더 일한다 해서 오래오래 일한다는 조건으로 걔들까지 받아줬어요. 월급 30만 원 안 올려주면 단체로 그만둔다고 해서 월급도 올려주고 회사 차로 통근도 시켜줬다고요. 그라면서 내가 여기는 호텔 린넨을 세탁하는데 규모가 작아서 너희들 한 번에 그만두면 일할 사람이 없다, 절대 단체로 그만두지 마라, 수백 수천 번을 말했습니다, 예? 걔들도 한국말 소통이 되고 다 알아듣는다고요, 예? 그런데 코로나 때 여섯 명이 한꺼번에 코로나 걸렸다고 하면서 10일을 빠졌다고요. 코로나가 한두 명이 걸리지 어떻게 여섯 명이 한꺼번에 걸립니까. 10일 동안 아무도 전화를 안 받았습니다. 그때 일할 사람이 없어서 주간 근무자들이 24시간 일하고요, 호텔 계약을 따놓고도 세탁을 못 해서 위약금만 7천만 원 물어줬습니다. 엄청난 손해를 봤다고요. 선생님 같으면 열 안 받겠습니까? 나는 그래도 다른 사업체도 있고 경제력이 있으니까 버티지만 영세사업장은 망한다고요, 예? 그래 놓고 일주일 전에 한꺼번에 그만둔다면서 자기 나라 간다고 거짓말하고, 비행기표 가져와 보라니까 그건 또 안 보여주고. 그러면서 선생님 논리는 뭐냐, 이런 건 다 필요 없다. 일한 거는 줘라, 이런 거 아닙니까? 나는 내 같은 피해자 안 나타나기 위해서 애들한테 가르치려는 겁니다."

사업주는 같은 말을 수차례나 되풀이했다. 화풀이하듯 퍼붓는 얘기를 30분 넘게 듣고 있자니 속에 천불이 났다. 충분히 들었다고 생각해서 내 말을 하려고 하면 '내도 이야기를 합시다'라고 했다. 다음 주 중에 학생들과 함께 방문하기로 하고 전화를 끊었다.

옆에서 통화하는 걸 보고 있던 간사님이 물었다.

"이 사업주 어떤 것 같아요?"

"거짓말을 많이 하는 것 같아요. 자기가 위반한 건 한마디도 얘기 안 하고 피해 본 것만 부풀려서 얘기하는 것 같은데요?"

"사업주의 주장도 한번 확인해 볼 필요가 있는 것 같은데요? 노동자라고 다 선량하지 않고 사업주라고 무조건 악독한 건 아니니까. 이주노동자들도 똑똑해서 어떤 식으로 말하면 도움받기 쉬운지 다 알거든요."

간사님 말을 듣고 보니 나는 애초부터 부정적인 선입견을 가진 채 그를 대했다. 학생들이 몇 달간 야간수당도 못 받고 일한 얘기를 들으며 사업주에 대한 반감이 생긴 것이다. 법이라는 잣대만 들이대면 사안을 총체적으로 파악할 수 없다. 일은 잔뜩 쌓여있는데 노동자들은 다 같이 안 나오고 호텔에 위약금까지 물어줬다면 사장도 분통이 터졌을 것이다. 그러고 보니 유학생들도 단체로 10일 결근한 일이나 임금 인상을 요구한 것 등은 얘기를 안 했다. 상담까지 하러 와서 다 터놓고 얘기하지 않은 그들에게 짜증이 났다.

사장과 통화한 날 저녁, 학생 중 한 명에게 전화를 걸었다. 솔직히 대답해야 한다고 일러둔 후 사장의 주장과 상반되는 부분을 물어보았다. 사장이 오해하는 부분을 풀 수 있다면 사건을 해결하는 데 도움이 될 것 같아서였다. 코로나는 실제로 여섯 명이 한꺼번에 걸렸고 단체로 보호시설에 격리되어 있었다. 본국으로 간다는 것도 사실이었다.

사업장 방문 전날, 약속 시간을 확인하기 위해 사업주에게 재차 전화를 했다. 내가 학생들과 함께 방문한다고 하니 그가 버럭 성을 낸다.

"당신이 뭐한다 오는데예? 당신이 공무원입니까, 정부경찰입니까, 우리 부몹니까? 나를 감독하는 사람은예, 시청의 공무원입니다. 내가 못 배운 사람도 아니고 당신보다 많이 배웠고 21살부터 25년 동안 사업한 사람이니까, 대학생 아도 있는 사람이니까, 이 정도 수준이 되는 사람이니까 당신이 이야기 안 해도 다 알아먹어요. 내가 좀 똘아이거든요. 당신 찾아오면 돈 안 줄낍니다. 얘네들이 와서 사과하고 진정성 보이면 돈을 줄끼고… 당신이 올 필요 없어요. 당신이 온다고 내 마음 변하고 그러지 않아요."

자꾸 당신, 당신하고 낮잡아 부르며 나를 깔아뭉개려는 것 같아 나도 슬그머니 화가 올라왔다.

"사장님! 제가 억울한 게요. 제가 일방적으로 노동자들 편만 드는 게 아니라요, 사장님 입장 이해하려고 사장님 말했던 거 노동자들한테 전화해서 하나하나 다 확인해 봤거든요? 사장님 말씀 들어드리려고 나름대로 애를 썼는데 자꾸 화만 내시니까 저도 참 마음이 상하네요. 그러면 말씀대로 저는 안 가고 학생들만 정해진 시간에 방문하도록 전달하겠습니다."

"내가 너무 당한 기 있잖아요. 위약금이 7천만 원이고 호텔 신뢰 다 잃고, 그런데 뉘우침도 없이 문자나 보내서 돈이나 달라고 그러고. 내 알아서 돈 주고 보낼 테니까 걱정마시고."

전화를 끊고 나니 속이 끓는다. 지가 내 이력서라도 봤나? 내가 자기보다 못 배운 사람인지 어떻게 알지? 그렇게 많이 배워서 한다는 게 고작 임금체불이냐? 똘아이라는 걸 강조하는 것도 굉장히 비겁하다. 그냥 자기 성질대로 할 테니 건들지 말라는 뜻이잖아? 돈 많으면 저렇게 막말하고 살아도 별문제가 없나? 사업장이 몇 개씩 되니 주변에서 네네 하며 떠받들어 주는 걸까? 공무원도 아니면서 무슨 권리로 이러냐고 했을 때 어버버 대답 못 한 게 속상하다. 이런 치들한테 무시 안 당하려면 노무사 자격증이라도 따야 하나? 하지만 노무사 시험은 허수가 없는 데다 합격률이 4%밖에 안 된다던데….

사업장을 방문하기 전에 학생 여섯 명이 상담소에 왔다. 단체로 얘기하다 보면 서로 언성이 높아질 수 있으니 한국말을 잘하는 한두 명이 대표로 말할 것, 코로나 확진증명서와 비행기표를 보여줄 것, 2개월 전 퇴사 의사를 밝혔음을 확인할 것, 추후에 노동부에 갈지도 모르니 대화를 녹음할 것 등 사업장에 가서 어떻게 대처할지를 의논했다. 그리고 회사를 그만두는 건 자유지만 입사할 땐 몇 년 일한다고 해놓고 그 말을 못 지킨 것도 사실이다, 단체로 그만두면 영세사업주도 난처하다, 위약금 수천만 원을 물은 사장 입장에선 열받고 화내는 것도 일리가 있다고도 했다. 표정이 굳는 그들에게 구태여 이 말을 했던 건 사장이 노발대발하는 이유를 납득해야 그나마 소통이 가능할 것 같아서였다.(노동자들도 영세사업자의 입장을 어느 정도 배려하면 좋겠다는 생각도 했지만 이건 밥 굶는 사람에게 허리띠 졸라매라는 것처럼 지나친 요구 같다)

노동 상담의 어려운 점은 내가 사건의 당사자가 아니라는 점이다. 나로서는 노동자 말도 듣고 사업주 말도 들으며 정황을 파악해 갈 수밖에 없는데 양측의 주장이 엇갈리는 경우에는 사실관계를 파악하기가 쉽지 않다. 이번에는 어느 지점에 서서 사안을 바라볼지 몰라 갈팡질팡했다. 노동자 측 얘기를 들을 땐 노동자 입장에 과몰입하고 사업주 말을 듣고는 노동자들을 색안경 끼고 바라보기도 했다. 노동 상담하는 사람은 '선량한 노동자 vs 나쁜 사업주'라는 이분법에서 벗어나 현실의 인간을 정확하게 볼 수 있어야 한다. 그렇다고 내가 서 있을 곳이 노동자와 사업주의 중간지점은 아니다. 가진 거라곤 몸뚱이뿐인 노동자는 사업주보다 힘이 약하다. 누군가는 노동자들 편에서 함께 목소리를 내야 하고, 그러라고 우리 같은 노동단체가 있는 것이다. 학생들이 단체로 코로나에 걸려 사업장이 피해를 입었다고 해도 노동상담소는 사업주에게 임금 지급을 요청해야 한다.

며칠 후 사업장을 방문했던 학생이 녹음파일을 보내왔다. 40분가량의 대화는 대부분 사장이 훈계하고 학생들이 듣는 식이었다. 한국말도 서툰

스리랑카 학생들에게 산전수전 다 겪은 특전사 출신의 사장은 지나치게 버거운 상대였다. 사장은 자기 손해를 조목조목 이야기하고 인생살이에 대한 충고까지 했지만, 노동자들은 나름의 억울함을 제대로 말할 수 없었다. 사장은 위약금을 물고 계약도 끊긴 게 분했던 것 같다. 그래서 임금을 줄 땐 주더라도 학생들에게 화도 내고 다른 곳에선 이러지 말라고 충고도 하고 싶었던 것 같다. 돈을 쥐고 있는 건 사장이었고, 노동자들은 임금을 받기 전까진 사장이 쏟아내는 말을 일방적으로 듣는 수밖에 없었다.

근로계약은 노동력과 임금을 교환하는 계약이다. 노동자가 노동력을 제공했다면 사업주는 임금을 지급해야 한다. 기분 나쁘다고 안 주고 내킨다고 주는 용돈 같은 게 아닌 것이다. 하지만 현실에서 많은 사업주는 임금체불을 대수롭지 않게 생각한다. 이건 임금체불에 대한 처벌이 솜방망이처럼 약해서가 아닐까? 우리 사회가 임금체불에 지나치게 관대해서가 아닐까?

내 마음에 걸렸던 건 녹음파일에서 사장이 나를 두고 했던 말이었다. 그는 너희가 이상한 델 찾아가서 어떤 '근거 없는 놈'이 전화를 걸어 기분이 나빴고, 그 '되도 안한 개새끼'한테 나를 감시하는 곳은 노동부지, 이렇게 어쭙잖은 곳이 아니라고 큰소리를 쳐줬다고 말했다. 처음 그의 욕설을 들었을 때 '파하하' 웃음이 터져 나왔다. 욕설이 참 창의적으로 느껴졌기 때문이다. '근본 없는 놈'은 들어봤어도 '근거 없는 놈'은 처음 들었다. '개새끼'란 말 자체가 상대에 대한 비하의 감정을 충분히 담고 있다고 생각했는데 '되도 안한'이라는 수식어를 붙여 보다 강렬한 표현을 만들 수 있다는 걸 배웠다.

하지만 웃음도 잠시일 뿐 기분이 착 가라앉았다. 누군가 가슴에 담뱃불을 비벼 끈 것 같다. 불 꺼진 화장실처럼 마음이 캄캄하다. 한 시간, 두 시간이 지나도 분한 마음이 가시질 않는다. 내가 왜 저렇게 천박한 사람에게 이따위 욕설을 들어야 하나. 내가 지한테 뭘 어쨌다고 저렇게 심한 말을 뱉을까. 사람들이 왜 그토록 부와 권력을 좇는지 알 것 같다. 힘이 있으면 이런 일을 안 당해도 되니까. 이런 일이 생겼을 때 곧바로 앙갚음할 수 있으니까. 단 두 마디의 욕설을 듣고 보복이니 폭력이니 하는 단어가 떠오르는 걸 보면 복수 3부작을 만든 박찬욱 감독은 어지간히 심한 말을 들었던 모양이다.

녹음파일을 들은 지 여섯 시간쯤 지나서야 생각을 다른 방향으로 틀 수 있었다. 그는 내 면전에 대고 욕한 게 아니다. 그는 노동자들이 대화를 녹음한다는 걸 몰랐고, 내가 자신의 말을 듣게 될지도 몰랐다. 사람 마음엔 양파처럼 수많은 겹이 있다. 없는 자리에서 뒷담화하는 거 나도 많이 해봤다. 이쯤이야 얼마든지 일어날 수 있는 일이다.

마음이 더 누그러진 건 그와의 첫 통화를 한 번 더 들어보면서다. 나는 사장이 하는 말을 차분하게 들어주었다고 생각했다. 그의 입장에 나름대로 공감하려 했음에도 그가 막무가내로 나왔다고 믿었다. 내가 생각한 나와 녹음파일 속의 나는 전혀 다른 인간이었다. 녹음파일에는 '그런데요. 사장님', '사장님 잠깐만요.' 하며 몇 번이나 그의 말을 자르는 내가 있었다. 공감하는 척하면서 실제로는 무심히 흘려듣는 내가 있었다. 사장이 왜 했던 말을 또 하고 또 했는지 조금 알 것 같았다. 자신의 말이 상대에게 들어가지 않고 계속 튕겨 나오니 했던 말을 반복할 수밖에 없었던 것이다. 사장이 고자세로 나오거나 '근거 없는 놈' 같은 말을 한 데에 내가 한몫 보탰을지도 모른다는 생각도 들었다. 나는 내가 이런 식으로 말하고 듣는 사람인지 미처 몰랐다. 상담을 업으로 삼은 사람에게는 자기 분야의 전문지식을 잘 아는 것만큼이나 스스로의 모습을 객관적으로 볼 수 있는 능력도 중요한 것 같다.

* 노동자들이 사과하면 알아서 임금을 주겠다고 했던 세탁업체 사업주는 미루고 미루다가 2개월이 지나서야, 그것도 본래 액수에서 20만 원을 제하고 지급했다. 얼마 후에는 그 사업장에서 주휴수당을 요구했다가 해고당한 사람이 상담소에 문의를 해왔다.

[실전대처요령]

회사로부터 그만두라는 말을 들었다면

- 유학 목적으로 한국에 온 사람들이 일을 하려면 출입국사무소의 허가를 받아야 한다. 허가 없이 일 한 것이 출입국사무소에 발각될 경우 체류자격이 변경되거나 취소될 수 있다.

- 노동단체에 상담을 할 때 불리할 거라 생각되는 정황은 말하지 않는 이주민 노동자들이 있다. 있는 그대로 사실을 솔직하게 얘기하는 게 상담에 더 도움이 된다.

- 임금명세서 지급은 사업주의 의무다. 임금명세서를 못 받았을 경우 사업주에게 임금명세서를 달라고 요청할 수 있다. 임금명세서를 주지 않은 사업주에게는 과태료가 부과된다.

- 5인 이상 사업장에서는 기본급과 주휴수당 외에도 연장근로수당, 야간근로수당, 연차수당 등을 지급하게 되어있다. 임금명세서를 받으면 자신이 일한 만큼 임금을 지급 받았는지 반드시 확인해 보자.

- 이주민 노동자들을 함부로 해고하는 사업체들이 있다. 5인 이상 사업장이라면 해고에는 정당한 사유가 있어야 하고, 정해진 절차를 따라야 한다. 해고는 종이 문서로 해야 하고 해고통지서에는 해고 사유와 시기가 적혀 있어야 한다. 종이 문서 없이 구두로 해고를 통지하는 것은 부당해고이며, 노동위원회에 부당해고 구제신청을 할 수 있다.

- 회사가 3개월 이상 일한 직원을 해고할 때에는 30일 이상 기간을 두고 미리 통보해야 한다. 30일 이상의 기간을 두고 해고통지를 하지 않았을 경우 해고예고수당(통상임금 30일분)을 청구할 수 있다. (상시 근로자수 4인 이하 사업장에도 적용된다)

내겐 너무 무서운 상담자 P

우리 상담소의 방문 상담이 가능한 시간은 오전 11시~오후 5시까지다. 그 시간은 노동자들 대부분이 일하는 시간이다. 그러다 보니 대부분의 상담은 전화로 이루어지고 방문 상담은 손에 꼽을 정도로 드물게 있다. 그 방문상담자 중 나를 공포에 떨게 한 상담자 P씨에 대한 이야기를 해보겠다.

2021년 10월 14일 4시경 처음 상담소를 방문한 P씨는 매우 마른 체구가 검은 패딩에 푹 빠진 것 같은 사람이었다. 이른 추위에 검고 두꺼운 패딩을 입고 와 추위를 많이 타는 사람이구나 생각했다. 짧게 자른 머리에는 커다란 원형탈모 자국이 있었고 이가 빠진 입은 홀쭉했다. 본인은 50대 초반이라고 했지만 실제보다 한층 더 나이가 들어 보였다. 그날은 마침 다른 곳에서 회의가 있어 늦어도 5시에는 회의 장소로 출발해야 하는 상황이었다. 보통 한 시간 정도면 대부분 상담이 마무리되었기에 충분한 시간이라 생각하고 자리로 안내했다.

P씨는 아파트 관리사무소에 입사하게 된 이야기를 하기 위해 아파트 관리사무소 소장 자격을 따기 위해 공부를 하다가 안 돼서 전기기사 자격을 따게 된 사연부터 얘기를 시작했다. 어느덧 시계는 5시가 다 되어가는데 P씨의 이야기는 입사한 첫날에 머물러 있었다. 이야기가 길게 이어지는 가운데 소장X, 경리X 하며 욕설이 난무해 듣고 있기가 너무 불편했다. 게다가 다음 일정을 위해 나가야 할 시간이 다가오고 있었다. 회의를 빠질 수도 없어서 사정을 말씀드리고 재방문을 해주십사 말씀드렸다. 그랬더니 다짜고짜 "세금 받아 처먹으면서 이따위로 하느냐, 처음부터 그렇게 말했으면 애초에 상담을 안 하고 다음에 다시 올 건데 이게 뭐 하는 짓이냐?"고 따졌다. "죄송하게 됐다. 그런데 우리는 세금으로 운영되는 곳이 아니다." 이렇게 말했다가 세금 안 받는다고 거짓말한다는 말까지 들었다. "이렇게 될 줄 모르고 한 시간이면 상담이 처리될 줄 알았다. 미안하다." 거듭 사과하니 기분이 나쁜 티를 팍팍 내며 가셨다.

며칠 후 재방문한 P씨는 법원 환급금(?)을 찾으러 신한은행에 갔다가 업무가 원활히 진행되지 않아 은행원X에게 큰소리 좀 쳤더니 그 X이 청원경찰을 부르더라며 세상 탓을 한 시간 정도 하고 다음 이야기로 넘어갔다. 지난번에 했던 이야기가 반복되었다. 두 시간이 넘게 이야기를 들었는데 무슨 상담을 하러 왔는지는 도통 말하지 않는다. 아무리 들어도 본론이 안 나올 것 같아 무슨 상담을 하고자 방문하셨는지 물었다. 그제야 입사한 지 3일 만에 소장이 그만두고 나가달라고 해서 관리사무소를 그만두게 되었다는 이야기를 했다. 그리고 그것은 '부당해고'가 아니냐는 것이었다. 해고의 이유는 근무하는 동안 관리소 직원들과 쌍욕이 오갈 정도의 수위로 다툼이 있었다는 점, 한전에서 아파트 전기공사를 위해 아파트 전체 전원을 내려달라고 요청을 해왔는데, 선임 전기기사인 P씨가 그 업무를 수행하지 못한 점 때문이었다고 한다.

근로계약 시 수습 기간 3개월을 두기로 했다고 한다.

수습기간은 근로계약을 체결한 후 업무능력향상을 위해 훈련을 하는 기간으로, 이 기간 동안은 30일 전 해고예고 없이 해고가 가능하다. 그렇다고 해서 사업주 마음대로 수습 기간 중인 노동자를 해고할 수 있다는 것은 아니다. 수습 기간 중 해고를 하려면 객관적이고 합리적인 사유가 있어야 하고, 해고 사유와 시기는 반드시 서면으로 통보해야 하며, 해고 원인이 해당 근로자를 해고할 만큼 중요한지에 대한 객관적인 입증자료가 있어야 한다.

P씨는 선임 전기기사로서 아파트 전원 제어를 하지 못했기 때문에 부당해고로 다투더라도 어려울 것 같다는 생각이 들었다. 그렇게 세 시간여 상담을 마친 나는 진이 쏙 빠졌더랬다. 세금 운운할 때 기분이 나빠진게 표가 났는지, 그런 식으로 사람 쳐다보지 말라면서 윽박지르기도 해 상담을 진행하는 동안 내 맘 속에는 공포가 자리잡고 있었다. 다시 올까 무서웠다.

P씨가 6개월 만에 다시 상담소를 방문했다. 원형탈모는 여전했고, 4월인데도 검은 패딩에 파묻힌 야윈 몸은 더욱 야위어진 것 같았다. 하지만

나는 연민보다 공포심으로 온몸이 오그라들었다. 그는 관리사무소 해고 이후 취업에 계속 실패하고 있었다. 한번은 멀리 떨어진 지역까지 면접을 보러 갔는데 면접 여비도 지급해 주지 않았다며 화를 냈고 그건 근로기준법에 없냐고 물었다. 면접 보러 다닌 이야기를 시작으로 다시 그의 넋두리가 시작되었다. P씨는 자신의 이야기를 시작하면 자기도 모르게 주변에 대한 적개심에 사로잡히는 것 같다.

그는 이전에 근무한 아파트에서 자기에게 갑질한 입주민의 이야기를 들려주었다. 소소한 민원이 말다툼으로 발전했고, 입주민이 P씨를 거칠게 떠민 것 같았다. 그로 인해 정신적 피해를 입었는데, 이것이 감정노동자보호법에 해당이 되는지 알고 싶어 했다. 나는 우선 관리사무소 직원이 감정노동자의 범주에 들어가는지 잘 모르겠으니 자세히 알아보고 연락을 드리겠다고 했다. 그날도 3시간 동안 상담을 하고 P씨는 돌아갔다.

상담을 한 몇 시간 동안 계속 공포를 느끼는 한편 P씨가 노동하기 어려운 몸으로 끊임없이 취업에 매달려야 하는 상황이 안쓰럽기도 했다. 그는 만성 위장병에 이가 시원치 않아 제대로 씹지도 못하고, 두통에 시달리고 있었다. 주민지원센터에 방문하여 지원받을 수 있는 제도가 있는지 알아보라고 말은 했지만 이미 알아보았을 가능성이 높다. 그리고 별다른 지원책이 없음을 확인했을 수도 있다.

이튿날 감정노동자보호법과 감정노동자의 범주에 대해 내가 알아본 내용들을 P씨에게 전화해 알려드렸다. 감정노동자 범주에 관리사무소 직원은 들어있지 않았다. 그러나 많은 입주민의 민원을 상대해야 한다면 그것도 감정노동이니 한번 주장해 보는 것도 필요하다는 생각을 덧붙였다. 다만 감정노동자보호법은 직장에 있을 때 감정노동을 하는 노동자를 보호하기 위한 사업주의 조치와 감정적 건강장해 발생시 노동자를 보호하기 위한 조치 등이 주요내용이라 퇴사한 P씨에게 어떤 실익이 있을지는 모를 일이었다. 이야기를 다 들은 P씨는 약간 멋쩍은 목소리로 '이렇게 전화해서 알려주어 고맙습니다.'라고 말했다. 상담소에서 나를 다그치던 P씨와는 사뭇 다른 모습이었다. 전화를 끊으면서 P씨를 직접 만나지 않고 처음부터 전화로만 상담했으면 아마 P씨에 대한 인상이 완전 달랐을 것 같다는 생각을 했다.

그 후로 P씨는 직접 방문을 하지 않지만 수시로 전화로 상담을 해오면서 나의 생각이 얼마나 순진한 것인지 증명하고 있다. 전화로도 여전히 자신이 분노한 상황을 욕설을 섞어가며 이야기한다. 한 시간씩 전화기를 들고 P씨의 이야기를 듣고 있노라면 십중팔구는 하소연이고 정작 묻고 해결하고 싶은 것은 별로 없다. 이 사람은 상담을 통해 자신의 문제를 풀려고 하기보다 누군가에게 하소연을 하고 싶은 것이 아닐까? 하는 생각이 들기도 한다.

비록 나에겐 무서운 상담자이지만 P씨는 자신의 노동으로 생활을 유지하기 위해 열심히 공부해 전기기사 자격증을 획득하고, 최선을 다해 직장을 구하려 노력하는 사람이다. 이런 분들이 건강상의 문제가 있다면 잘 치료받고, 심신이 안정되어 노동할 권리가 보장되며, 직장 동료들과의 관계에서 서로 상처주지 않고 일할 수 있는 노동의 문화가 우리 양산 지역 사회에 피어나길 바란다.

[실전대처요령]

수습기간 중에 해고가 되었다면

- 수습기간이라 하더라도 해고의 사유와 시기를 서면으로 통보하여야 하므로 서면으로 해고를 통보받지 않았을 경우 부당해고구제신청을 할 수 있다.

- 수습기간 중의 해고에 대해서는 일반 근로자의 해고보다 해고의 정당성을 폭넓게 인정하는 경향이 있다.

- 수습사원은 업무를 배우기 시작하는 단계에 있는 사람이기 때문에 오랜 기간 일한 사람과 똑같은 업무수행 능력을 기대할 수 없는 것이고 오히려 더 보호받아야 할 사람이라 볼 수도 있으므로 업무수행능력이 부족하다는 이유로 해고한다면 정당한 해고 사유로 보기 어렵다.

- 대법원 판례에 따르면 당해 노동자의 업무능력, 자질, 인품, 성실성 등 업무적격성을 관찰, 판단하려는 것이 수습기간 시용제도의 취지이다.

- 사용자는 노동자를 해고하려면 (그것이 정당해고이든 부

당해고이든 관계없이) 최소 30일 전에 해고예고를 해야 하고, 30일의 해고예고기간을 두지 않았다면 30일분의 통상임금을 해고수당으로 지급하여야 한다.

- 근속기간이 3개월 미만인 노동자에게는 해고예고제도가 적용되지 않기 때문에 수습기간 중인 노동자에게는 해고예고제도와 해고예고수당이 적용되지 않는다.

소액체당금과 아이스크림콘

노동 상담을 하다 보면 한 사업장에서 반복적으로 노동분쟁이 발생하는 경우를 보게 된다. 자금 사정이 넉넉지 않아서 제날짜에 임금을 주기가 어려운 영세사업장도 있다. 새양테크의 경우는 못 준 게 아니라 안 준 것이었다. 이 업체는 신분이 불안정한 미등록 노동자들의 임금을 고의적으로 떼먹었다. 미등록 노동자들은 단속에 걸려 출국 조치를 당할까 봐 노동청 진정을 하지 못 하는 경우도 많다는 걸 이용하는 것이다. 2021년 임금체불 사업주 39,544명 중 구속된 사람은 6명에 불과하다. 처벌이 미약하다 보니 임금을 주지 않는 방식으로 이익을 남기는 회사들이 더러 있다.

스리랑카 출신 용접기술자 리오 씨는 새양테크에서 11일간 일용직으로 일했다. 그는 사업주의 요청에 따라 동료와 함께 저녁 5시부터 새벽 1시까지 철제 선반을 만들었다. 사업주는 총임금 4백7만 원 중 백만 원만 주고 나머지는 지급하지 않았다. 수차례 연락을 해도 자꾸 지급을 미루기만 해서 8개월이 지난 시점에 노동청에 진정을 하게 됐다. 노동청에 나타난 사업주는 임금 지급을 약속했고, 근로감독관이 '임금을 안 주면 다시 진정할 수 있다.'며 진정 취하를 권하여 리오 씨는 진정을 취하했다. 사업주는 진정을 취하한 날 50만 원을 입금하고는 또다시 감감무소식이었기 때문에 리오 씨는 2개월 후 다시 진정할 수밖에 없었다. 사업주는 중고장터 사기꾼처럼 처음부터 돈을 안 줄 작정으로 일을 맡긴 걸까?

돈 안 주려는 사람에게 돈 받아내는 건 어렵고 피곤하다. 새양테크 사업주는 체불임금을 꽉 움켜쥔 채 버티고 또 버텼다. 수시로 전화와 문자 독촉을 받고 노동청에 불려다니는 건 보통 신경 쓰이는 일이 아니다. 나 같으면 진절머리 나서라도 줘버렸을 것이다. 여러 건의 임금 독촉을 라디오 사연처럼 담담하게 들어내며 일상을 영위하는 걸 보면 사업주도 여간내기가 아니었다.

재진정 사건에서 사업주는 리오 씨가 근로자가 아닌 사업자라고 주장했다. 근로계약이 아니라 도급계약을 맺었기 때문에 노동청에서 다룰 사안이 아니라는 것이었다. 노동법은 사업주와 근로자의 근로관계만을 다루기 때문에 도급계약이 되면 근로기준법 적용이 되지 않아 소송으로 해결하는 수밖에 없다. 하지만 사업주는 애초에 도급계약서를 작성한 일이 없었을 뿐 아니라 처음 진정했을 때는 이런 얘기를 꺼내지도 않았다. 속이 훤히 들여다보이는 거짓말이었지만 일단 사업주의 주장에 대응을 해야 했다.

리오 씨의 한국말이 서툴러 노동청에 출석할 때 내가 따라갔다. 리오 씨의 상황을 설명하고, 근로자임을 입증하는 정황을 정리해 참고자료도 제출했다. 감독관은 며칠 후 근로계약으로 보기 어렵다는 이메일을 보내왔다.

사업주의 사업장에서 사업주의 지시에 따라 일을 했는데 근로자가 아니라고? 편파적인 해석이란 생각이 들었지만 어쩔 수 없다고 생각했다. 감독관이 안 된다는데 어쩌겠는가? 같은 상담소에 있는 간사님은 나보다 사건을 해결하려는 의지가 강했다. 간사님은 리오 씨가 근로자임을 입증하는 정황을 채용주체, 근로장소, 근무시간, 사용자의 지휘·감독, 원자재 및 작업 도구, 보수의 근로대가성 등의 기준에 따라 일목요연하게 정리해 답장을 보냈고, 전화로도 입장을 전달했다. 감독관은 결국 리오 씨가 근로자란 사실을 인정했다. 간사님이 사건을 적극적으로 처리하는 모습을 보니 감독관의 말을 곧이곧대로 수긍해 버린 스스로가 조금 부끄러웠다.

'체불금품확인원'이 발급되고 노동청에서 사업주에게 지급지시를 해도 사업주는 임금을 지급하지 않았다. 새양테크 사업주가 임금을 지급할 가능성은 거의 없었기 때문에 소액체당금(현재는 '간이대지급금'이라고 불린다.)을 신청하기로 했다. 소액체당금은 국가가 근로자에게 먼저 체불임금을 지급하고 사업주가 나중에 국가에 변제하는 제도다. 지금은 확정판결이 없어도 소액체당금 신청이 가능하지만, 당시에는 소액체당금을 신청하려면 확정판결이 필요했기 때문에 리오 씨와 법률구조공단에 가서 무료법률구조를 신청했다.

몇 개월 후에 확정판결이 나왔다. 리오 씨와 체당금을 신청하러 근로복지공단에 갔는데 직원이 이 사업장이 한두 번 이러는 게 아니라며 한숨을 쉬었다. 이제 골치 아픈 일은 끝인 줄 알았는데 체불금품확인원과 입금통장의 예금주가 일치하지 않아 체당금 지급이 어렵다고 했다. 통장을 만들 때는 이름을 약자로 표기했는데 노동청에 진정할 때는 전체 이름(알파벳으로 스무 글자가 넘는다)을 다 쓴 것이다. 울상을 지으며 어떻게 좀 안 되겠냐고 사정했지만 통장을 다시 만드는 수밖에 없다고 했다. 미등록 체류자에게 통장을 만들어 주는 은행은 흔하지 않다. 수소문을 해서 은행을 찾고 리오 씨와 다시 약속을 잡았다. 통장을 새로 만들때는 신청서를 뚫어져라 보며 이름을 똑바로 적었는지 몇 번이나 확인했다.

체당금을 신청하러 간 날은 7월 초순이었다. 리오 씨와 덕계상설시장 앞에서 만나서 버스를 타고 남양산에 있는 근로복지공단으로 갔다. 근로복지공단은 정류장에서 15분 정도 거리에 있었다. 한낮의 햇볕이 석탄색 아스팔트 위로 내리쬐는데 가는 길에는 볕을 피할 그늘 한 점 없었다. 반팔티 등판은 애초부터 땀으로 축축이 젖었다. 이 체불임금을 받으려고 작년 여름 무렵부터 노동청 2회, 법률구조공단 2회, 법원 1회, 은행 1회, 근로복지공단 2회를 방문해야만 했다. 새양테크는 왜 우리의 아까운 인생을 이렇게 허비하게 하는가. 열이 뻗쳐서 나도 모르게 말이 튀어 나갔다. '그 새끼 때문에 우리가 뭔 고생인지 모르겠네요.' 화나기는 나보다 몇 배나 더했을 텐데도 리오 씨는 별다른 대답을 하지 않고 씨익 웃기만 했다.

돌아오는 길에 맥도날드 체인점이 보였다. 차갑고 부드럽고 달콤하고 가격도 저렴한 맥도날드 아이스크림콘을 먹으면 혈당이 급상승하면서 기분이 조금 나아지지 않을까? 체당금 받은 걸 축하하는 의미로 내가 사려고 했는데 리오 씨가 한사코 돈을 내려고 해서 얻어먹게 됐다. 아이스크림콘을 들고나와 육교를 건너며 한입쯤 베어 물었을까? 아이스크림이 녹아서 바닥에 뚝뚝 흘러내리기 시작했다. 태어나서 아이스크림이 그렇게 빨리 녹아내리는 건 처음 보았다. 마치 누군가 드라이기를 최고 출력으로 틀어서 일부러 아이스크림을 녹이는 것만 같았다. 녹기 전에 해치우려고 허겁지겁 먹었더니 먹은 것 같지도 않다. 입과 턱과 손가락 사이사이에 아이스크림이 묻어 끈적거렸다. 아이스크림으로 기분 전환을 해보려다가 괜히 기분만 잡쳤다. 달리 손 씻을만한 곳도 없었다. 찝찝한 손을 움켜쥔 채 버스를 타서 한 시간 넘게 걸려 집으로 돌아왔다.

[실전대처요령]

임금체불사건 진행중 대처요령은

- 임금체불 진정을 제기한 후에 임금을 지급하겠다는 사업주 또는 감독관의 말만 믿고 진정을 취하했는데 임금을 지급하지 않는 경우가 있다. 가능하다면 체불임금을 받기 전에는 진정을 취하하지 않는 것이 좋다.

- 한 번 진정을 제기했다가 처벌을 원하지 않는다는 취지로 취하를 하게 되면 같은 사안으로 재진정이 불가능하다. (단 최저임금위반은 반의사불벌죄가 아니다.) 부득이하게 취하를 하더라도 체불임금이 정해진 기일에 지급되는 것을 조건으로 하는 조건부 취하를 해야, 이후에 재진정이 가능하다.

- 근로계약서를 작성하지 않고 일을 하다 임금체불이 발생했을 때 사업주가 프리랜서 계약, 혹은 도급계약이라고 주장하는 경우가 있다. 이럴 경우 사업주의 지휘,감독 아래 종속적으로 일을 했다는 자료(사업주가 업무를 지시한 문자와 카톡, 사업주가 근무시간과 장소를 정하고 작업 도구와 비품을 제공했다는 증빙 등)를 제시해 본인 스스로

노동자성을 입증해야 한다.

- 간혹 체불금품확인원 서류의 이름과 통장의 예금주가 다르게 기재되어 대지급금 수령에 어려움을 겪는 경우가 있다. 이주노동자라면 한국에서 처음 통장을 만들 때 예금주를 한글로 기재하지 말고 여권 이름을 그대로 기재해야 한다. 또 진정을 할 때 체당금을 받을 통장 예금주와 동일한 이름으로 진정서를 작성해야 한다.

- 통장을 만들기 번거롭다는 이유로 남의 통장을 이용해 임금을 수령하는 미등록이주민들이 있다. 본인 명의의 통장이 없으면 한국에서 일하며 살아가는 데 많은 불편을 겪게 되므로 통장을 만들어 두는 것이 좋다. 미등록 이주민이라도 본국 신분증, 유효기간이 만료되지 않은 여권, 재직증명서를 지참하면 통장을 개설해 주는 은행이 있다. 또 대지급금을 받을 수 있다면 미등록체류자나 신용불량자라 하더라도 '안심통장'(압류방지통장)을 만들 수 있으므로, 안심통장을 개설하는 것도 방법이다. 안심통장 개설을 희망한다면, 신분증과 체불금품확인서를 가지고 농협은행, 신한은행, 우리은행, 기업은행, 대구은행, 부산은행, 전북은행 전국 전 지점을 방문하면 된다.

묻고 쓰기를 마치며

인터뷰 내용을 다 정리한 후 미숙언니에게 글을 보여드렸다. 사실과 맞지 않는 내용은 없는지, 빼거나 더 넣어야 할 말은 없는지 물었다. 언니는 내용은 됐는데 이런 걸 사람들이 읽겠냐고 나에게 반문했다. 어떤 내용이어야 사람들이 읽을까? 말과 글이 넘쳐나는 시대이고 읽히지 못하고 사장되는 글도 많을 것이다. 언니의 인터뷰 글도 언니의 염려처럼 될 수 있을 것이다. 언니는 주인공이니 좀 섭섭할 수 있겠지만, 정리자인 나는 그 점이 별로 신경쓰이지 않는다.

중요한 것은 언니가 살아온 삶, 그 자체이기 때문이다. 언니의 삶을 말하고 들으며 같이 웃고 울었던 그 시공간을 통해 우리 사이에 보이지 않는 연결이 좀 더 두터워지고 복잡해졌다는 점이다.

이런 좋은 기회를 만들어주신 관계자님들께 감사드린다.

- 이 은 아 -

사람들이 들려준 이야기만 책에 담으려다 내 견해를 함께 적는 식으로 기획을 수정했다. 인터뷰 원문이 질 좋고 싱싱한 식재료라면 내 생각을 한데 섞어 더 맛나는 요리로 만들어보고 싶었다. 내 경험을 보태기도 하고, 인터뷰 이면의 말해지지 않은 것들을 짐작해보기도 하며 인터뷰 원문과 내 글 사이에 건강한 긴장을 만들어내고 싶었다.

정리 작업을 하며 모르는 건 쓸 수 없다는 당연한 사실을 다시 확인했다. 노동과 인권에 대한 책이니까 노동자의 정치사회적 입장이나, 인권현안에 대해 해박하고 감동적인 글을 쓰고 싶었는데 나는 그 주제에 대해 잘 아는 사람이 아니라 그럴 수가 없었다. 결국 내가 보고 듣고 경험한 일에서 출발해 이야기를 풀어갈 수밖에 없었다.

살아온 이야기를 타인과 공유한다는 건 쉬운 결정이 아니다. 내밀한 개인사와 일터의 부조리를 공개하는 데는 누군가 색안경을 끼고 볼지도 모른다는 불안과 관련자들로부터 비난받을지도 모른다는 두려움이 뒤따른다. 인터뷰 취지에 공감한 참여자들은 마음의 부담에도 불구하고 인생의 어둡고 아픈 얘기까지 정성스레 나눠주셨다. 각각의 인터뷰 글을 정리할 때마다 여행지에서 처음으로 마주친 누군가와 아주 긴 길을 함께 걸으며 그의 인생 이야기를 들은 듯한 느낌을 받았다. 인터뷰 참여자분들께 감사의 마음을 전한다.

- 정 나 무 -

일터의 얼굴들

초판 1쇄 발행 2024년 5월 15일

지은이 이은아, 정나무
편집 이동헌
디자인 이동헌
표지디자인 장두루
내지그림 장두루
감수 유선경 노무사
기획 웅상노동인권연대

펴낸이 이동헌
펴낸곳 당신의글자들
출판등록 2022년 2월 9일 제25100-2022-000002호
주소 경남 양산시 내연1길 3-1 경보그린타워상가 102호
대표전화 055-388-5756
이메일 yourletters@kakao.com

ISBN 979-11-980662-2-0 03330